高等职业教育"十四五"规划教材

U0821037

汽车底盘机械系统构造与检修

孙　峰　蒋开正　主编

中国农业大学出版社
·北京·

内容简介

本教材采用项目任务制形成编写，全书分为7个项目共27个任务，主要内容如下：项目一离合器的结构与检修；项目二变速器的结构与检修；项目三万向传动装置的结构与检修；项目四驱动桥的结构与检修；项目五行驶系的结构与检修；项目六转向系的结构与检修；项目七制动系的结造与检修。本书可作为高等职业院校汽车专业的专业核心课教材，也可作为汽车维修行业从业人员的参考用书，还可作为汽车维修专业的培训用书。

图书在版编目(CIP)数据

汽车底盘机械系统构造与检修/孙峰，蒋开正主编. --北京：中国农业大学出版社，2022.3
ISBN 978-7-5655-2745-6

Ⅰ.①汽… Ⅱ.①孙…②蒋… Ⅲ.①汽车-底盘-机械系统-结构-高等职业教育-教材 ②汽车-底盘-机械系统-车辆检修-高等职业教育-教材 Ⅳ.①U463.103②U472.41

中国版本图书馆CIP数据核字(2022)第046649号

书　　名　汽车底盘机械系统构造与检修
作　　者　孙　峰　蒋开正　主编

策划编辑　张　玉　　**责任编辑**　张　玉　潘振敏
封面设计　郑　川
出版发行　中国农业大学出版社
社　　址　北京市海淀区圆明园西路2号　　**邮政编码**　100193
电　　话　发行部 010-62818525，8625　　读者服务部 010-62732336
编辑部 010-62732617，2618　　出　版　部 010-62733440
网　　址　http://www.caupress.cn　　**E-mail** cbsszs @ cau.edu.cn
经　　销　新华书店
印　　刷　北京溢漾印刷有限公司
版　　次　2022年9月第1版　2022年9月第1次印刷
规　　格　185 mm×260 mm　16开本　11.25印张　280千字
定　　价　39.00元

编　委　会

主　编　孙　峰　广西农业职业技术大学
　　　　蒋开正　四川职业学院

副主编　马亚勤　广西农业职业技术大学
　　　　杨　浩　南阳农业职业学院
　　　　阮世鑫　黑龙江农垦职业学院
　　　　王　锐　潍坊职业学院

前　言

本书根据教育部颁布的高等职业教育汽车类专业教学基本要求、国家职业标准《汽车维修工(四级标准)》中的汽车底盘维修典型工作任务编写而成。本书共设7个项目27个任务(包括7个常见故障诊断与排除)。本书编写人员是来自教学一线的授课教师及汽车维修行业的维修技术人员,他们都有丰富的教学实践经验。本书编写过程中,遵循“在实践中学习、在学习中创新”的职业教育理念,以基于工作过程为指导思想,以适合国情、具备可实施性为设计原则,开展行动导向的教学方法,形成具有以下特色的专业核心课程特点:

1.注重精简实用。每个知识点注重精简,以点带面;技能操作上更加注重实用。本书难易适度,图文并茂,深入浅出,采用大量实物图形,以适应当前职业院校学生学习的特点。

2.形成较为科学的知识体系。首先将底盘的结构与维修进行详细的分解,然后相应地放在各个工作项目中,使知识体系与能力体系有机融合,有利于学生的理解与掌握。

3.课程设计的开放性。不以某一具体车型为载体,强调汽车各系统结构和技术的类型,各院校可根据自身的条件和地域特点,选择相应的车型开展教学。

4.增加新技术知识讲解。在传动系讲解双离合变速器、液力缓速器等内容。

5.增加思政课堂。在每个项目的后面都开设“思政园地”,对工匠精神、劳模精神进行介绍。

本书由孙峰、蒋开正担任主编,马亚勤、杨浩、阮世鑫、王锐担任副主编。项目一、项目三由孙峰编写;项目二由王锐编写;项目四由杨浩编写;项目五由阮世鑫编写;项目六由蒋开正编写;项目七由马亚勤编写。由于编者水平和经验有限,书中难免有错误和不当之处,敬请广大读者批评指正。

编　者

2022年3月

目　　录

项目一 离合器的结构与检修

任务1 汽车底盘的认识

1 任务引入

汽车是日常生活中应用最多的交通工具，本项任务介绍汽车的组成与分类，重点介绍汽车底盘的组成及功用。

2 相关知识

2.1 汽车的组成

汽车一般由发动机、底盘、电气设备和车身等4个基本部分组成。

发动机是汽车的动力装置。其作用是将燃料燃烧产生的热能转化为机械能对外输出。

底盘作用是支撑、安装汽车发动机及其各部件、总成，形成汽车的整体造型，并接受发动机的动力，使汽车产生运动，保证汽车正常行驶。底盘由传动系、行驶系、转向系和制动系4部分组成。传动系的功用是将发动机动力传递到驱动轮。行驶系的功用是安装部件、支承汽车、缓和冲击、吸收振动，传递与承受发动机与地面传来的各种力和力矩，并保证汽车正常行驶。转向系的功用是控制汽车的行驶方向。制动系的功用是控制汽车减速、停车或驻车。

车身安装在底盘的车架上，用于驾驶员、旅客乘坐或装载货物。按其受力情况分非承载式、半承载式和承载式3种。轿车、客车的车身一般是整体结构，货车的车身一般是由驾驶室和货箱两部分组成的。

电气设备由电源、用电设备和控制装置等部分组成。电源包括蓄电池和发电机。用电设备包括发动机的起动系、汽油机的点火系和其他用电装置。

2.2 汽车的分类

2.2.1 按用途分类

按《汽车和挂车类型的术语和定义》(GB/T 3730.1—2001)，汽车类型的划分如下：

(1)乘用车　在其设计和技术特性上主要用于载运乘客及其随身行李和临时物品的汽车，包括驾驶员座位在内最多不超过9个座位。它也可以牵引一辆挂车。

乘用车分为普通乘用车、活顶乘用车、高级乘用车、舱背乘用车、多用途乘用车、专用乘用车等11类。

(2)商用车辆　在设计和技术特性上用于运送人员和货物的汽车,并且可以牵引挂车。乘用车不包括在内。商用车辆分为客车、半挂牵引车与货车 3 大类。

2.2.2 按用途以符号分类

按《机动车辆及挂车分类》(GB/T 15089—2001)可将机动车辆及挂车分为 M 类、N 类、G 类、O 类、L 类。

(1)M 类　至少有 4 个车轮并且用于载客的机动车辆。

按座位数与最大设计质量分为 M_1 类(包括驾驶员座位在内,座位数不超过 9 个)、M_2 类(包括驾驶员座位在内座位数超过 9 个,且最大设计总质量不超过 5 000 kg)、M_3 类(包括驾驶员座位在内座位数超过 9 个,且最大设计总质量超过 5 000 kg)3 种。

(2)N 类　至少有 4 个车轮且用于载货的机动车辆。

按最大设计总质量分为 N_1 类(不超过 3 500 kg)、N_2 类(超过 3 500 kg,但不超过 12 000 kg)、N_3 类(超过 12 000 kg)。

(3)G 类　可概括为越野车,包括在 M 类、N 类之中。

(4)O 类　挂车(包括半挂车)。

车辆按最大设计总质量分为 O_1 类(不超过 750 kg)、O_2 类(超过 750 kg,但不超过 3 500 kg)、O_3 类(超过 3 500 kg,但不超过 10 000 kg)、O_4 类(超过 10 000 kg)。

(5)L 类　两轮或三轮机动车辆。车辆分为 L_1、L_2、L_3、L_4、L_5 类。

2.3 传动系组成

按结构和传动介质不同,传动系分为机械式、液力机械式、静液式、电力式等。现代汽车上传动系普遍采用机械式和液力机械式两类。机械式传动系包括离合器、变速器、主减速器、差速器、半轴和万向传动装置等。如图 1-1 所示,其中各总成的基本功用分别如下:

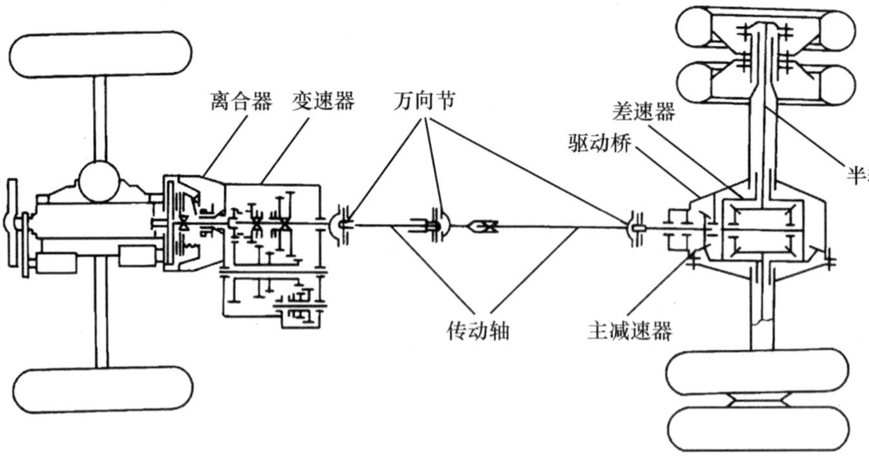

图 1-1　普通汽车的传动系示意图

(1)离合器　按照需要适时地切断或接合发动机与传动系之间的动力传递。

(2)变速器　改变发动机输出转速的高低、转矩的大小以及输出轴的旋转方向,也可以切断发动机向驱动轮的动力传递。

(3)万向传动装置　将变速器输出的动力传给主减速器,或将差速器输出的动力传给驱动轮并适应两者之间距离和轴线夹角的变化。

(4)主减速器　降低转速,增大转矩,改变动力的传递方向(90°)。

(5)差速器　将主减速器传来的动力分配给左右半轴,并允许左右半轴以不同角速度旋转,以满足左右驱动轮在行驶过程中差速的需要。

(6)半轴　将差速器传来的动力传给驱动轮,使驱动轮获得旋转的动力。

液力机械式传动系是组合运用液力传动和机械传动,以液力机械变速器取代机械式传动系的摩擦式离合器和普通齿轮式变速器,其他组成部件及布置形式与机械式传动系的相同。液力机械变速器由液力传动装置、有级式(或无级式)机械变速器、控制机构、操纵机构组成。

汽车的驱动形式通常用汽车车轮总数×驱动车轮数(指轮毂数)来表示。普通汽车一般装有4个车轮,常见的驱动形式有4×2、4×4。根据发动机的位置和驱动形式,传动系有以下几种布置形式:发动机前置、后轮驱动(FR),发动机前置、前轮驱动(FF),发动机后置、后轮驱动(RR),发动机中置、后轮驱动(MR),全轮驱动(*n*WD,为越野汽车传动系的布置形式,普通越野汽车通常有4个车轮,所以常标记为4WD)。

任务2　更换离合器从动盘

1　任务引入

一辆使用5年的轿车,使用时出现起步困难,加速不良,上坡时无力,经诊断为离合器故障,需要对其进行更换。

2　相关知识

2.1　离合器的概述

2.1.1　离合器的功用

离合器的功用主要有以下3个方面:

(1)使发动机与传动系逐渐接合,保证汽车平稳起步　汽车起步时,驾驶员缓慢抬起离合器踏板,使离合器的主、从动部分逐渐接合,与此同时,逐渐踩下加速踏板,以增加发动机的输出转矩,这样发动机的转矩便可由小到大传给传动系。当牵引力足以克服汽车起步时的行驶阻力时,汽车便由静止开始缓慢逐渐加速,实现平稳起步。

(2)暂时切断发动机的动力传动,保证变速器换挡平顺　汽车在行驶过程中,由于行驶条件的变化,需要不断变换挡位。对于普通齿轮变速器,换挡时不同的齿轮副要退出啮合或进入啮合,这就要求换挡前踩下离合器踏板,中断发动机的动力传动,便于退出原有齿轮副的啮合及进入新齿轮副的啮合。如果没有离合器或离合器分离不彻底使动力不能完全中断,则原有齿轮副之间会因压力大而难以脱开,而待啮合齿轮副之间因圆周速度不同而难以进入啮合,勉强啮合也会产生很大的冲击和噪声，甚至会打齿。

(3)限制所传递的转矩，防止传动系过载　汽车紧急制动时，如果发动机与传动系刚性连接，发动机转速将急剧下降，其所有零件将产生很大的惯性力矩，这一力矩作用于传动系，会造成传动系过载而使其机件损坏。有了离合器，当传动系承受载荷超过离合器所能传递的最大转矩时，离合器会通过主、从动部分之间的打滑来消除这一危险，从而起到过载保护的目的。

2.1.2 离合器的分类

汽车上应用的离合器主要有以下 3 种形式：

(1)摩擦离合器　指利用主、从动部分的摩擦作用来传递转矩的离合器。目前在汽车上广泛采用。

(2)液力偶合器　指利用液体作为传动介质的离合器，多用于自动变速器。

(3)电磁离合器　指利用磁力传动的离合器，如在空调中应用的就是这种离合器。

下面我们只介绍在汽车传动系中应用最广泛的摩擦离合器。

2.2 摩擦离合器

2.2.1 基本组成

摩擦离合器由主动部分、从动部分、压紧机构和操纵机构 4 部分组成，如图 1-2 所示。

(1)主动部分　包括飞轮、离合器盖和压盘。离合器盖用螺栓固定在飞轮上，压盘后端圆周上的凸台伸入离合器盖的窗口中，并可沿窗口轴向移动。这样，当发动机转动时，动力便经飞轮、离合器盖传到压盘，并一起转动。

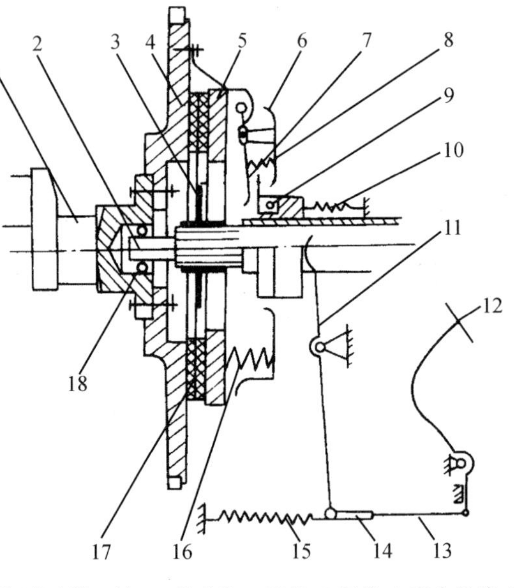

1-曲轴；2-从动轴(变速器一轴)；3-从动盘；4-飞轮；5-压盘；6-离合器盖；7-分离杠杆；8、10、15-回位弹簧；9-分离轴承和分离套筒；11-分离叉；12-离合器踏板；13-分离拉杆；14-分离拉杆调节叉；16-压紧弹簧；17-从动盘摩擦片；18-轴承

图 1-2　摩擦离合器的基本组成示意图

(2)从动部分　包括从动盘和从动轴。从动盘带有双面的摩擦衬片，离合器正常接合时分别与飞轮和压盘相接触；从动盘通过花键毂装在从动轴的花键上，从动轴是手动变速器的输入轴(一轴)，其前端通过轴承支承在曲轴后端的中心孔中，后端支承在变速器壳体上。

(3)压紧机构　若干根沿圆周均匀布置的压紧弹簧，它们装在压盘与离合器盖之间，用来将压盘和从动盘压向飞轮，使飞轮、从动盘和压盘三者压紧在一起。

(4)操纵机构　由离合器踏板、分离拉杆调节叉、分离叉、分离套筒、分离轴承、分离拉杆、回位弹簧等组成。

2.2.2　工作原理

(1)接合状态　离合器在接合状态下，操纵机构各部件在回位弹簧的作用下回到图 1-3 所示的各自位置，分离杠杆内端与分离轴承之间保持有一定的间隙，压紧弹簧将飞轮、从动盘和压盘三者压紧在一起，发动机的转矩经过飞轮及压盘通过从动盘两摩擦面的摩擦作用传给从动盘，再由从动轴输入变速器，如图 1-3(a)所示。

(2)接合过程　接合离合器时，驾驶员缓慢抬起离合器踏板，在压紧弹簧的作用下，压盘向前移动并逐渐压紧从动盘，使接触面间的压力逐渐增加，摩擦力矩也逐渐增加；当飞轮、压盘和从动盘之间接合还不紧密时，所能传动的摩擦力矩较小，离合器的主、从动部分有转速差，离合器处于打滑状态；随着离合器踏板的逐渐抬起，飞轮、压盘和从动盘之间的压紧程度逐渐紧密，主、从动部分的转速也渐趋相等，直到离合器完全接合而停止打滑，接合过程结束，如图 1-3(b)所示。

(3)分离过程　分离离合器时，驾驶员踩下离合器踏板，分离套筒和分离轴承在分离叉的推动下，先消除分离轴承与分离杠杆内端之间的间隙，然后推动分离杠杆内端前移，使分离杠杆外端带动压盘克服压紧弹簧作用力后移，摩擦作用消失，离合器的主、从动部分分离，中断动力传递，如图 1-3(c)所示。

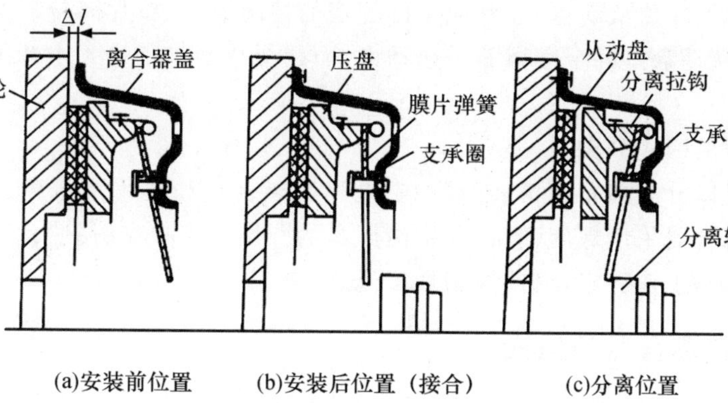

图 1-3　膜片弹簧式离合器工作原理示意图

(4)离合器自由间隙和离合器踏板自由行程　离合器在正常接合状态下，分离杠杆内端与分离轴承之间应留有一个间隙，一般为 2～4 mm，这个间隙称为离合器自由间隙，如图 1-4 所示。如果没有自由间隙，从动盘摩擦片磨损变薄后，分离杠杆与分离轴承相接触，压盘将不能向前移动压紧从动盘，这将导致离合器打滑，使离合器所能传递转矩下降，车辆行驶无力，而且会加速从动盘的磨损。

为了消除离合器的自由间隙和操纵机构零件的弹性变形所需要的离合器踏板行程称为离合器踏板自由行程。可以通过拧动调节叉或踏板限位螺栓来改变分离拉杆的长度对踏板自由行程进行调整，如图 1-5 所示。

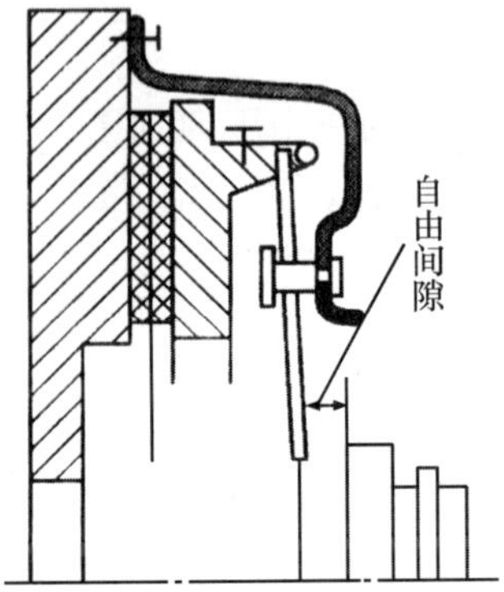

图 1-4　离合器自由间隙

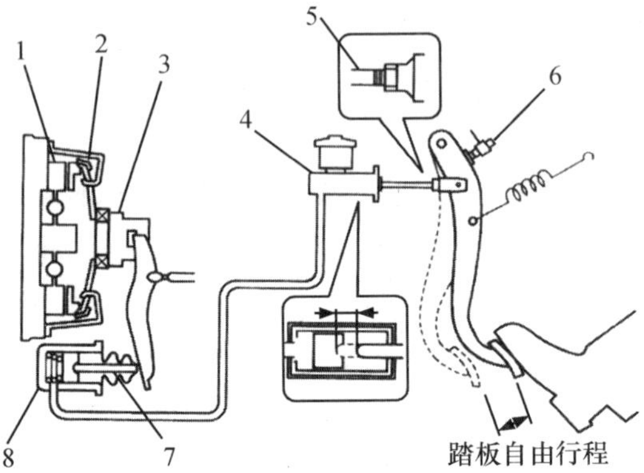

1-离合器从动盘；2-膜片弹簧；3-分离轴承；4-主缸；
5、7-推杆；6-踏板限位螺栓；8-工作缸

图 1-5　离合器踏板自由行程调整

2.2.3　分类

1）按从动盘的数目分类

摩擦离合器可以分为单片离合器和双片离合器。轿车、客车和部分中、小型货车多采用单片离合器，因为发动机的最大转矩一般不是很大，单片从动盘就可以满足动力传递的要求；双片离合器由于增加了一片从动盘，在其他条件不变的情况下，比单片离合器所能传递的转矩增大一倍（由于一个从动盘是两个摩擦面传递动力，而两个从动盘则是 4 个摩擦面传递动力），多用于重型车辆上。

2）按压紧弹簧的形式分类

摩擦离合器可以分为周布弹簧离合器、中央弹簧离合器和膜片弹簧离合器。周布弹簧离合器和中央弹簧离合器采用螺旋弹簧，分别沿压盘的圆周和中央布置；膜片弹簧离合器采用膜片弹簧，压紧力较大，工作稳定，目前应用最广泛。

2.2.4　膜片弹簧离合器的组成

膜片弹簧离合器目前在各种类型的汽车上都广泛应用，其构造如图 1-6、图 1-7 和图 1-8 所示。

膜片弹簧离合器由主动部分、从动部分、压紧机构和操纵机构组成，操纵机构将在下一个任务进行介绍。

（1）主动部分　由飞轮、离合器盖和压盘组成。离合器盖通过螺栓固定在飞轮上，为了保持正确的安装位置，离合器盖通过定位销进行定位。压盘与离合器盖之间通过周向均布的

3 组或 4 组传动片来传递转矩。传动片用弹簧钢片制成,每组两片,一端用铆钉铆在离合器盖上,另一端用螺钉连接在压盘上。

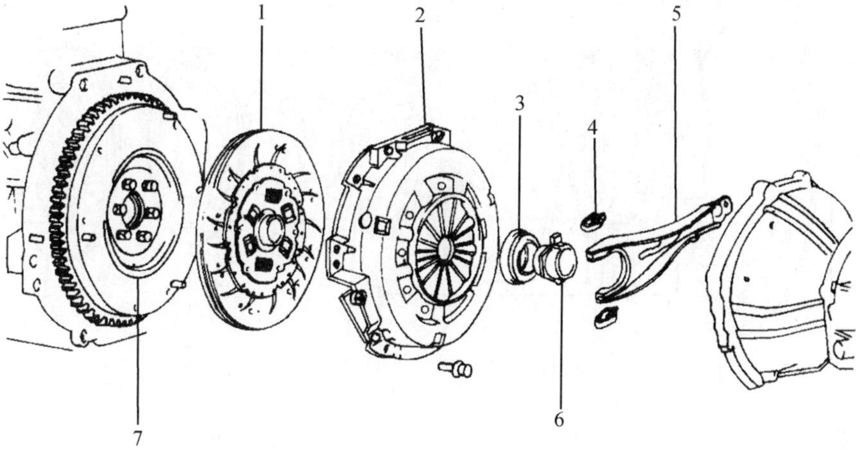

1-从动盘;2-离合器盖和压盘;3-分离轴承;4-卡环;5-分离叉;6-分离套筒;7-飞轮

图 1-6　膜片弹簧离合器的构造

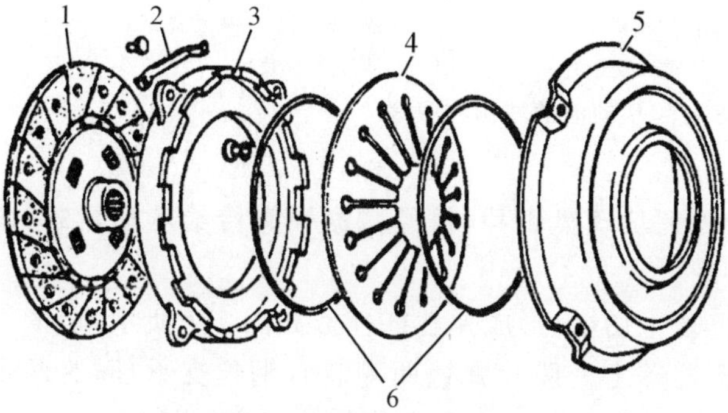

1-从动盘;2-传动片;3-压盘;4-膜片弹簧;
5-离合器盖;6-支承环

图 1-7　膜片弹簧离合器盖和压盘分解图

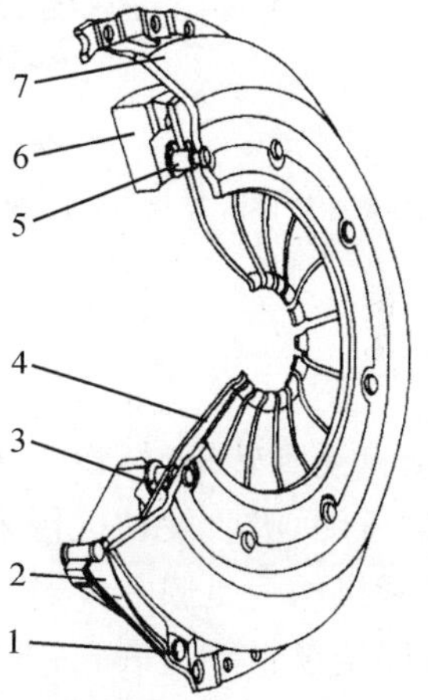

1-铆钉;2-传动片;3-支承环;4-膜片弹簧;
5-支承铆钉;6-压盘;7-离合器盖

图 1-8　膜片弹簧离合器盖和压盘示意图

(2)从动部分　包括从动盘和从动轴,从动盘一般都带有扭转减振器。发动机传到传动系的转速和转矩是周期性变化的,使传动系产生扭转振动,这将使传动系的零部件受到冲击性交变载荷,使寿命下降、零件损坏。采用扭转减振器可以有效地降低传动系的扭转振动。带扭转减振器的从动盘的结构和原理如图 1-9 所示。

从动盘钢片外圆周铆接有波浪形弹簧钢片,摩擦衬片分别铆接在弹簧钢片上,从动盘钢片与减振器盘铆接在一起,这两者之间夹有摩擦垫圈和从动盘毂。从动盘毂、从动盘钢片和减振器盘上都有 6 个圆周均布的窗孔,减振弹簧装在窗孔中。

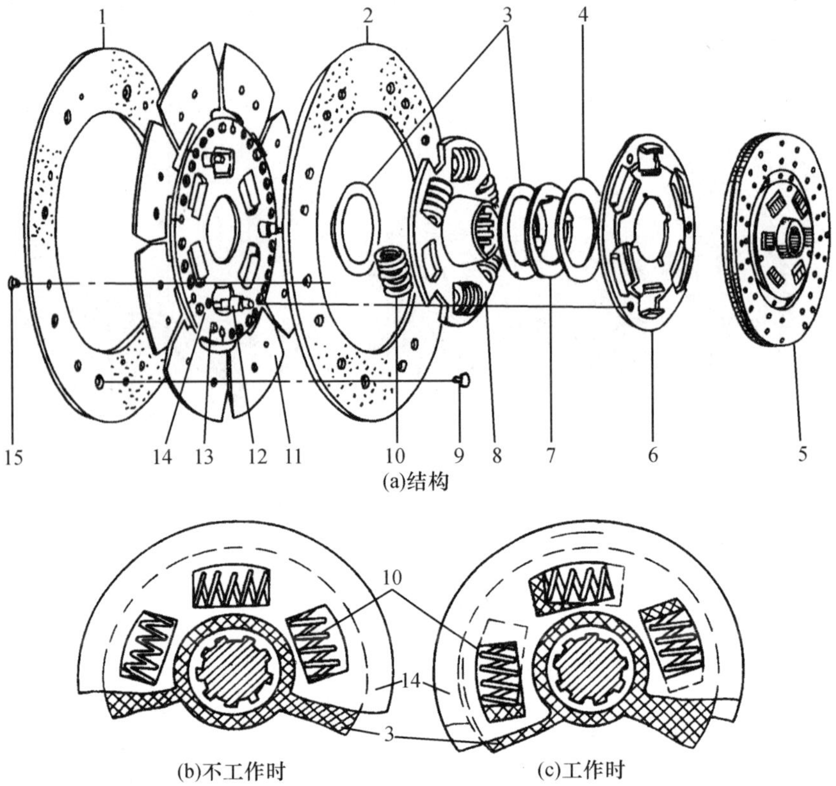

1、2-摩擦衬片；3-摩擦垫圈；4-碟形垫圈；5-装合后的从动盘总成；6-减振器盘；7-摩擦板；8-从动盘毂；9、13、15-铆钉；10-减振弹簧；11-波浪形弹簧钢片；12-止动销；14-从动盘钢片

图 1-9 带扭转减振器的从动盘的结构和原理

当从动盘受到转矩时，转矩从摩擦衬片传到从动盘钢片，再经减振弹簧传给从动盘毂，此时弹簧将被压缩，吸收发动机传来的扭转振动。

(3)压紧机构　是膜片弹簧，其径向开有若干切槽，形成弹性杠杆。如图 1-7 所示，切槽末端有圆孔，固定铆钉穿过圆孔，并固定在离合器盖上。膜片弹簧两侧装有钢丝支承环，这两个钢丝支承环是膜片弹簧工作时的支点。膜片弹簧的外缘通过分离钩与压盘联系起来。

膜片弹簧的工作原理与螺旋弹簧原理相同，但膜片弹簧既是压紧弹簧，又是分离杠杆，使结构简化了。另外，膜片弹簧的弹簧特性优于圆柱螺旋弹簧，所以膜片弹簧离合器的应用越来越广泛，在各种车型上都有应用。

2.2.5 周布弹簧离合器的组成

单片周布弹簧离合器的构造如图 1-10 所示。

单片周布弹簧离合器的主动部分、从动部分的结构与膜片弹簧离合器的基本相同。只是单片周布弹簧离合器的压紧机构由若干根螺旋弹簧组成，螺旋弹簧沿压盘周向对称布置，装在压盘和离合器盖之间。

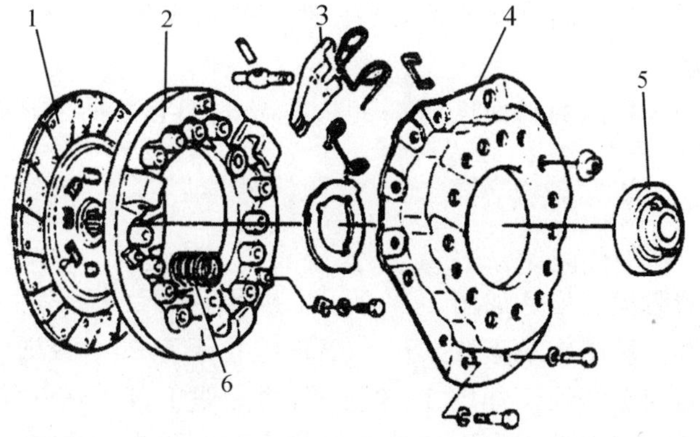

1-从动盘;2-压盘;3-分离杠杆;4-离合器盖;5-分离轴承;6-压紧弹簧

图 1-10　周布弹簧离合器

2.3　离合器传动部分的检修

2.3.1　从动盘的检查

先目视检查,看从动盘摩擦片是否有裂纹、铆钉外露、减振器弹簧断裂等情况,如果有则更换从动盘。

再检查从动盘的端面圆跳动。在距从动盘外边缘 2.5 mm 处测量,离合器从动盘最大端面圆跳动为 0.4 mm,测量方法如图 1-11 所示。如果不符合要求,则可用扳钳校正或更换从动盘。

最后检查从动盘摩擦片的磨损程度。摩擦片的磨损程度可用游标卡尺进行测量,如图 1-12 所示。铆钉头埋入深度应不小于 0.2 mm。如果检查结果超过要求,则应更换从动盘。

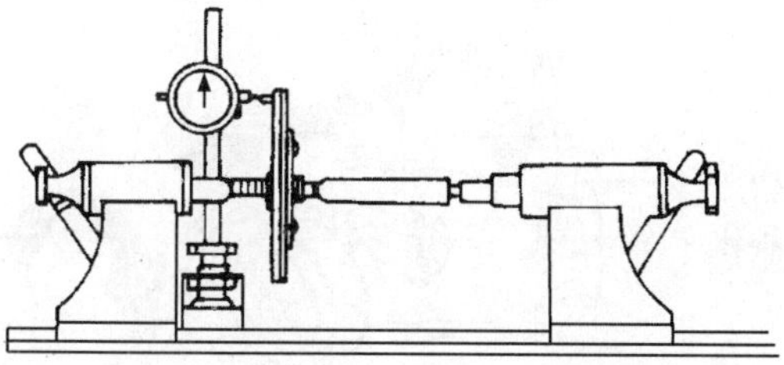

图 1-11　从动盘端面圆跳动的检查

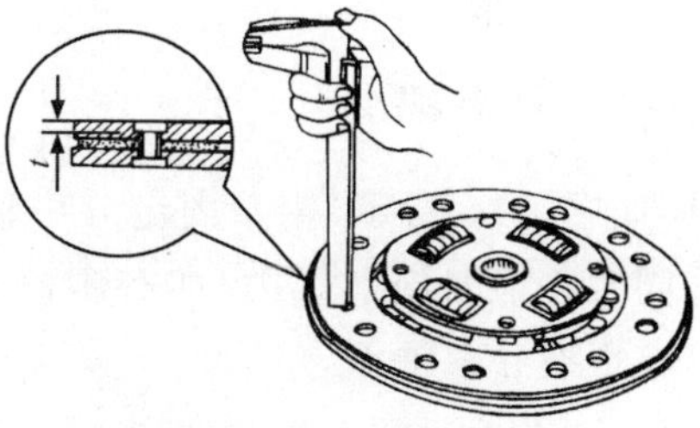

图 1-12　摩擦片磨损的检查

2.3.2　压盘和离合器盖

压盘的损伤主要是翘曲、破裂或过度磨损等。

先检查压盘表面光洁度。压盘表面不应有明显的沟槽,沟槽深度应小于 0.3 mm。轻微的磨损可用油石修平。

再检查压盘平面度。检查方法如图 1-13 所示,用钢直尺压在压盘上,然后用塞尺测量。离合器压盘平面度不应超过 0.2 mm。

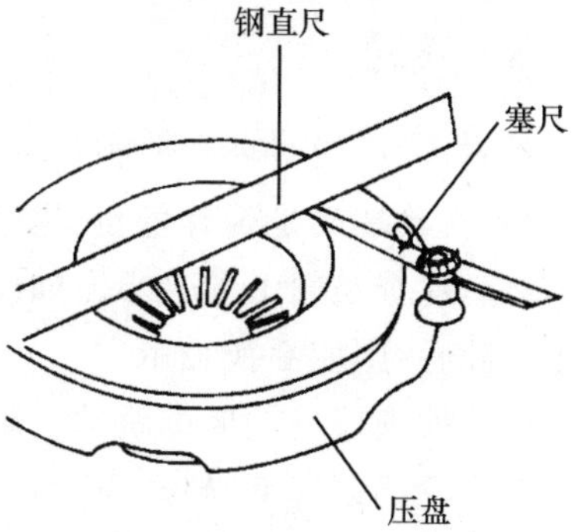

图 1-13　压盘平面度的检查

压盘平面度或表面光洁度超过要求可用平面磨床磨平或车床车平，但磨、车的厚度应小于2 mm，否则应更换压盘。

离合器盖与飞轮的接合面的平面度应小于0.5 mm，如有翘曲、裂纹、螺纹磨损等应更换离合器盖。

2.3.3 膜片弹簧

先检查膜片弹簧的磨损程度。如图1-14所示，用游标卡尺测量膜片弹簧与分离轴承接触部位磨损的深度和宽度。深度应小于0.6 mm，宽度应小于5 mm，否则应更换。

再检查膜片弹簧的变形情况。如图1-15所示，用专业工具盖住弹簧分离指内端（小端），然后用塞尺测量弹簧分离指内端与专用工具之间的间隙。弹簧分离指内端应在同一平面内，间隙不应超过0.5 mm，否则用维修工具将变形过大的弹簧分离指翘起以进行调整。

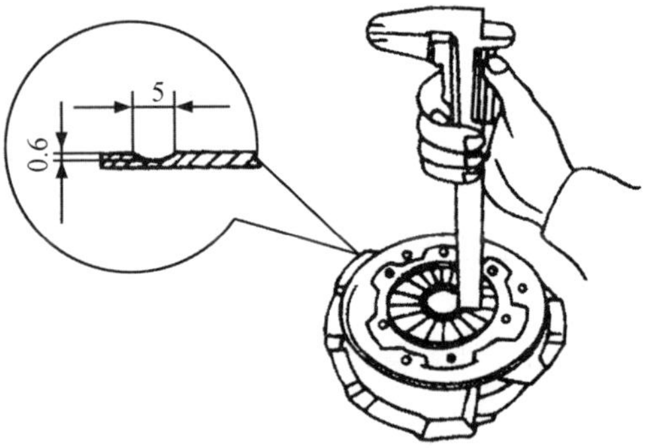

图1-14 膜片弹簧磨损的检查

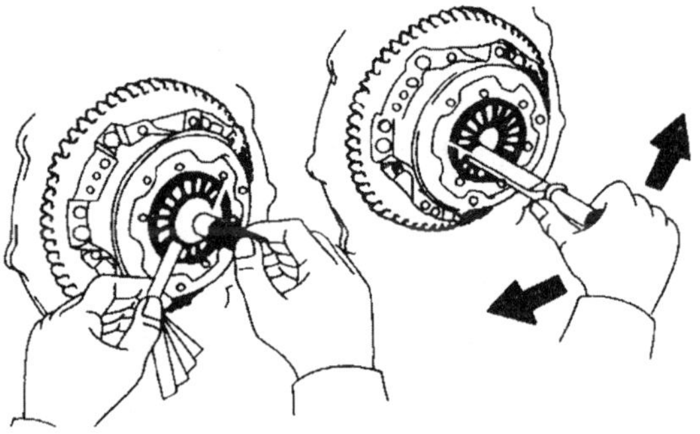

图1-15 膜片弹簧变形的检修

2.3.4 分离轴承

如图1-16所示，用手固定分离轴承内圈，转动外圈，同时在轴向施加压力，如有阻滞或有明显间隙感时，应更换分离轴承。

分离轴承通常一次性加注润滑脂。维护时切勿随意拆卸清洗。若有脏污，可用干净抹布擦净表面。

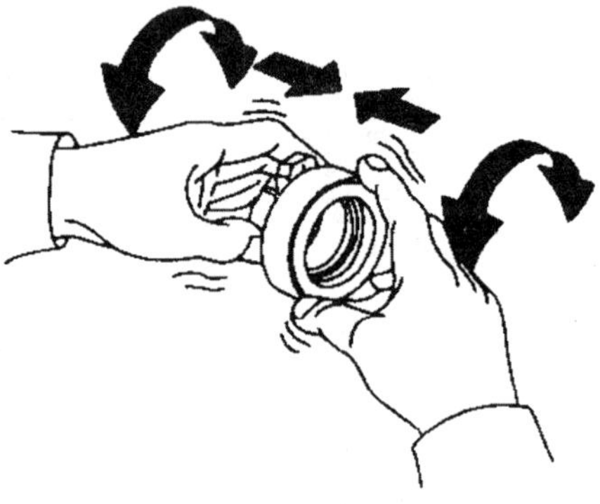

图1-16 分离轴承的检查

2.3.5 飞轮

首先进行目视检查，检查齿圈轮齿是否磨损或打齿，检查飞轮端面是否有烧蚀、沟槽、翘曲和裂纹等，如果有则应修理或更换飞轮。

然后检查飞轮上的轴承。如图1-17(a)所示，用手转动轴承，在轴向加力，如果有阻滞或有明显间隙感，则应更换轴承。

最后检查飞轮端面圆跳动。如图1-17(b)所示，将百分表安装在发动机机体上，百分表表针抵在飞轮的最外圈，转动飞轮，测量飞轮的端面圆跳动，应小于0.1 mm。如果端面圆跳动超过标准，应修磨或更换飞轮。

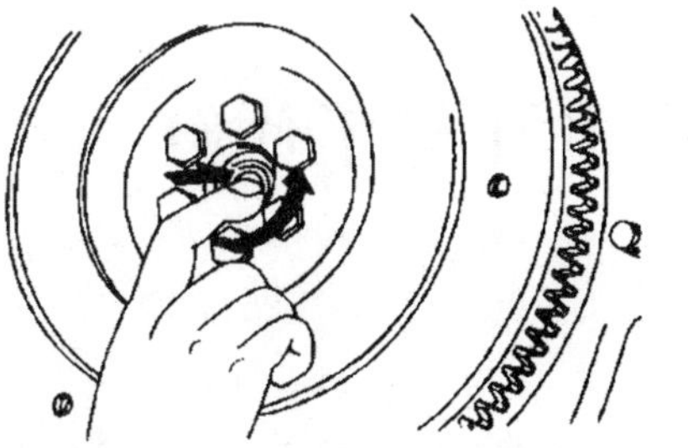
(a)

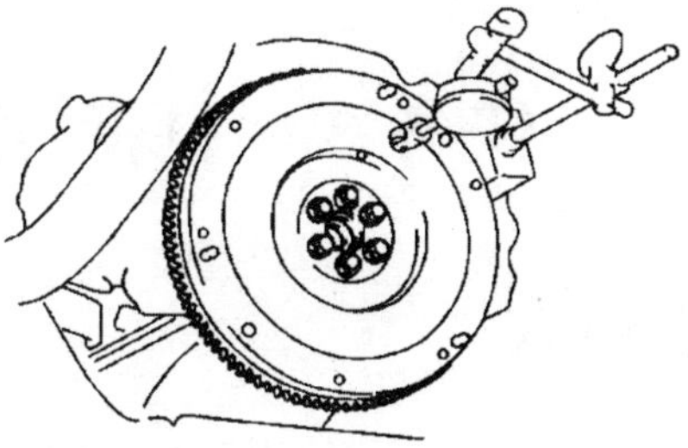
(b)

图 1-17 飞轮上轴承、端面圆跳动的检查

飞轮每次拆卸后，应更换连接螺栓。将飞轮安装到曲轴上时，应按对角线逐次以规定的力矩拧紧。

3 任务实施

下面以桑塔纳 2000GSi 型轿车的膜片弹簧离合器更换为例。

3.1 准备工作

阅读维修手册，准备所需工具，制订作业方案。

3.2 离合器的拆卸和安装

3.2.1 离合器的拆卸

首先拆下变速器，用专用工具将飞轮固定，逐渐将离合器压盘的固定螺栓对角拧松，取下离合器盖及压盘总成，并取下离合器从动盘。然后分解离合器各部件。如图 1-18、图 1-19 所示。

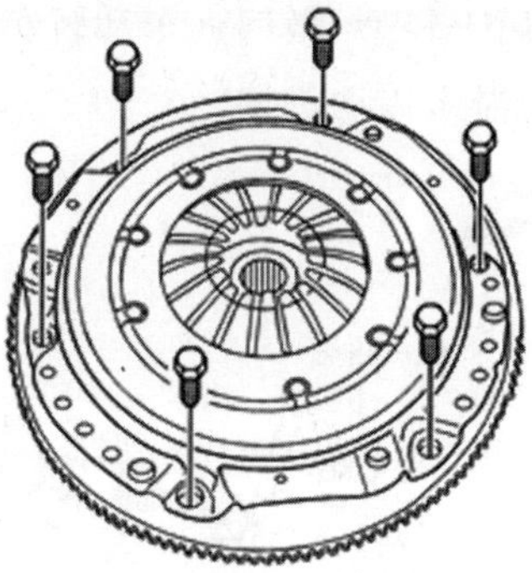

图 1-18 离合器的拆卸螺栓

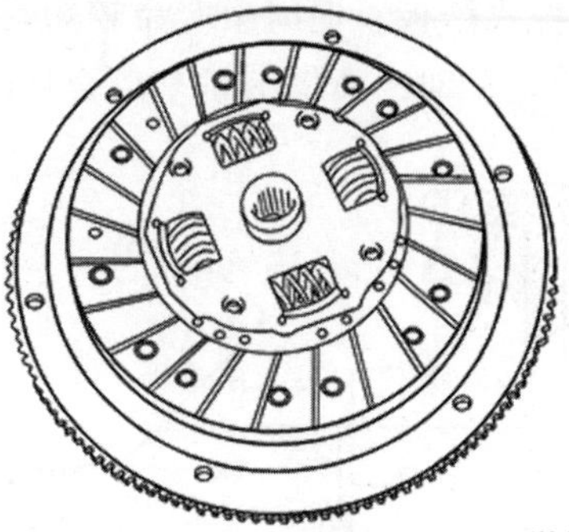

图 1-19 拆卸压盘螺栓和压盘

3.2.2 离合器的安装

先用专用工具将飞轮固定。再用专用工具将离合器从动盘定位于飞轮和压盘中心。最后装上紧固螺栓，并用 25 N·m 的力矩对角逐渐旋紧。

任务3 更换离合器主缸与工作缸

1 任务引入

一辆使用5年的轿车，使用时出现起步困难、加速不良，上坡时无力，经诊断为离合器故障，需要更换离合器主缸。

2 相关知识

2.1 离合器操纵机构的概述

离合器操纵机构是驾驶员借以使离合器分离与接合的一套机构。其按照分离离合器时所需操纵能源的不同分为机械式和助力式，助力式又分为气压助力式、弹簧助力式、电动助力式及液压助力式。本部分主要介绍在汽车中应用较多的机械式操纵机构、液压式操纵机构和弹簧助力式操纵机构，其中液压式操纵机构应用最多。

2.2 机械式操纵机构

机械式操纵机构有杆系传动和绳索传动两种形式。

杆系传动机构如图1-20所示，其结构简单，工作可靠，广泛应用于各类型汽车上。例如，东风EQ1090E型汽车即为杆系传动机构。但杆系传动机构中杆件间铰接多，摩擦损失大，车架或车身变形以及发动机位移时会影响其正常工作。

绳索传动机构如图1-21所示，可消除杆系传动机构的一些缺点，并能采用便于驾驶员操纵的吊挂式踏板。但绳索寿命较短，拉伸刚度较小，故只适用于轻型、微型汽车和轿车。例如，捷达轿车、早期的桑塔纳轿车离合器的操纵机构中就采用了绳索传动机构。

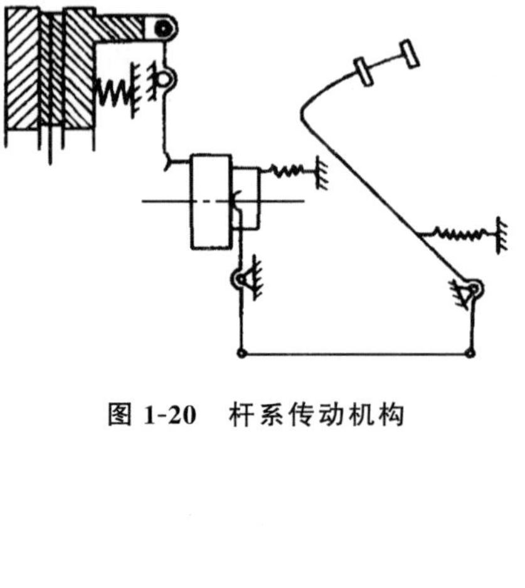

图1-20 杆系传动机构

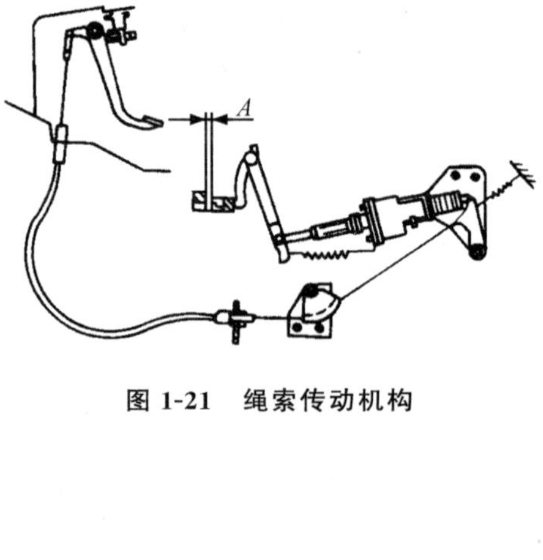

图1-21 绳索传动机构

2.3　液压式操纵机构

液压式操纵机构示意图如图 1-22 所示，其主要由主缸、工作缸和管路系统等组成。目前液压式操纵机构在各类型车上应用广泛。

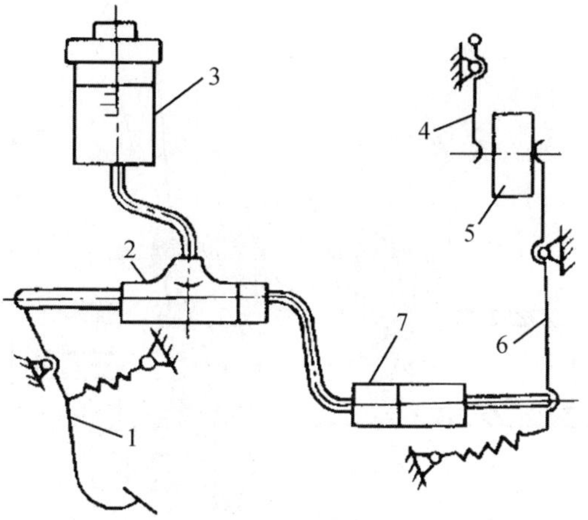

1-离合器踏板；2-主缸；3-储液罐；4-分离杠杆；5-分离轴承；6-分离叉；7-工作缸

图 1-22　液压式操纵机构示意图

工作原理：当脚踩下离合器踏板时，挤压主缸的活塞，封闭进油口产生高压油进入工作缸推动分离叉向右移动，增加作用在分离轴承上的作用力。当松开离合器踏板时，在两个弹簧作用下，主缸与工作缸回到原位，部分液压油从储液罐中流入主缸补充油液。

下面以桑塔纳 2000GSi 型轿车的离合器为例介绍其液压式操纵机构的构造。

桑塔纳 2000GSi 型轿车离合器液压操纵系统由离合器踏板、储液罐、进油软管、主缸、工作缸、油管总成、分离叉、分离轴承等组成，如图 1-23 所示。

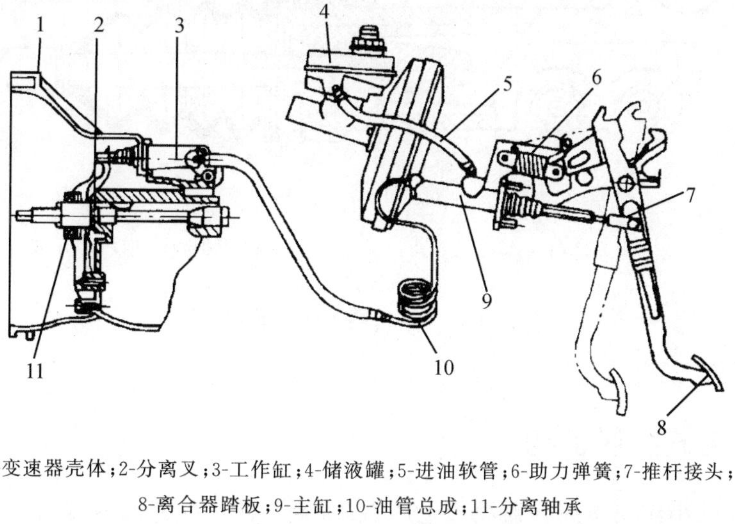

1-变速器壳体；2-分离叉；3-工作缸；4-储液罐；5-进油软管；6-助力弹簧；7-推杆接头；8-离合器踏板；9-主缸；10-油管总成；11-分离轴承

图 1-23　桑塔纳 2000GSi 型轿车离合器液压操纵系统

储液罐有两个出油孔，分别把制动液供给制动主缸和离合器主缸。

离合器主缸的结构如图 1-24 所示，主缸体借补偿孔 A、进油孔 B 通过进油软管与储液罐相通。主缸内装有活塞，活塞中部较细，且为“十”字形断面，使活塞右方的主缸内腔形成油室。活塞两端装有皮碗。活塞左端中部装有单向阀，经小孔与活塞右方主缸内腔的油室相通。当离合器踏板处于初始位置时，活塞左端皮碗位于补偿孔 A 与进油孔 B 之间，两孔均开放。

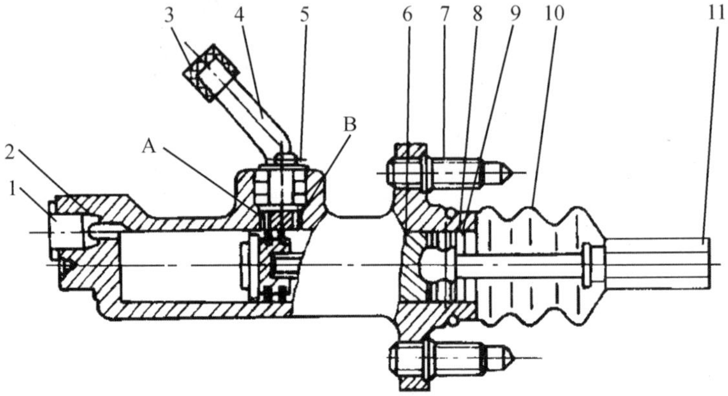

1-保护塞；2-壳体；3-保护套；4-管接头；5-皮碗；6-阀芯；7-固定螺栓；
8-卡簧；9-挡圈；10-护套；11-推杆；A-补偿孔；B-进油孔

图 1-24 离合器主缸的结构

离合器工作缸的结构如图 1-25 所示，工作缸内装有活塞、皮碗、推杆等，缸体上还设有放气螺塞。当管路内有空气而影响操纵时，可拧松放气螺塞进行放气。工作缸活塞直径略大于主缸活塞直径，故液压系统稍有增力作用，以补偿液流通道的压力损失。

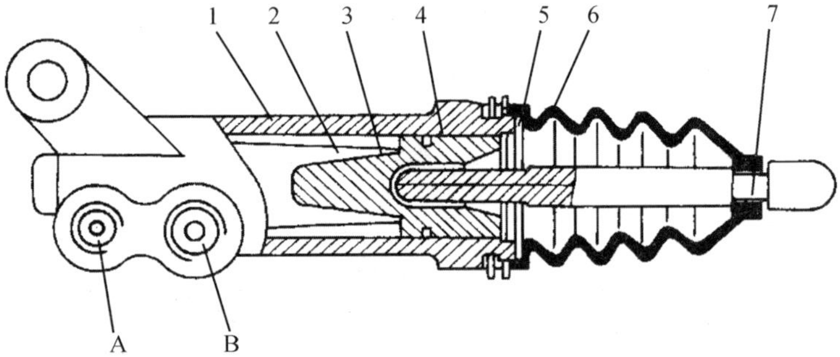

1-壳体；2-活塞；3-管接头；4-皮碗；5-挡圈；6-保护套；7-推杆；
A-放气孔；B-进油孔

图 1-25 离合器工作缸的结构

2.4 弹簧助力式操纵机构

为了尽可能减小作用于离合器踏板上的力，减轻驾驶员的劳动强度，在有的离合器操纵机构中采用弹簧助力式操纵机构。

图 1-26 所示为轿车弹簧助力式操纵机构的示意图。当离合器踏板完全放松时，即离合器接合，此时助力弹簧轴线位于踏板转轴下方。踩下离合器踏板，踏板绕自身转轴顺时针转动，压缩助力弹簧，此时助力弹簧实际起到阻碍的作用，即助力弹簧的伸张力产生一个阻碍踏板转动的逆时针力矩 $F \cdot L$，但这个力矩是比较小的。当踏板转动到助力弹簧的轴线与踏板转轴处于一条直线上时，该阻碍力矩为零。随着踏板的进一步踩下，助力弹簧轴线位于踏板转轴上方，此时助力弹簧的伸张力产生一个有助于踏板转动的顺时针力矩 $F \cdot L$。在踏板后段行程是最需要助力作用的，因而这种弹簧助力式操纵机构可以有效地减轻驾驶员疲劳。

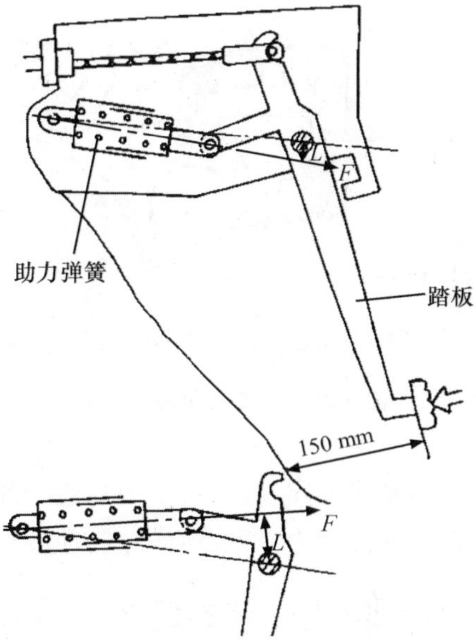

图 1-26　弹簧助力式操纵机构的示意图

3　任务实施

3.1　准备工作

阅读维修手册，准备所需工具，制订作业方案。

3.2　离合器主缸的更换

(1)拆卸锁夹，如图 1-27 所示。

(2)拆卸推杆固定销和推杆，如图 1-28 所示。

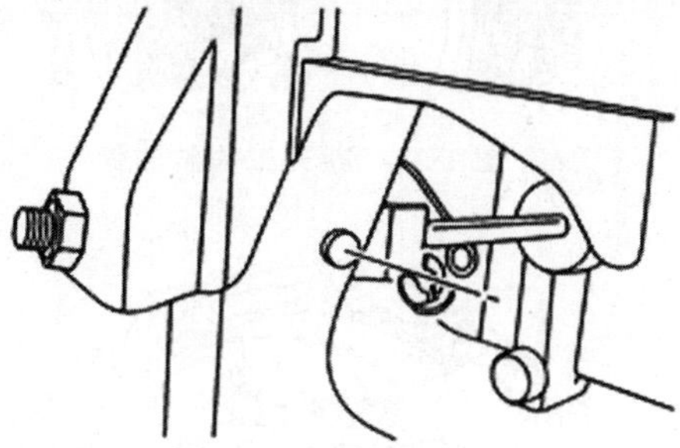
图 1-27　拆卸锁夹

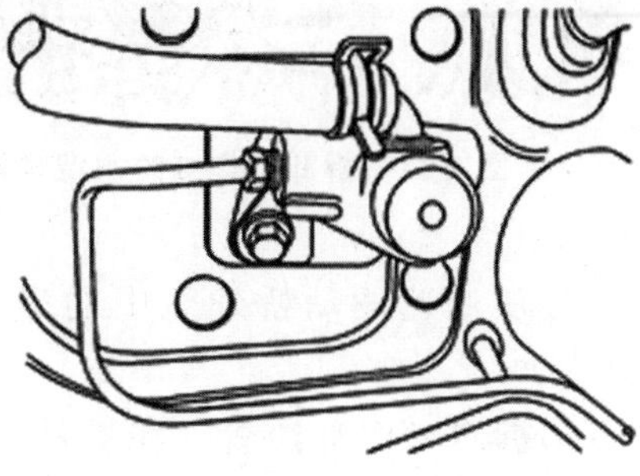
图 1-28　拆卸推杆固定销和推杆

(3)从总泵上断开软管卡箍，断开总泵软管。在断开储液罐软管前，放出储液罐中的离合器/制动液。

(4)拆卸总泵油管，如图 1-29 所示。

(5)拆卸离合器总泵螺母，拆卸离合器总泵，如图 1-30 所示。

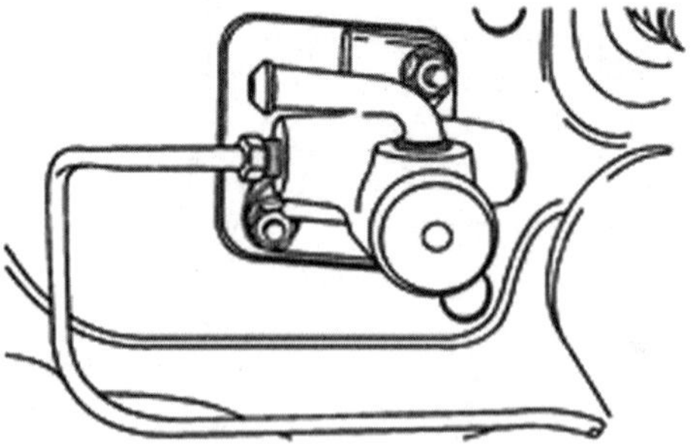

图 1-29 拆卸总泵油管

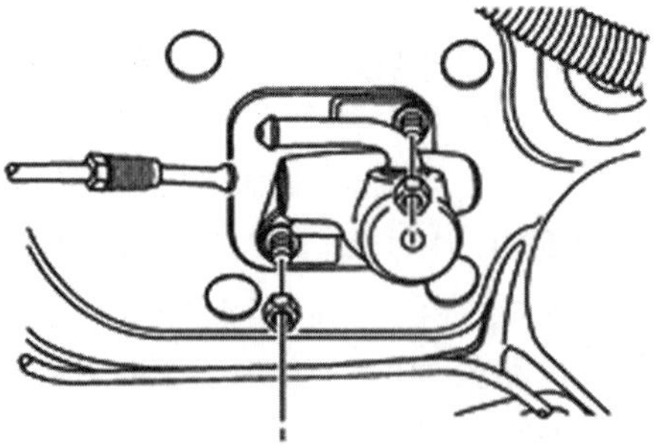

图 1-30 拆卸离合器总泵

(6)按相反顺序安装,排出制动液中的空气,调整离合器踏板行程。

(7)往储液罐中注入离合器/制动液至适当液位。

3.3 离合器工作缸的更换

(1)从车上拆卸变速驱动桥。

(2)拆卸工作缸的固定螺栓,如图 1-31 所示。

(3)从工作缸上断开工作缸油管,如图 1-32 所示。在拆卸衬套时,不要用力过猛。

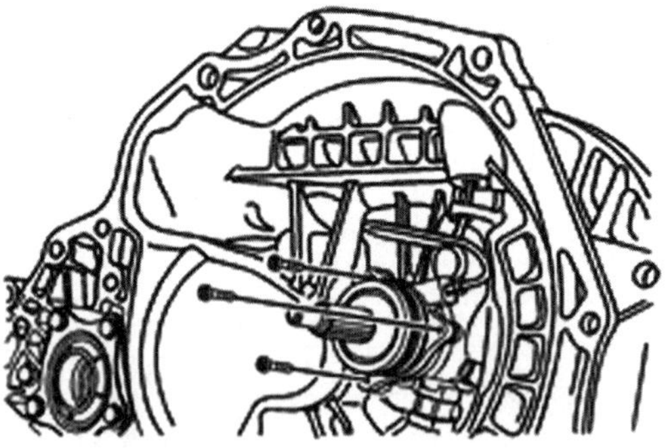

图 1-31 拆卸工作缸的固定螺栓

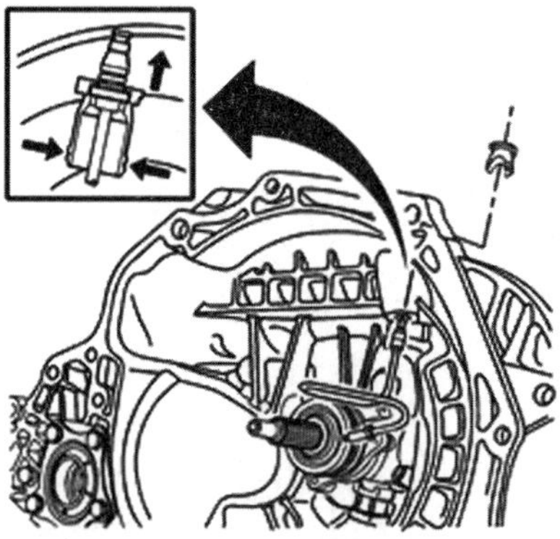

图 1-32 断开工作缸油管

(4)从变速驱动桥外壳中的工作缸管上拆卸衬套。

(5)拆卸工作缸油管。在拆卸或安装时,切忌从工作缸后部拆下油封固定弹簧。

(6)拆卸 O 形圈和同心分泵,如图 1-33 所示。

(7)安装时,按相反顺序将各部件装回,按规定力矩拧紧。

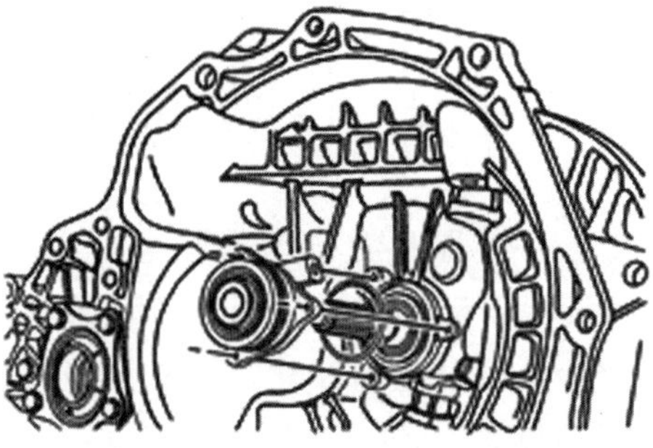

图 1-33 拆卸 O 形圈和同心分泵

任务4　常见故障诊断与排除

1　任务引入

离合器的常见故障有离合器打滑、离合器分离不彻底、起步发抖、离合器异响等。

2　相关知识

2.1　离合器打滑

2.1.1　现象

汽车用低速挡起步时，放松离合器踏板后，汽车不能起步或起步困难；汽车加速行驶时，车速不能随发动机转速的提高而提高，感到行驶无力，严重时产生焦糊味或冒烟等现象。

2.1.2　原因

（1）离合器踏板没有自由行程，分离轴承压在分离杠杆上。

（2）从动盘摩擦片、压盘或飞轮工作面磨损严重，离合器盖与飞轮的连接松动，使压紧力下降。

（3）从动盘摩擦片油污、烧蚀、表面硬化、铆钉外露、表面不平，使摩擦系数下降。

（4）压力弹簧疲劳或折断，膜片弹簧疲劳或开裂，使压紧力下降。

（5）离合器操纵杆系卡滞，分离轴承套筒与导管间油污、尘腻严重，甚至造成卡滞，使分离轴承不能回位。

（6）分离杠杆弯曲变形，出现运动干涉，不能回位。

2.1.3　诊断与排除

（1）检查离合器踏板自由行程，如不符合规定应予以调整。

（2）如果自由行程正常，应拆下变速器壳，检查离合器与飞轮连接螺栓是否松动，如松动则予以拧紧。

（3）如果离合器仍然打滑，应拆下离合器检查从动盘摩擦片的状况。如果有油污，一般可用汽油清洗并烘干，然后找出油污来源并设法排除。如果摩擦片磨损严重或有铆钉外露，应更换从动盘。

（4）如果从动盘完好，则应分解离合器，检查压紧弹簧。如果弹力过软则应更换。

总结：离合器打滑主要可以从从动盘压不紧、从动盘摩擦系数下降等方面加以考虑。

2.2　离合器分离不彻底

2.2.1　现象

发动机怠速运转时，踩下离合器踏板，挂挡有齿轮撞击声，且难以挂入；如果勉强挂上挡，则在离合器踏板尚未完全放松时,发动机熄火。

2.2.2 原因

(1)离合器踏板自由行程过大。

(2)分离杠杆弯曲变形、支座松动、支座轴销脱出,使分离杠杆内端高度难以调整。

(3)分离杠杆调整不当,其内端不在同一平面内或内端高度太低。

(4)双片离合器中间压盘限位螺钉调整不当,个别分离弹簧疲劳、高度不足或折断,中间压盘在传动销上或在离合器驱动窗口内轴向移动不灵活。

(5)从动盘钢片翘曲、摩擦片破裂或铆钉松动。

(6)新换的摩擦片太厚或从动盘正反装错。

(7)从动盘花键孔与变速器第一轴花键轴卡滞。

(8)离合器液压操纵机构漏油、有空气或油量不足。

(9)膜片弹簧弹力减弱。

(10)发动机支承磨损或损坏,发动机与变速器不同心。

2.2.3 诊断与排除

(1)检查离合器踏板自由行程,如果自由行程过大则进行调整;否则对于液压操纵机构检查是否储液罐油量不足或管路中有空气,并进行必要的排除。如果不是上述问题则应继续检查。

(2)检查分离杠杆内端高度,如果分离杠杆高度太低或不在同一平面,则进行调整;否则检查从动盘是否装反,如果都没有问题则继续检查。

(3)检查从动盘是否翘曲变形、铆钉脱落,从动盘是否轴向运动卡滞等,如果是则进行更换或修理。

总结:离合器分离不彻底主要可以从离合器踏板自由行程、分离杠杆高度、从动盘等几个方面考虑。

2.3 起步发抖

2.3.1 现象

汽车用低速挡起步时,按操作规程逐渐放松离合器踏板并徐徐踩下加速踏板,离合器不能平稳接合且产生抖振,严重时甚至整车产生抖振现象。

2.3.2 原因

(1)分离杠杆内端高度不处在同一平面内。

(2)从动盘或压盘翘曲变形,飞轮工作端面圆跳动严重。

(3)从动盘摩擦片厚度不均匀、油污、烧焦、表面不平整、表面硬化、铆钉头露出、铆钉松动或切断、波形弹簧片损坏。

(4)压紧弹簧的弹力不均、疲劳或个别折断,膜片弹簧疲劳或开裂。

(5)从动盘上的缓冲片破裂或减振弹簧疲劳、折断。

(6)发动机支架、变速器、飞轮、飞轮壳等的固定螺栓松动。

(7)分离轴承套筒与导管油污、尘腻严重,使分离轴承不能回位。

2.3.3　诊断与排除

(1)检查离合器踏板、分离轴承等回位是否正常,如果正常则继续检查。

(2)检查发动机支架、变速器、飞轮、飞轮壳等的固定螺栓是否松动,如果是则紧固螺栓,否则继续检查。

(3)检查分离杠杆的内端是否在同一平面,如果是则继续检查。

(4)检查压盘、从动盘是否变形,铆钉是否松动、外露,压紧弹簧的弹力是否不在允许范围内,如果是则更换或修理。

总结:起步发抖主要可以从起步时离合器在接合过程中不平稳来考虑,即发动机在匀速转动,而由于离合器接合不平稳使离合器的从动部分转动不平稳,从而反应为离合器乃至整车的抖振。

2.4　离合器异响

2.4.1　现象

离合器分离或接合时发出不正常的响声。

2.4.2　原因

(1)分离轴承缺少润滑剂,造成干磨或轴承损坏。

(2)分离轴承与分离杠杆内端之间无间隙。

(3)分离轴承套筒与导管之间油污、尘腻严重或分离轴承回位弹簧与踏板回位弹簧疲劳、折断、脱落,使分离轴承回位不佳。

(4)从动盘花键孔与其花键轴配合松旷。

(5)从动盘减振弹簧退火、疲劳或折断。

(6)从动盘摩擦片铆钉松动或铆钉头外露。

(7)双片离合器传动销与中间压盘和压盘的销孔磨损松旷。

2.4.3　诊断与排除

(1)稍稍踩下离合器踏板,使分离轴承与分离杠杆接触,如果有“沙沙”的响声则为分离轴承响;如果加油后仍响,说明轴承磨损过度、松旷或损坏,应更换。

(2)踩下、抬起离合器踏板,如果出现间断的碰撞声,说明分离轴承前后有窜动,应更换分离轴承回位弹簧。

(3)连踩踏板,如果离合器刚接合或刚分开时有响声,说明从动盘铆钉松动或外露,应更换从动盘。

【思政园地】

工匠精神

工匠，是有工艺专长的匠人。工匠精神是指工匠不仅要具有精湛的技能和高超的技艺，而且还要有严谨、细致、专注、负责的工作态度和精雕细琢、精益求精的工作理念，以及对职业的认同感、责任感、荣誉感和使命感。

经过对德国、日本等工匠精神盛行国家的比较研究，以及对我国古今工匠精神的收集整理，大国工匠精神主要表现在以下5个方面：执着专注、作风严谨、精益求精、敬业守信、推陈出新。

【课后习题】

一、选择题

1. 当膜片式离合器摩擦片磨损后，离合器踏板的自由行程如何变化？(　　)

A. 变大　　B. 不变化　　C. 变小　　D. 以上都有可能

2. 汽车离合器安装于(　　)。

A. 发动机与变速器之间　　B. 变速器与后驱动轴之间

C. 分动器与变速器之间　　D. 变速器与主减速器之间

3. 在正常情况下，发动机工作，汽车离合器踏板处于自由状态时(　　)。

A. 发动机的动力不传给变速器　　B. 发动机的动力传给变速器

C. 离合器分离杠杆受力　　D. 离合器的主从动部分分离

4. (　　)是汽车离合器的主要作用。

A. 保证汽车怠速平稳　　B. 使换挡工作平顺

C. 实现倒车　　D. 增加变速比

5. 下列不属于汽车离合器部分的是(　　)。

A. 分离轴承　　B. 曲轴　　C. 压盘　　D. 从动盘

6. 下面不属于汽车行驶系功用的是(　　)。

A. 支撑汽车的总质量　　B. 承受并传递路面作用于车轮上的力和力矩

C. 缓和冲击，保证汽车的平稳行驶　　D. 变速变扭

7. 对于发动机后置后轮驱动的汽车而言，发动机位于其(　　)。

A. 后轴的前面　　B. 后轴的后面

C. 前轴的前面　　D. 以上都不对

二、判断题

(　　)1. 离合器在使用过程中，不允许出现摩擦片与压盘、飞轮之间有任何相对滑移的现象。

(　　)2. 膜片弹簧离合器的结构特点之一是用膜片弹簧取代压紧弹簧和分离杠杆。

(　　)3. 离合器在紧急制动时，可防止传动系过载。

(　　)4. 为使离合器接合柔和，驾驶人应逐渐放松离合器踏板。

(　　)5. 发动机前置后轮驱动的英文简称为 RF。

三、简答题

1. 汽车底盘由哪几部分组成？各组成部分的功用是什么？

2. 简述离合器的功用与组成。

项目二　变速器的结构与检修

任务1　更换一挡齿轮

1　任务引入

一辆桑塔纳轿车，换入一挡时挂挡困难，在一挡行驶时变速器部分伴有异响，而在其他行驶挡位和空挡均无异响，经诊断为一挡齿轮损坏，需要对其进行更换。

2　相关知识

2.1　变速器的概述

2.1.1　变速器的功用

1)改变传动比，扩大驱动轮转矩和转速的变化范围

汽车上广泛采用活塞式内燃机，其转矩和转速变化范围较小，而复杂的使用条件则要求汽车的牵引力和车速能在相当大的范围内变化。为解决这一矛盾，在传动系中设了变速器来改变传动比，扩大驱动轮转矩和转速的变化范围，以适应经常变化的行驶条件，同时使发动机在有利(功率较高而耗油率较低)的工况下工作。

2)改变驱动轮的旋转方向

在发动机旋转方向不变的前提下，使汽车能倒退行驶，变速器设置1～2个倒挡。

3)中断动力传递

变速器设置空挡，中断动力传递，有利于发动机的起动、热起、怠速，便于换挡或汽车滑行、暂时停车等使用工况。

4)驱动其他机构

其他机构如自卸车的油泵、某些汽车的铰盘等，通过变速器将发动机的动力输出。分动器装在多轴驱动的越野汽车上，其功用是将转矩分配到各个驱动桥上。

2.1.2　变速器的分类

汽车变速器的结构类型，按传动比(输入轴转速与输出轴转速的比值)变化情况分类，可分为有级、无级和综合3种；按操纵方式分类，变速器又可分为强制操纵式、自动操纵式、半自动操纵式和手自一体式4种。常用变速器有下列4种：

1)有级变速器

有级变速器采用齿轮传动，具有若干个定值传动比。按所用轮系形式不同，有轴线固定式变速器(普通变速器)和轴线旋转式变速器(行星齿轮变速器)两种。目前,轿车和轻、中型货车变速器通常有3～5个前进挡和一个倒挡(每个挡位对应一个传动比),在重型货车用的组合式变速器中,则有更多挡位。所谓变速器挡数即指其前进挡位数。

齿轮式变速器具有结构简单、易于制造、工作可靠、传动效率高等优点。

2)无级变速器

无级变速器的传动比在一定的数值范围内可按无限多级变化,常见的有电力式、液力式和金属带式(CVT)3种。液力式无级变速器的传动部件是液力变矩器;金属带式无级变速器可通过改变主、从动带轮的直径从而改变传动比,具有结构紧凑、工作可靠、寿命长、效率高且噪音低等优点,广泛应用在小型车上。

3)自动变速器(AT)

自动变速器是指由液力变矩器和行星齿轮式有级变速器组成的液力机械式变速器,其传动比可在最大值与最小值之间的几个间断的范围内做无级变化,目前应用较多。

4)双离合变速器

双离合顾名思义就是采用两套离合器,通过两套离合器的相互交替工作,来达到无间隙换挡的效果,可分为干式双离合和湿式双离合。双离合变速器换挡速度快,换挡过程中动力损失小,燃油经济性表现也不错。双离合变速箱的缺点是质量稳定性差。

2.2　变速器的工作原理

普通齿轮变速器也叫定轴式变速器,它由一个外壳、轴线固定的几根轴和若干齿轮组成,可实现变速、变矩和改变旋转方向。

2.2.1　变速原理

一对齿数不同的齿轮啮合传动时,若小齿轮为主动齿轮,带动大齿轮转动,转速就降低;若大齿轮驱动小齿轮转动,转速就升高,如图2-1所示。这就是齿轮传动的变速原理。

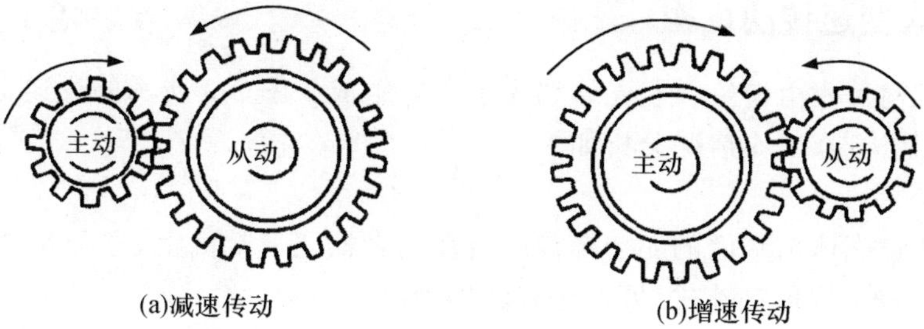

(a)减速传动　　(b)增速传动

图2-1　齿轮传动原理

主动齿轮转速与从动齿轮转速之比称为传动比,用i_{12}表示,有

$$i_{12}=n_1/n_2=z_2/z_1$$

式中:n_1、z_1分别为主动齿轮的转速、齿数;n_2、z_2分别为从动齿轮的转速、齿数。

汽车变速器就是根据这一原理利用若干大小不同的齿轮副传动而实现变速的。

由于 $i=\frac{n_{入}}{n_{出}}=\frac{M_{出}}{M_{入}}$($M$ 表示转矩),可见传动比既是变速比又是变矩比。降速则增矩,增速则降矩。汽车变速器就是利用这一关系通过改变速比来适应汽车行驶阻力变化的需要。

2.2.2　变向原理

如图 2-2 所示,相啮合的一对外齿轮旋向相反,每经一传动副,其轴改变一次转向。图 2-2(a)所示的两对齿轮传动 1 和 2、3 和 4,其输出轴与输入轴的转向相同,这是普通三轴式变速器前进挡的传动情况。图 2-2(b)所示的齿轮 4 装在中间轴与输出轴之间的倒挡轴上,三对传动副 1 和 2、3 和 4、4 和 5 传递动力,输出轴与输入轴的转向相反,这是三轴式变速器倒挡的传动情况。齿轮 4 称为倒挡轮或惰轮。

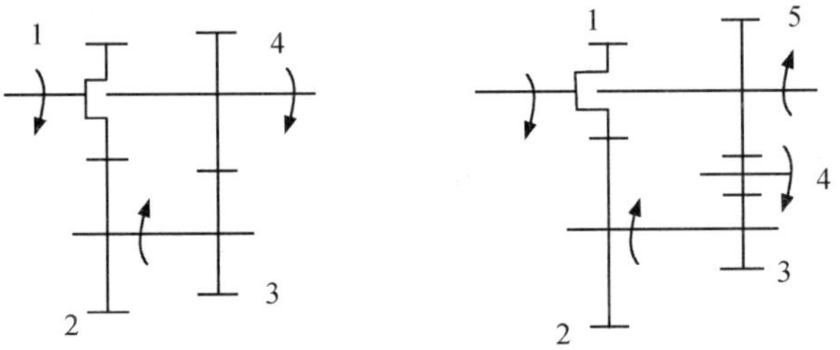

图 2-2　齿轮传动的转向关系

2.3　变速器传动机构

变速器包括变速传动机构和操纵机构两大部分。变速传动机构的主要作用是改变速比、旋转方向;操纵机构的作用是实现换挡。按工作轴的数量(不包括倒挡轴)可分为三轴式变速传动机构和两轴式变速传动机构。本节主要叙述变速传动机构。

2.3.1　三轴式变速传动机构

变速传动机构主要由齿轮、轴、壳体和支承件等组成。图 2-3 所示的变速器是典型的三轴式五挡变速器,其构造、工作情况分析如下:

1)构造

该变速器通过壳体前端面的 4 个螺栓固定在离合器壳后端面上,它有 3 根主要轴,即第一轴、第二轴和中间轴,故称三轴式,另外还有倒挡轴。

(1)第一轴。第一轴(输入轴)前后端以轴承分别支承在曲轴后端的内孔及变速器壳的前壁,其前部花键部分装离合器的从动盘,后部有第一轴常啮合传动齿轮 2,后端有一短齿轮为直接挡齿圈。第一轴轴承盖 29 的外圆面与离合器壳相应的孔配合,保证第一轴和曲轴的轴线重合。

(2)第二轴。第二轴(输出轴)前后端分别用轴承支承于第一轴后端内孔和壳体。第二轴一、倒挡滑动齿轮 13 与轴以花键形式配合传力,可轴向滑动。二、三、四挡齿轮 11、7、6 分别以滚针轴承形式与轴配合,并与中间轴齿轮 23、24、25 常啮合,其上均有传力齿圈。第二轴前端花键上套装四、五挡花键毂 28,用卡环轴向定位,接合套 4 在花键毂 28 上轴向滑动实现挡位

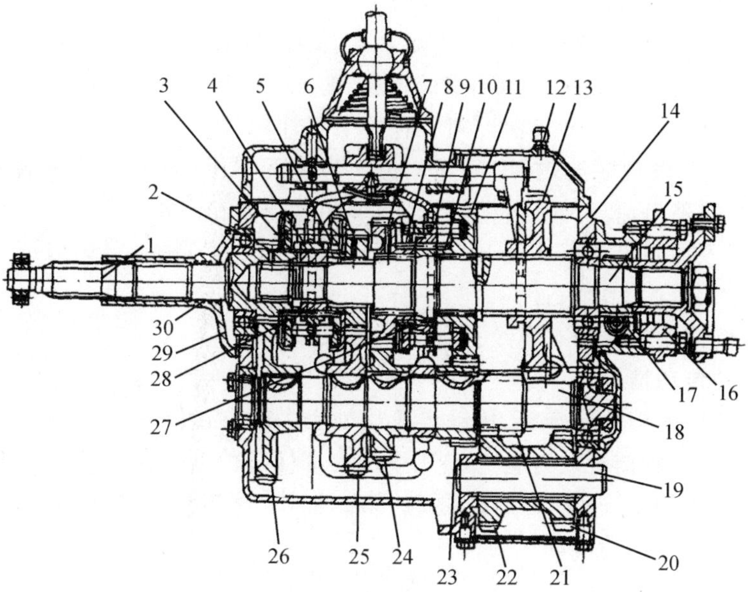

(a)结构图

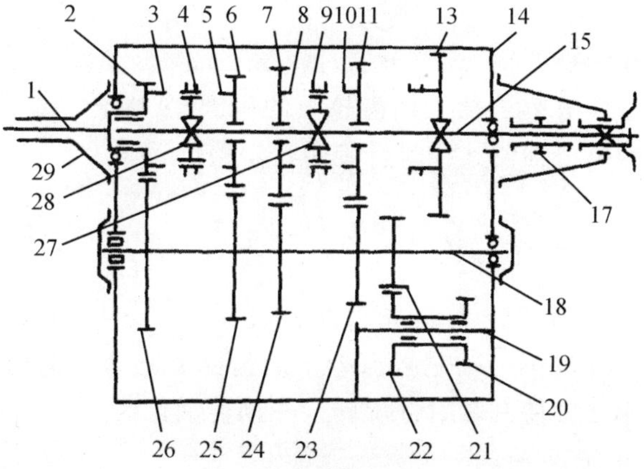

(b)机构简图

1-第一轴；2-第一轴常啮合传动齿轮；3-第一轴齿轮接合齿圈；4、9-接合套；5-四挡齿轮接合齿圈；6-第二轴四挡齿轮；7-第二轴三挡齿轮；8-三挡齿轮接合齿圈；10-二挡齿轮接合齿圈；11-第二轴二挡齿轮；12-通气孔；13-第二轴一、倒挡滑动齿轮；14-变速器壳体；15-第二轴；16-驻车制动器底座；17-车速里程表传动齿轮；18-中间轴；19-倒挡轴；20、22-倒挡中间轴齿轮；21-中间轴一、倒挡主动齿轮；23-中间轴二挡齿轮；24-中间轴三挡齿轮；25-中间轴四挡齿轮；26-中间轴常啮合传动齿轮；27、28-花键毂；29-第一轴轴承盖；30-轴承盖回油螺纹

图 2-3　东风 EQ1092 型汽车变速器

转换。花键毂 27 和接合套 9 实现二、三挡的动力传递。在二、四挡齿轮后面分别装有承受轴向力的止推环。

后轴承盖内装有里程表驱动蜗杆和蜗轮，轴后端花键上装有凸缘，连接万向传动装置。

第一、第二轴的轴向定位大都靠后轴承，轴承外环装有弹性挡圈，使轴承不能向壳体内移动，靠轴承盖压住轴承外环端面使轴承不能向外移动，实现轴承的轴向定位。轴承内环又被卡环、螺母或其他的结构固定在轴上，实现轴的轴向定位。为保证轴承盖压住轴承外环端面、盖与壳体之间的密封，轴承盖密封垫厚度应恰当。

(3)中间轴。中间轴 18 两端用轴承支承在壳体上，与第一轴齿轮常啮合的齿轮 26、二挡齿轮 23、三挡齿轮 24、四挡齿轮 25 用半圆键装在轴上，一、倒挡齿轮 21 与轴制成一体。

中间轴轴向定位与第一、第二轴类同。有的中间轴和几乎所有的倒挡轴为固定式轴，用过盈配合压装在壳体上以防漏油，并用锁片定位。为装配方便，固定式轴两端轴颈直径稍有差异，有定位槽的一端稍粗，装配时应将轴的另一端穿过壳体和齿轮。

(4)倒挡轴。该轴固定在壳体上，倒挡中间轴齿轮 20、22 制成一体，以滚针轴承的形式套装在倒挡轴上，轮 22 与 21 常啮合。

有的变速器倒挡轴外端制有螺纹孔以方便拆装。

2)各挡齿轮的传动情况

(1)空挡：第二轴换挡的接合套、传动齿轮均处于中间空转位置，动力不传给第二轴。

(2)一挡：前移一、倒挡滑动齿轮 13 与中间轴一挡齿轮 21 啮合。动力经第一轴齿轮 2、中间轴常啮合传动齿轮 26、中间轴一挡齿轮 21、第二轴一、倒挡齿轮 13 传到第二轴使其顺时针旋转(与第一轴同向)。一挡传动比为

$$i_1=\frac{z_{26}}{z_2}\times\frac{z_{13}}{z_{21}}=7.31$$

第二轴输出的转速和转矩分别为 $n_1=n_e/i_1$(r/min)，$M_1=M_e i_1$(N·m)。

(3)二挡：后移接合套 9 与第二轴二挡齿轮上的齿圈 10 啮合。动力经齿轮 2、26、23、11，接合套 9，花键毂 27，传到第二轴使其顺时针旋转。二挡传动比为

$$i_2=\frac{z_{26}}{z_2}\times\frac{z_{11}}{z_{23}}=4.31$$

第二轴输出的转速、扭矩分别为 $n_2=n_e/i_2$(r/min)，$M_2=M_e i_2$(N·m)。

(4)三挡：前移接合套 9 与第二轴三挡齿轮 7 的齿圈 8 啮合。动力经齿轮 2、26、24、7，接合套 9，花键毂 27，传到第二轴使其顺时针旋转。三挡传动比为

$$i_3=\frac{z_{26}}{z_2}\times\frac{z_7}{z_{24}}=2.45$$

第二轴输出的转速、扭矩分别为 $n_3=n_e/i_3$(r/min)，$M_3=M_e i_3$(N·m)。

(5)四挡：后移接合套 4 与第二轴四挡齿轮 6 的齿圈 5 接合。动力经齿轮 2、26、25、6，接合套 4，花键毂 28，传到第二轴使其顺时针旋转。四挡传动比为

$$i_4=\frac{z_{26}}{z_2}\times\frac{z_6}{z_{25}}=1.54$$

第二轴输出转速、扭矩分别为 $n_4=n_e/i_4$(r/min)，$M_4=M_e i_4$(N·m)。

(6)五挡：前移接合套 4 与第一轴常啮合传动齿轮 2 的齿圈 3 啮合。动力直接由第一轴传到第二轴。传动比为 1，此挡称为直接挡。第二轴的转速与第一轴相同($n_5=n_e$)，第二轴输出扭矩 $M_5=M_e$。在路况较好的情况下使用五挡，提高运输效率。

有些轿车和轻、中型货车的变速器最高前进挡传动比多数都小于 1($i=0.7\sim0.85$)，即第二轴的转速高于第一轴的转速，称为超速挡。超速挡主要用于在良好路面上轻载或空车行驶

的场合，借此提高汽车的燃料经济性。

低速挡用于坏路或爬坡，高速挡用于在好路加速行驶。

(7)倒挡：后移第二轴上的一、倒挡齿轮 13 与倒挡齿轮 20 啮合。动力经齿轮 2、26、21、22、20、13，传给第二轴使其逆时针旋转，汽车倒向行驶。传动比为

$$i_g=\frac{z_{26}}{z_2}\times\frac{z_{22}}{z_{21}}\times\frac{z_{13}}{z_{20}}=7.66$$

第二轴输出的转速、扭矩分别为 $n_R=n_e/i_R$(r/min)，$M_R=M_e i_R$(N·m)。

3)齿轮的换挡结构形式

车用变速器齿轮多采用常啮合斜齿轮，利用同步器改组换挡。一对齿轮在进入啮合开始时的圆周速度必须相等(同步状态)，否则会在齿端发生冲击和噪声，齿轮寿命降低。同步器换挡机构能防止齿轮在同步前啮合，消除齿轮间的冲击，缩短换挡时间。所以同步器在汽车变速器上应用广泛。

4)防止自动脱挡的结构

自动脱挡是变速器的常见故障之一，特别是直接挡，第一、第二轴同轴度误差稍大，就易脱挡。所以有些变速器在齿轮上采取了防止自动脱挡的结构。

(1)减薄齿式。在东风 EQ1090E 型汽车使用的五挡变速器中，采用了减薄齿的结构来防止自动跳挡(图 2-4)。在花键毂 3 的两端，齿厚各减薄 0.3～0.4 mm，使各牙齿中部形成一凸台。当同步器的接合套左移与接合套齿圈接合时(图示位置)，接合齿圈 1 将转矩传到接合套 2 的一侧，再由接合套的另一侧传给花键毂。由于接合套齿的后端被凸台挡住，在接触面上作用一个力 F_N，其轴向分力 F_Q 即为防止跳挡的阻力。欲摘下挡时，驾驶员放松油门踏板，踩下离合器踏板，动力被切断，接合齿圈 1 的转速降低，接合套齿相对于花键毂向后转，不会妨碍接合套齿摘挡。

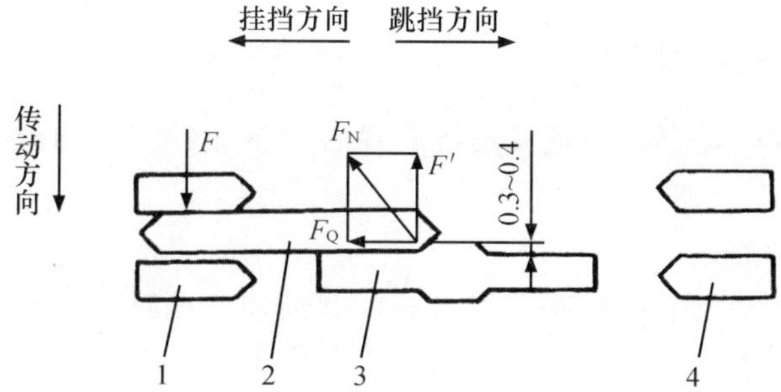

1、4-接合齿圈；2-接合套；3-花键毂

F-圆周力($F=F'$)；F_N-凸台对接合套的总阻力；F_Q-防止跳挡的轴向力

图 2-4　减薄齿防止自动跳挡的结构示意图

(2)斜面齿式。CA1091 型汽车六挡变速器采用的是齿端倒斜面的结构(图 2-5)。在该变速器的所有接合齿圈及同步器接合套齿的端部两侧都制有倒斜面。当同步器的接合套 2 左移与接合齿圈 1 接合时(图示位置)，接合齿圈将转矩传到接合套齿的一侧，再经接合套齿的另一侧传给花键毂 3。由于接合齿圈 1 与接合套 2 齿端部为斜面接触，因此便产生了垂直斜面的正压力 F_N，其分力分别为 F 和 F_Q，向左的分力 F_Q 即为防止跳挡的轴向力。

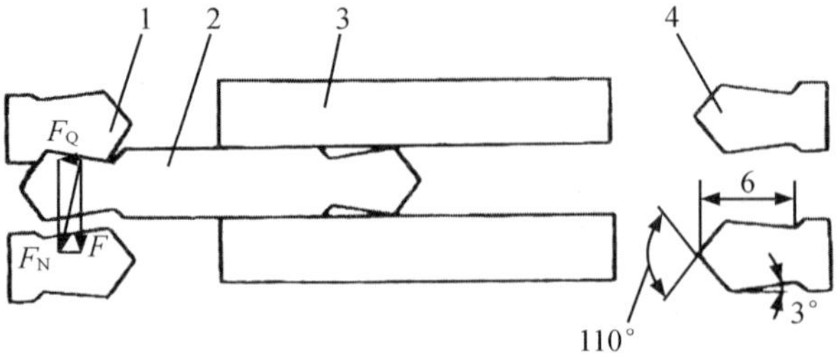

1、4-接合齿圈；2-接合套；3-花键毂

F-圆周力；F_N-倒锥齿面正压力；F_Q-防止跳挡的轴向力

图 2-5 防止跳挡的齿端倒斜面结构示意图

5)齿轮的轴向限位

斜齿轮在传力时产生轴向力，应采用轴向限位装置，多用止推环。在轴上空转的斜齿轮必须有适当的轴向间隙。此间隙的大小由止推环的厚度来调整；有的变速器由衬套长度来保证。

6)润滑与密封

(1)润滑。在变速器壳体内注入齿轮油，以减少内摩擦引起的零件磨损和功率损失。大多数变速器采用飞溅方式润滑各齿轮副、轴与轴承等零件的工作表面。因此，壳体一侧有加油口，壳体底部有放油塞。油面高度即由加油口位置控制。

(2)密封。变速器第一轴和第二轴与轴承盖之间多采用回油螺纹或自紧式油封来防止漏油。变速器前端多为回油螺纹，后端为自紧式油封，有的变速器前后端都为自紧油封。许多变速器轴承盖的下部有回油凹槽，壳体上有相应的回油孔，进入轴承多余的油流回壳体内。壳体与变速器盖、轴承盖间一般装有纸垫或用密封胶密封，还有的采用橡胶密封条。为防止壳体内的气压过高造成渗油现象，多在顶盖上装有通气塞。

2.3.2 两轴式变速传动机构

在发动机前置前轮驱动(轿车)或发动机后置后轮驱动(客车)的汽车上，由于总体结构布置的需要，采用两轴式变速器。

1)结构和动力传递路线

图 2-6 所示为与发动机前纵向布置形式相配套使用的两轴式变速器，它有 5 个前进挡和一个倒挡。

第一轴 1 也叫输入轴或主动轴，第一轴前端用轴承支承在曲轴中心孔内，前端与离合器从动盘通过花键连接，中段及后段 3 处通过轴承支承在变速器壳体上。第一轴上共有 6 个齿轮、2 个同步器。其中三、四、五挡齿轮(分别见图 2-6 中 4、2、8)分别用滚针轴承空套在第一轴上，三、四挡中间有一个同步器 3，五挡有一个同步器 9，它们通过花键毂与轴连接，并能在拨叉作用下左右移动。一、二、倒挡齿轮(分别见图 2-6 中 7、5、6)与第一轴固定。第二轴 15 也叫输出轴或从动轴，第二轴前后端两处通过轴承安装在壳体上，第二轴上有 7 个齿轮、1 个同步器。其中，6 个圆柱齿轮与第一轴齿轮对应，一个锥齿轮作为主减速器的主动齿轮。三、四、五挡齿轮(分别见图 2-6 中 14、16、10)与第二轴固定，一、二挡齿轮(分别见图 2-6 中 11、13)用滚针轴承空套在第二轴上，同步器 12 位于一、二挡中间，第二轴上倒挡齿轮 6 与同步器接合套连成一体。在第二轴中部一侧，还装有一根较短的倒挡轴。它是固定式轴，倒挡齿轮 6 空套在倒挡轴上，它可在倒挡拨叉的作用下左右移动。

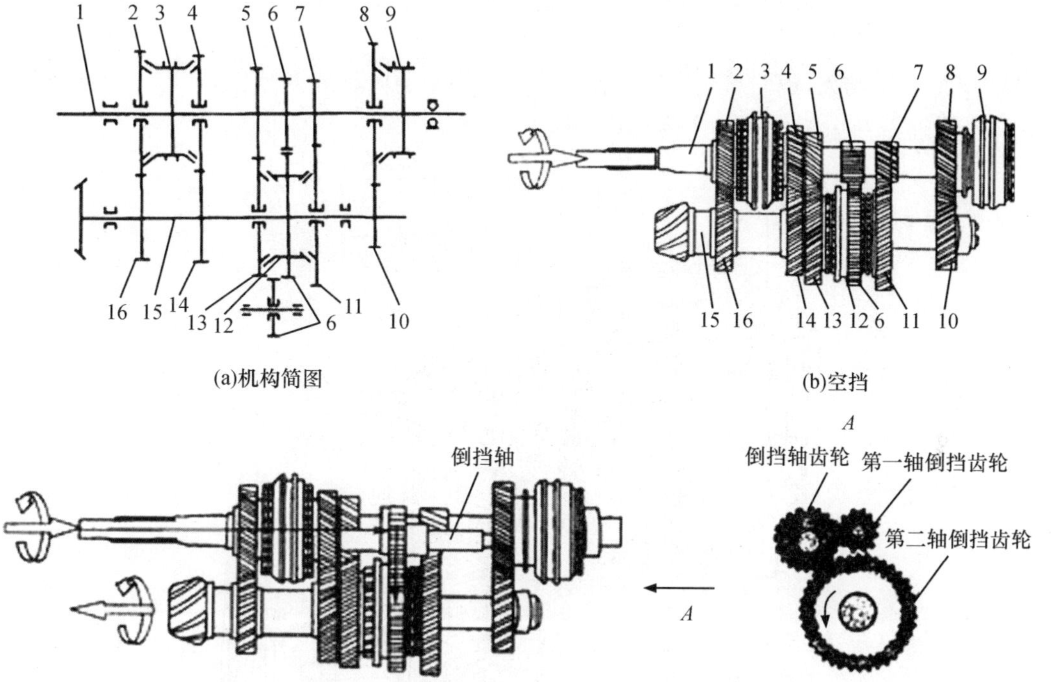

(a)机构简图　(b)空挡　(c)倒挡

1-第一轴；2-第一轴四挡齿轮；3-三、四挡同步器接合套组件；4-第一轴三挡齿轮；5-第一轴二挡齿轮；6-倒挡齿轮组；7-第一轴一挡齿轮；8-第一轴五挡齿轮；9-五挡同步器接合套组件；10-第二轴五挡齿轮；11-第二轴一挡齿轮；12-一、二挡同步器接合套组件；13-第二轴二挡齿轮；14-第二轴三挡齿轮；15-第二轴（带主动锥齿轮）；16-第二轴四挡齿轮

图 2-6　与发动机前纵向布置形式相配套使用的两轴式变速器

该变速器有 5 个前进挡位和 1 个倒挡位。操纵变速杆，通过接合套的移动即可实现不同传动比的动力传递，见表 2-1。

表 2-1　变速器各挡位动力传递

一挡	第一轴 1→齿轮 7→同步器接合套 12→齿轮 11
二挡	第一轴 1→齿轮 5→同步器接合套 12→齿轮 13
三挡	第一轴 1→同步器接合套 3→齿轮 4→齿轮 14→第二轴 15
四挡	第一轴 1→同步器接合套 3→齿轮 2→齿轮 16→第二轴 15
五挡	第一轴 1→齿轮 8→同步器接合套 9→齿轮 10
倒挡	当挂倒挡时[图 2-6(c)]，通过拨叉拨动倒挡轴上的惰轮，使其同时与输入第二轴上的倒挡齿轮啮合，其动力传递路线如下： 第一轴 1→第一轴倒挡齿轮→倒挡轴惰轮→第二轴倒挡齿轮→一、二挡同步器接合套→花键毂→第二轴

由于倒挡位的齿轮传递中多一个中间惰轮，因此，第二轴的旋转方向与前进位时相反。

2000GSi 轿车用 330 型变速器各挡位的传动比为 $i_1=3.455$，$i_2=1.944$，$i_3=1.286$，$i_4=0.969$，$i_5=0.800$，$i_R=3.167$，可以看出，该变速器一、二、三挡为减速传动，四、五挡为增速传动（超速挡）。

图 2-7 所示为与发动机前横向布置形式相配套使用的两轴式变速器，它有 5 个前进挡和 1 个倒挡，将变速器与后桥装在一个壳体内。

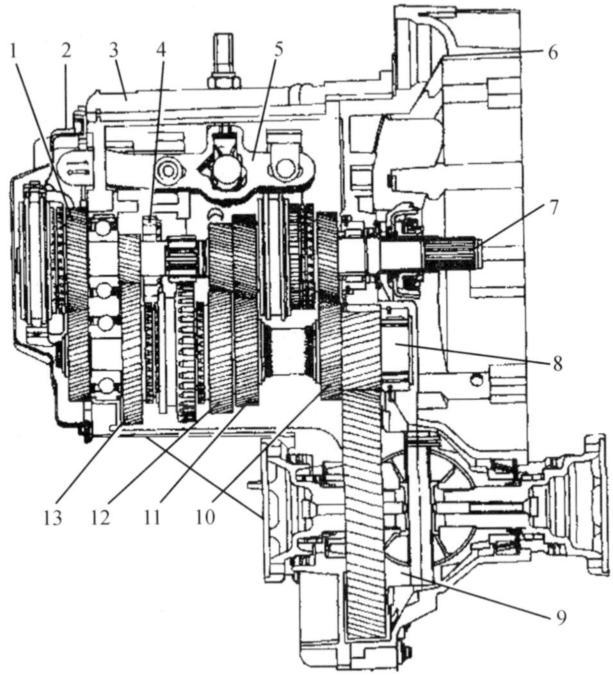

1-五挡；2-变速器壳盖；3-变速器壳；4-倒挡齿轮；5-换挡操纵装置；6-离合器壳；
7-第一轴；8-第二轴；9-差速器；10-四挡；11-三挡；12-二挡；13-一挡

图 2-7 与发动机前横向布置形式相配套使用的两轴式变速器

2)结构分析

(1)其传动机构的特点是输入轴与输出轴平行，且无中间轴。

(2)第一轴和第二轴之间在前进挡位时只有一对齿轮啮合，在倒挡位也只多一个中间齿轮，因而机械效率高，噪声小。

(3)两轴式变速器没有直接挡，因而最高挡的机械效率比直接挡的略低。

(4)前进挡几乎都采用常啮合斜齿轮，传动平稳；由同步器换挡，既迅速又无冲击噪声。

(5)同步器既可装在输入轴上也可装在输出轴上，整体结构紧凑。

(6)悬臂式输入轴与曲轴无支靠关系，变速器少量后移，即可更换离合片，省掉抬下工序。

(7)与发动机前纵向布置形式相配套使用的两轴式变速器的第二轴最终输出为锥齿轮传动副；与发动机前横向布置形式相配套使用的两轴式变速器的第二轴最终输出为圆柱齿轮传动副。

3　任务实施

下面以桑塔纳 2000 的手动变速器为例，介绍其拆装、检修程序。

3.1　准备工作

阅读维修手册，准备所需工具，制订作业方案。

3.2　操作流程

3.2.1　变速器的拆卸和安装

1)变速器总成的拆卸

(1)把变速器放在修理台或修理架上，放出变速器机油。

(2)将变速器后盖拆下，取出调整垫片和密封圈。

(3)小心地将三、四挡换挡滑杆向三挡方向拉至小的挡块取出，将换挡滑杆重新推至空挡位置(注意:换挡滑杆不能拉出太远，否则同步器内的挡块会弹出来，换挡滑杆不能回到空挡位置)。

(4)倒挡和一挡齿轮同时啮合，锁住轴，旋下主动锥齿轮螺母。用工具顶住输入轴的中心，取下输入轴的挡圈和垫片。

(5)用拉器拉出输入轴的向心轴承，若没有专用工具，先旋出壳体和后盖的连接螺栓，用塑料锤(或木锤)敲击输入轴的前端和后壳体，直至后盖和后壳体结合处出现松动。

(6)变速器壳体固定在台钳上，钳口应有较软的金属保持垫片，以防夹坏机件。

(7)取出三、四挡换挡拨叉的夹紧套筒，将三、四挡换挡滑杆往回拉，直至可以将三、四挡换挡滑杆拨叉取出为止。

(8)将换挡拨叉重新放在空挡位置，取出输入轴。

(9)压出倒挡齿轮轴，并取出倒挡齿轮。

(10)用小冲头冲出一、二挡换挡拨块上的弹性销，并取出弹性夹片。用工具拉出输出轴总成(注意:在拉出输出轴总成的同时，应注意一、二挡拨叉轴的间隙，以防卡住)。

2)变速器输入轴总成的拆卸

(1)拆下四挡齿轮的有齿锁环，取下四挡齿轮、同步环和滚针轴承。

(2)拆下同步器锁环。

(3)取下三挡和四挡同步器，三挡同步环和齿轮，取下三挡齿轮的滚针轴承。

(4)取下输入轴的中间轴承内圈。

3)变速器输出轴总成的拆卸

(1)拆下输出轴的后轴承和一挡齿轮，取下滚针轴承和一挡同步环;

(2)取下滚动轴承的内圈、同步器和二挡齿轮，取下二挡齿轮的滚针轴承。

(3)拆下三挡齿轮的锁环、三挡齿轮。

(4)拆下四挡齿轮的锁环、四挡齿轮。

(5)拆下输出轴的前轴承。

4)变速器的装配

(1)压入输出轴总成。压入输出轴总成时,要将换挡滑杆与一、二挡换挡拨叉和输出轴总成一起装入后壳体,然后再压入后轴承。压入时,请注意一、二挡换挡滑杆的活动间隙,必要时,轻轻敲击以免卡住。

(2)安装一、二挡拨块,压入弹性销,安装倒挡齿轮,压入轴。

(3)安装输入轴时,要拉回三、四挡拨叉能够装入滑动齿套为止,同时应位于空挡位置,并用弹性销固定好拨叉。

(4)放好新的密封环,将输入轴和输出轴及后壳体一起与壳体用 M8 × 45 的螺栓来连接。紧固力矩为 25 N·m。

(5)使用支撑桥将输入轴支撑住。

(6)压入输入轴的向心轴承或组合式轴承。向心轴承保持架密封面对着后壳体,而组合式轴承的滚柱对着后壳体。

(7)安装上三、四挡拨叉轴上的小止动块,拧紧输出轴螺母力矩为 100 N·m 。将换挡叉轴置于空挡位置(注意:变速器不能拉出太远,否则同步器内的止动块可能弹出来。变速滑杆可能不能再压回到空挡位置。这种情况下须重新拆卸变速器,将 3 个锁块压到同步器齿套内并推入滑动套筒)。

(8)安装差速器。

(9)安装变速器后盖。

3.2.2 变速器传动部分主要零部件的检修

1)变速器壳体

变速器壳体的主要损伤形式有壳体的变形、裂纹及轴承孔、螺纹孔的磨损等。

(1)变速器壳体裂纹。对受力不大的部位的裂纹,可用环氧树脂粘接修复;重要和受力较大部位的裂纹,可进行焊修。对于轴承孔贯通的和安装固定孔处裂纹不能修理的,应更换变速器壳体。

(2)变速器壳体的变形。壳体的变形将造成各轴轴线间的平行度误差,轴间距改变,导致齿轮副啮合精度的破坏,轮齿表面的阶梯形磨损不但使传动噪声加大,也会形成轴向力,当表面上有冲击载荷时,就会形成变速器的早期自动脱挡的故障。检查时,对三轴式变速器用专用量具检查:各轴承孔公共轴线间的平行度、轴间距;上孔轴线与上平面间的距离;前后两端面的平面度。两轴式变速器的壳体一般由前、后两部分组成,其变形主要是检查输入轴与输出轴的平行度及前、后壳体接合面的平面度。当上述各项检查超过规定时应进行修复。

当变速器壳体轴承孔磨损超限、变形时,可在单柱立式镗床上,用长度规作为定位导向镗削各轴承孔,以修正各轴线间的平行度。镗削扩孔时,常以倒挡轴的轴承孔为基准,因为此处的强度最大,其变形逾限率较低,扩孔后再镶套或刷镀修复,超过修理极限时应更换。当壳体平面度超差时,可采用铲、刨、锉、铣等方法修复或更换。

(3)壳体上所有连接螺孔的螺纹损伤。螺纹损伤不得多于 2 牙,螺纹孔的损伤可用更换加粗螺栓或焊补后重新钻孔加工的方法修复。

2)变速器盖

变速器盖的主要损伤形式有盖的裂纹、变形及拨叉轴孔的磨损等。

变速器盖应无裂纹,其与变速器壳体结合平面的平面度公差超限时,可采用铲、刨、锉、铣等方法修复或更换;拨叉轴与轴孔的间隙超限时应更换。

3)齿轮与花键

齿轮的主要损伤形式有齿面、齿端磨损,齿面疲劳剥落、腐蚀斑点,轮齿破碎或断裂等。

(1)齿轮的啮合面上出现明显的疲劳麻点、麻面、斑疤或阶梯形磨损时,必须更换。齿面仅有轻微斑点或边缘略有破损时,可用油石修磨后继续使用。

(2)固定齿轮或相配合的滑动齿轮的端面损伤长度不得超过齿长的15%。

(3)齿轮的啮合面中线应在齿高中部,接触面积不得小于工作面的60%。

(4)齿轮与齿轮、齿轮与轴及花键的啮合间隙、径向间隙和轴向间隙应符合原厂规定。

4)轴

轴的主要损伤形式有变形、裂纹、轴颈和花键齿的磨损等。

(1)用百分表检查轴的变形,超过标准时应校正或更换。

(2)花键齿损伤达到前述齿轮损伤的程度时应更换。

(3)用千分尺检查各轴颈的磨损,超过规定值时,可堆焊、镀铬后修复或更换。

(4)检查轴上定位凹槽的最大磨损量,超过规定值时应更换,

(5)轴体上不得有任何性质的裂纹,否则应更换。

5)轴承

轴承主要的损伤形式有磨损、疲劳点蚀及破裂等。

(1)检查轴承应转动灵活,滚动体与内外圈滚道不得有麻点、麻面、斑点和烧灼磨损或破碎等缺陷,保持架完好,否则应更换。

(2)检查轴承的径向间隙不得超过规定值,滚动轴承与轴承孔、轴颈配合应符合技术条件要求,否则应更换。

任务2 更换一、二挡同步器

1 任务引入

一辆汽车在行驶过程出现一挡和二挡挂挡困难,并且挂入这两个挡位时伴随异响,经诊断为一、二挡同步器故障,需要对其进行更换。

2 相关知识

2.1 同步器的概述

2.1.1 无同步器时的换挡过程

变速器在换挡过程中,必须使所选挡位的一对待啮合齿轮轮齿的圆周速度相等(即同步),

才能使之平顺地进入啮合而挂上挡，称为同步换挡。如两齿轮轮齿不同步时即强制挂挡，势必因两轮齿间存在速度差而发生冲击和噪声。这样，不但不易挂挡，而且影响轮齿寿命，使齿端部磨损加剧，甚至使轮齿折断。

2.1.2 同步器的功用

同步器的功用是使接合套与待啮合的齿圈迅速同步，缩短换挡时间，且防止在同步前啮合而产生接合齿之间的冲击。

2.1.3 同步器的组成

同步器是在接合套换挡机构基础上发展起来的，同步器都是由同步装置（包括推动件、摩擦件）、锁止装置和接合装置 3 部分组成。

2.1.4 同步器的类型

同步器可分为常压式、惯性式和自增力式 3 种类型。现代汽车上广泛采用的是惯性式同步器。惯性式同步器按结构不同又可分为锁环式和锁销式两种。锁环式同步器结构紧凑，但传力小，故多用于轿车和轻型车辆的变速器中；锁销式同步器结构尺寸大，传递转矩大，故多用于中、重型车辆的变速器中。

2.2 锁环式惯性同步器

2.2.1 锁环式惯性同步器结构

如图 2-8 所示，花键毂 7 用内花键套装在第二轴外花键上，用垫圈、卡环轴向定位。花键毂 7 两端与齿轮 1 和 4 之间各有一个青铜制成的锁环（即同步环）5 和 9。锁环上有短花键齿圈，其花键齿的尺寸和齿数，与花键毂 7、齿轮 1 和 4 的外花键齿均相同。两个齿轮和锁环上的花键齿，靠近接合套 8 的一端都有倒角（即锁止角），与接合套齿端的倒角相同。锁环有内锥面，与齿轮 1、4 的外锥面锥角相同。在锁环内锥面上制有细密的螺纹（或直槽），当锥面接触后，它能及时破坏油膜，增加锥面间的摩擦力。锁环内锥面摩擦副称为摩擦件，外沿带倒角的齿圈是锁止件，锁环上还有 3 个均布的缺口 12。3 个滑块 2 分别装在花键毂 7 上 3 个均布的轴向槽 11 内，沿槽可以轴向移动。滑块被两个弹簧圈 6 的径向力压向接合套，滑块中部的凸起部位压嵌在接合套中部的环槽 10 内。滑块和弹簧是推动件。滑块两端伸入锁环 5 的缺口 12 中，滑块窄，缺口宽，两者之差等于锁环的花键齿宽。锁环相对滑块顺转和逆转都只能转动半个齿宽，且只有当滑块位于锁环缺口的中央时，接合套与锁环才能接合。

2.2.2 锁环式惯性同步器工作原理

以二挡换三挡为例（图 2-9）说明同步器的工作原理如下：

1）空挡位置

接合套 8 刚从二挡退入空挡时［图 2-9（a）］，三挡齿轮 1、接合套 8、锁环 9 及与其有关联的运动件，因惯性作用而沿原方向继续旋转（图示箭头方向）。设齿轮 1、接合套 8、锁环 9 的转速分别为 n_1、n_8、n_9，因接合套通过滑块前侧（图中下侧）推动锁环一起旋转，所以 $n_9=n_8$。因

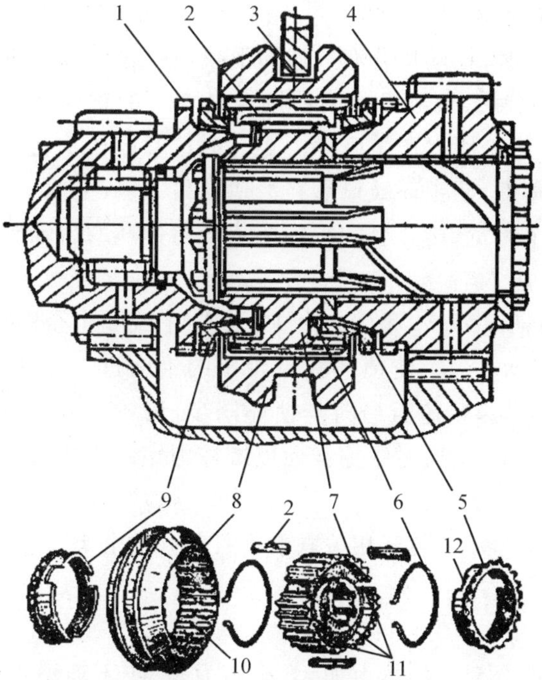

1-第一轴齿轮；2-滑块；3-拨叉；4-第二轴齿轮；5、9-锁环；6-弹簧圈；
7-花键毂；8-接合套；10-环槽；11-3个轴向槽；12-缺口

图 2-8　锁环式惯性同步器

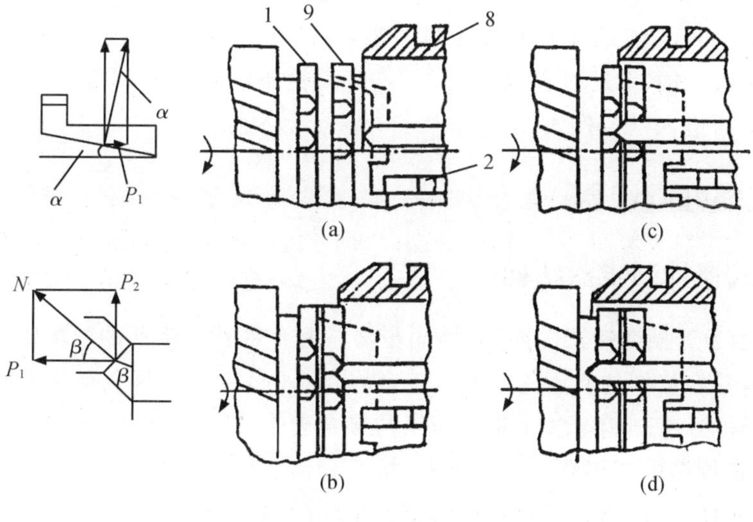

（图注同图 2-8）

图 2-9　锁环式惯性同步器工作过程示意图

$n_1 > n_8$，故 $n_1 > n_9$。此时锁环是轴向自由的，其内锥面与齿轮 1 的外锥面没有摩擦（图示虚线）。

2)摩擦力矩形成与锁止过程

欲换入三挡(直接挡)时,推动接合套8连同滑块2一起向左移动[图2-9(b)],滑块又推动锁环移向齿轮1,使锥面接触。驾驶员作用在接合套8上的轴向推力,使两锥面有正压力N,又因两者有转速差($n_1>n_9$),所以产生摩擦力矩。通过摩擦作用,齿轮1带动锁环9。相对于接合套8向前转动一个角度,使锁环缺口靠在滑块的另一侧(上侧)为止,此时接合套的内齿与锁环上的齿错开了约半个齿宽,接合套的齿端倒角面与锁环的齿端倒角面互相抵住,锁止作用开始,接合套暂不能前移进入啮合。

正压力N可分解为轴向力P_1和切向力P_2。P_2形成一个企图拨动锁环相对于接合套反转的力矩,称为拨环力矩M_2。P_1使锁环和齿轮1的锥面进一步压紧,两锥面间的摩擦力矩M_1使齿轮1相对于锁环迅速减速而趋向与锁环同步,齿轮1及与其相关联的零件产生一个与旋转方向相同的惯性力矩,又通过摩擦锥面以摩擦力矩的方式传到锁环上,阻碍锁环相对于接合套反向转动。

由于锁止作用是靠齿轮1及与其相关联的零件作用在锁环上的惯性力矩产生的,因此称为惯性式同步器。

3)同步啮合

随着驾驶员施加于接合套上的推力加大,摩擦力矩M不断增加,使齿轮1的转速迅速降低。当齿轮1、接合套8和锁环9达到同步时,作用在锁环上的惯性力矩消失。滑块2处于锁环缺口的中央[图2-9(c)],两花键齿不再抵触,锁环的锁止作用消除。接合套压下弹簧圈继续左移(滑块脱离接合套的内环槽而不能左移),与锁环的花键齿圈进入啮合。若接合套花键齿与齿轮1的齿端相抵触[图2-9(c)],则靠齿端倒角面上的切向分力拨动齿轮1相对于锁环和接合套转过一个角度,让接合套与齿轮1进入啮合[图2-9(d)],即换入三挡。

若由三挡换入二挡,上述过程也适用。不过,齿轮4应被加速到与锁环5、接合套8同步(图2-9),接合套再进入啮合换入二挡。

2.3　锁销式惯性同步器

2.3.1　锁销式惯性同步器结构

图2-10所示为五挡变速器的四、五挡同步器。两个带有内锥面的摩擦锥盘2,以其内花键分别固装在带有接合齿圈的斜齿轮1和6上,随齿轮一起转动。两个有外锥面的摩擦锥环3,用其上圆周均布的3个锁销8、3个定位销4与接合套5装在一起。定位销与接合套的相应孔是滑动配合的,定位销中部切有一小段环槽,接合套钻有斜孔,内装弹簧11,把钢球10顶向定位销中部的环槽,使接合套处于空挡位置,定位销能随接合套轴向移动。定位销两端伸入两摩擦锥环3内侧面的弧线形浅坑中,定位销与浅坑有周向间隙,锥环相对接合套在一定范围内做周向摆动。锁销中部环槽的两端和接合套相应孔两端切有相同的倒角(锁止角);锁销与孔对中时,接合套才能沿锁销轴向移动;锁销两端铆接在锥环相应的孔中。可见,2个锥环(即摩擦件,其上有螺纹槽)、3个锁销(锁止件)、3个定位销(推动件)和接合套(接合件)构成一个部件,套在花键毂9的齿圈上。

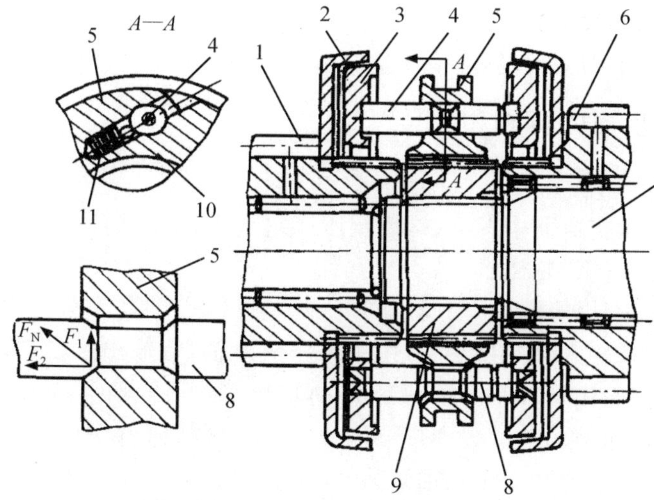

1-第一轴齿轮；2-摩擦锥盘；3-摩擦锥环；4-定位销；5-接合套；6-第二轴四挡齿轮；7-第二轴；8-锁销；9-花键毂；10-钢球；11-弹簧

图 2-10 锁销式惯性同步器

2.3.2 锁销式惯性同步器工作原理

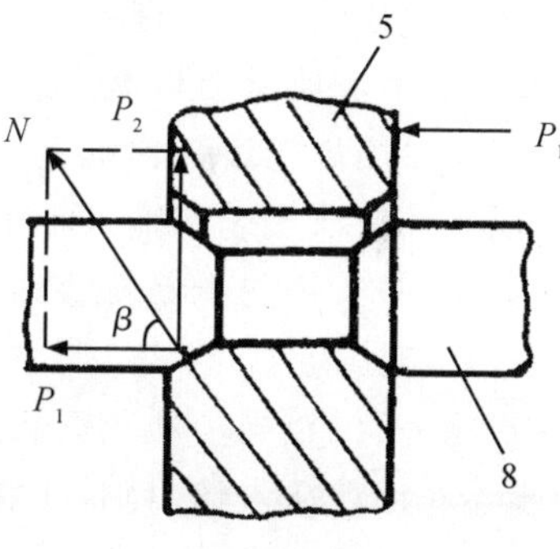

(图注同图 2-10)

图 2-11 锁销式惯性同步器锁止原理

锁销式惯性同步器的工作原理与锁环式惯性同步器类似。如图 2-11 所示，当接合套 5 受到轴向推力 P_1 作用时，通过钢球 10、定位销 4 推动摩擦锥环 3(图 2-10)向前移动，即欲换入五挡。摩擦锥环与锥盘有转速差，故接触后的摩擦作用使锥环和锁销相对于接合套转过一个角度，锁销与接合套上相应孔的中心线不再同心。锁销中部倒角与接合套孔端的锥面相抵住(图 2-11)，在同步前，作用在摩擦面的摩擦力矩总大于切向分力 P_2 形成的拔销力矩，接合套被锁止不能前移，防止在同步前接合套与齿圈进入啮合。同步后惯性力矩消失，拔销力 P_2 使锁销、摩擦锥盘和相应的齿轮相对于接合套转过一个角度，锁销与接合套的相应孔对中，接合套克服弹簧 11 的张力，压下钢球并沿锁销继续向前移动，顺利地换入五挡。

总之，锥环与锥盘的摩擦力矩较大，多用在中型和重型汽车上

3 任务实施

下面以桑塔纳 2000 为例介绍同步器的拆装、检修程序。

3.1 准备工作

阅读维修手册，准备所需工具，制订作业方案。

3.2 操作流程

3.2.1 一、二挡同步器的拆卸和安装

1)同步器的拆卸

(1)首先把输出轴从变速器中拆下,然后用压床垫块支撑输出轴一挡齿轮,用压床压输出轴,将输出轴内轴承和一挡齿轮压出。

(2)取出一挡齿轮滚针轴承和一挡同步环。

(3)用压床垫块支撑输入轴二挡齿轮,用压床压输出轴,将输出轴二挡齿轮,一、二挡同步器,二挡同步环,二挡齿轮滚针轴承的轴承套压出,取出二挡滚针轴承。

(4)分解一、二挡同步器的花键毂和接合齿套(注意:分解时两手护住同步器,防止滑块和止动弹簧弹出,取出 3 个滑块和 2 个止动弹簧)。

2)同步器的安装

(1)组装一、二挡同步器的花键毂和接合齿套,将接合齿套有齿的一端向上放在工作台上。

(2)将花键毂有标记槽的一面朝上装进接合齿套中(注意:将花键毂上的 3 个缺口对准接合齿套上的 3 个凹槽)。

(3)将 3 个滑块安装到花键毂的 3 个缺口中,且将滑块凹槽面朝向花键毂中心。

(4)安装 2 个止动弹簧,将止动弹簧带钩的一端装到其中一个滑块凹槽中,用手按压止动弹簧,将止动弹簧卡在花键毂内圈,卡住 3 个滑块。反转同步器,安装另一个止动弹簧(注意:为了保证 3 个滑块受力均衡,止动弹簧带钩的一端不能安装在同一个滑块中,要相隔 120°)。

(5)在二挡齿轮滚针轴承上涂抹机油,将二挡齿轮滚针轴承安装到输出轴上。然后将二挡齿轮、同步环依次安装到输入轴上。

(6)将一、二挡同步器安装到输入轴上,安装时需要注意,将接合齿套有齿的一端向上,即朝向一挡齿轮。

(7)将一、二挡同步器花键毂放在压床垫块上,使输出轴垂直压床工作台,用压床将一、二挡同步器花键毂压入输出轴(注意:在用压床压的同时,要调整一挡同步环,使一挡同步环上的 3 个缺口对准一、二挡同步器上的 3 个滑块)。

3.2.2 同步器的检修

1)锁环式同步器的检修

锁环式同步器的主要损伤有锁环内锥面螺纹槽及锁止角磨损,滑块磨损,接合套和花键毂的花键齿损伤。锁环与滑块的磨损会破坏换挡过程的同步作用,锁环与接合套锁止角的磨损会使同步器失去锁止作用,这些都会造成换挡困难,换挡时发出机械撞击噪声。

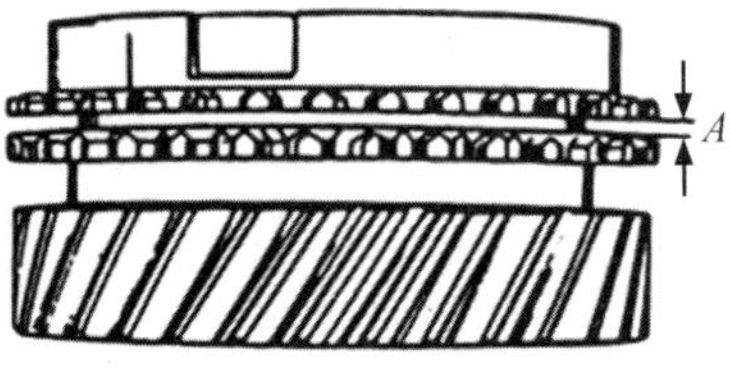

图 2-12 检查同步器间隙

锁环式同步器间隙的检查如图 2-12 所示,将锁环压到换挡齿轮锥面上,按压转动锁环时要有阻力,用塞尺测量锁环与换挡齿轮端面之间的间隙 A。该间隙的标准值:解放 CA1091 型变速器为 12～18 mm,磨损极限为 0.3 mm;奥迪、桑塔纳的变速器为 1.1～1.9 mm,磨损极限为 0.5 mm。超过磨损极限值时,应更换。

同步器滑块顶部凸起磨损出现沟槽，会使同步作用减弱，必须更换。锁环、接合套的接合齿端磨秃，接合套和花键毂的花键齿磨损，都会导致换挡困难，都须更换。

2）锁销式同步器的检修

锁销式同步器的主要损伤是由于换挡操作不当、冲击过猛使锥盘外张、摩擦角变大，造成同步效能降低；锥环锥面上的螺纹槽的磨损严重，使摩擦系数过低，甚至两者端面接触，使同步作用失效。

当锥环锥面螺纹磨损，使锥环端面与锥盘面接触，可用车削锥环端面修复，但车削总量不得大于 1 mm。如有锥环外锥面螺纹槽的深度小于 0.1 mm，而锥环端面未与锥盘接触，应更换同步器总成。在更换新同步器总成时，可保留原有的锥盘，但两者的端面间隙不得小于 3 mm。

同步器的锁销和定位销松动或者散架，会引起同步器突然失效，应更换新同步器。

任务 3　调整变速器操纵机构

1　任务引入

一辆汽车在行驶过程中，出现换挡困难现象，当由二挡换入三挡时，变速杆无法将同步器拨入正确位置，经诊断为变速器操纵机构故障，需要对其进行调整。

2　相关知识

2.1　变速器操纵机构的功用

变速器操纵机构的功用是保证驾驶员根据使用条件将变速器换入某个挡位。

2.2　换挡拨叉

变速器操纵机构多为机械式。按操纵杆与变速器的相互位置不同，分为直接操纵式和远距离操纵式两类。

1）直接操纵式

大多数汽车变速器布置在驾驶员座位附近，变速杆由驾驶室底板伸出，驾驶员可直接操纵。它一般由变速杆、拨块、拨叉、拨叉轴以及锁止装置等组成，多集装于上盖或侧盖内，结构简单，操纵方便。

图 2-13 所示为六挡变速器操纵机构的组成与布置示意图。拨叉轴 7、8、9、10 的两端均支承于变速器盖的相应孔中，可以轴向滑动。所有的拨叉和拨块都以弹性销固定于相应的拨叉轴上。三、四挡拨叉 2 的上端具有拨块。拨叉 2 和拨块 3、4、14 的顶部制有凹槽。变速器处于空挡时，各凹槽在横向平面内对齐，叉形拨杆 13 下端的球头即伸入这些凹槽中。

选挡时可使变速杆绕其中部球形支点横向摆动，则其下端推动叉形拨杆 13 绕换挡轴 11 的轴线摆动，从而使叉形拨杆下端球头对准与所选挡位对应的拨块凹槽，然后使变速杆纵向摆动，带动拨叉轴及拨叉向前或向后移动，即可实现挂挡。例如，横向摆动变速杆使叉形拨杆下端球头伸入拨块3顶部凹槽中，拨块3连同拨叉轴9和拨叉5即沿纵向向前移动一定距离，便可挂入二挡；若向后移动一段距离，则挂入一挡。当使叉形拨杆下端球头伸入拨块14的凹槽中，并使其向前移动一段距离时，便挂入倒挡。

不同变速器的挡数和操纵机构的结构与布置都有所不同，因而相应于各挡位的变速杆上端手柄位置排列，即挡位排列也不同。因此，汽车驾驶室仪表板上(或操纵手柄上)应标有该车变速器挡位排列图(图2-13左上方图)。

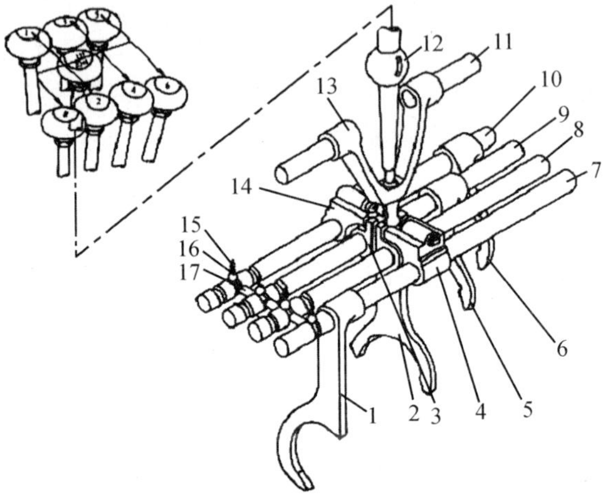

1-五、六挡拨叉；2-三、四挡拨叉；3-一、二挡拨块；4-五、六挡拨块；5-一、二挡拨叉；6-倒挡拨叉；
7-五、六挡拨叉轴；8-三、四挡拨叉轴；9-一、二挡拨叉轴；10-倒挡拨叉轴；11-换挡轴；
12-变速杆；13-叉形拨杆；14-倒挡拨块；15-自锁弹簧；16-自锁钢球；17-互锁销

图2-13 六挡变速器操纵机构的组成与布置示意图

2)远距离操纵式

在有些汽车上，由于变速器离驾驶员座位较远，因此需要在变速杆与拨叉之间加装一些辅助杠杆或一套传动机构，构成远距离操纵。这种操纵机构称为间接操纵式变速器操纵机构。图2-14所示为较简单的一种远距离操纵机构，其变速杆在驾驶员侧旁穿过驾驶室底板安装在

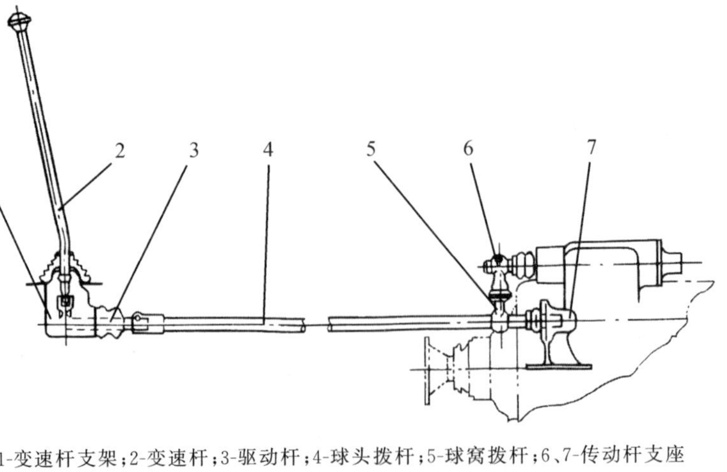

1-变速杆支架；2-变速杆；3-驱动杆；4-球头拨杆；5-球窝拨杆；6、7-传动杆支座

图2-14 变速器摆动杆式远距离操纵机构

车架上，中间通过球头拨杆 4 来操纵变速器实现换挡。

远距离操纵机构应有足够的刚度，各连接件间隙不能过大，否则换挡“手感”不明显，且不能保证换挡齿轮全齿常啮合。

2.3 锁止机构

锁止装置包括自锁装置、互锁装置和倒挡锁装置三种。

1)自锁装置

图 2-15 所示的自锁装置由自锁钢球 1 和自锁弹簧 2 组成。每一根拨叉轴的上表面沿轴向分布 3 个凹槽。当任一根拨叉轴连同拨叉轴向移动到空挡或某一工作挡位置时，必有一个凹槽正好对准自锁钢球 1。于是，钢球在弹簧压力下嵌入该凹槽内，拨叉轴的轴向位置即被固定，从而拨叉连同滑动齿轮（或接合套）即被固定在空挡或某一工作挡位置，不能自行脱出。当需要换挡时，驾驶员必须通过变速杆对拨叉或拨叉轴施加一定的轴向力来克服弹簧的压力，将钢球由拨叉轴的凹槽中挤出并推回孔中，拨叉轴和拨叉方能再进行轴向移动。拨叉轴上表面相邻凹槽之间的距离，即等于为保证在全齿宽上啮合或完全退出啮合所必需的拨叉及其轴的移动距离。

2)互锁装置

互锁装置的类型很多，下面列举几种说明其构造及机理。

(1)锁球(销)式。图 2-15 所示的互锁装置是由互锁钢球 4 和互锁销 5 组成的。每根拨叉轴朝向互锁钢球的侧表面上均制出一个深度相等的凹槽，任一拨叉轴处于空挡位置时，其侧面凹槽都正好对准互锁钢球 4。两个互锁钢球直径之和正好等于相邻两轴之间的距离加上一个凹槽的深度。中间拨叉轴上两个侧面凹槽之间有孔相通，孔中有一根可以移动的互锁销 5，销的长度等于拨叉轴的直径减去一个凹槽的深度。

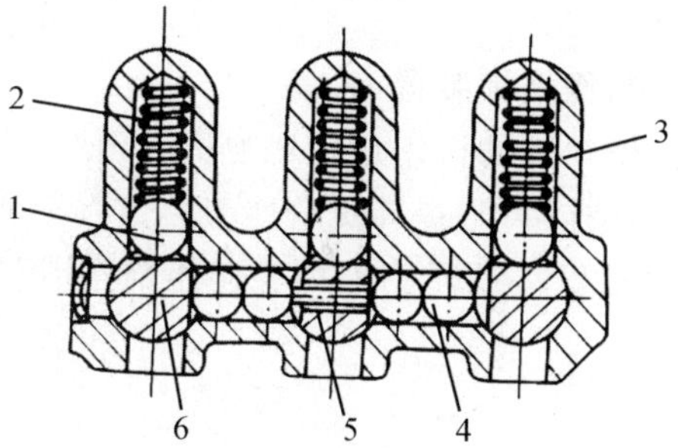

1-自锁钢球；2-自锁弹簧；3-变速器盖(前端)；4-互锁钢球；5-互锁销；6-拨叉轴

图 2-15 变速器自锁和互锁装置

互锁装置的工作情况如图 2-16 所示。当变速器处于空挡位置时，所有拨叉轴的侧面凹槽同互锁钢球、互锁顶销都在一条直线上。当移动中间拨叉轴 5 时[图 2-16(a)]，其两侧的内钢球从侧凹槽中被挤出，而两外钢球 1 和 3 则分别嵌入拨叉轴 4 和 6 的侧面凹槽中，因而将拨叉轴 4 和 6 刚性地锁止在其空挡位置。若欲移动拨叉轴 6，则应先将拨叉轴 5 退回到空挡位置[图 2-16(b)]。于是，在移动拨叉轴 6 时，钢球 1 便从拨叉轴 6 的凹槽中被挤出，同时通过互锁顶销 2 和其他钢球将拨叉轴 4 和 5 均锁止在空挡位置。同理，当移动拨叉轴 4 时，拨叉轴 5 和 6 被锁止在空挡位置[图 2-16(c)]。由此可知，互锁装置的作用是当驾驶员用变速杆推动某一拨叉轴时，自动锁止其他所有拨叉轴。

由上述互锁装置工作情况可知，当一根拨叉轴移动的同时，其他两根拨叉轴均被锁止。但有的变速器互锁装置没有顶销，当某一拨叉轴移动时，只要锁止与之相邻的拨叉轴，即可防止同时换入两个挡。

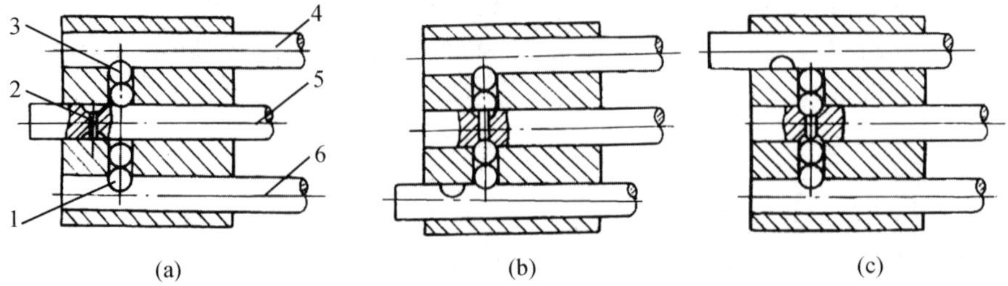

1、3-互锁钢球;2-互锁顶销;4、5、6-拨叉轴

图 2-16　互锁装置工作示意图

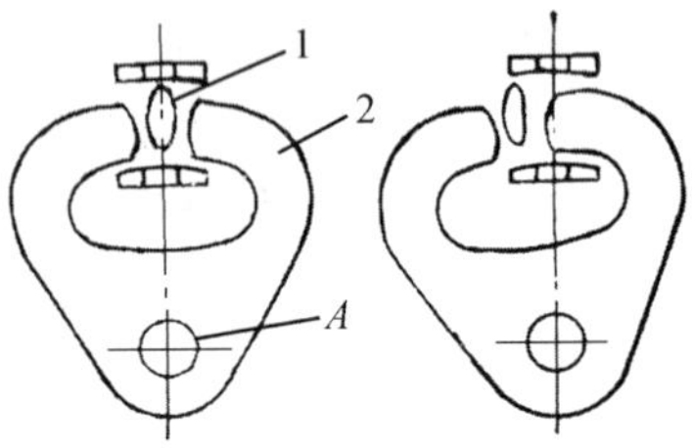

1-变速杆;2-钳形板

图 2-17　转动钳口式互锁装置

(2)转动钳口式。转动钳口式互锁装置如图 2-17 所示。变速杆下端球头置于钳口中,钳形板可绕 A 轴摆动。换挡时,变速杆先拨动钳形板处于某一拨叉轴的拨叉凹槽中,然后换入需要的挡位,其余两个换挡拨叉凹槽被钳形爪挡住,起到互锁作用。

总之,不论哪类互锁装置,其工作原理都是一致的,即每一次只能移动一根拨叉轴,其余拨叉轴均在空挡位置不动。

3)倒挡锁装置

倒挡锁的作用是使驾驶员必须对变速杆施加较大的力才能挂入倒挡,可以起到提醒作用,防止误挂倒挡,提高安全性。多数汽车变速器采用结构简单的弹簧锁销式倒挡锁。

图 2-18 所示为五挡变速器倒挡锁装置。它由倒挡拨块(五挡变速器)中的锁销 1 和弹簧 2

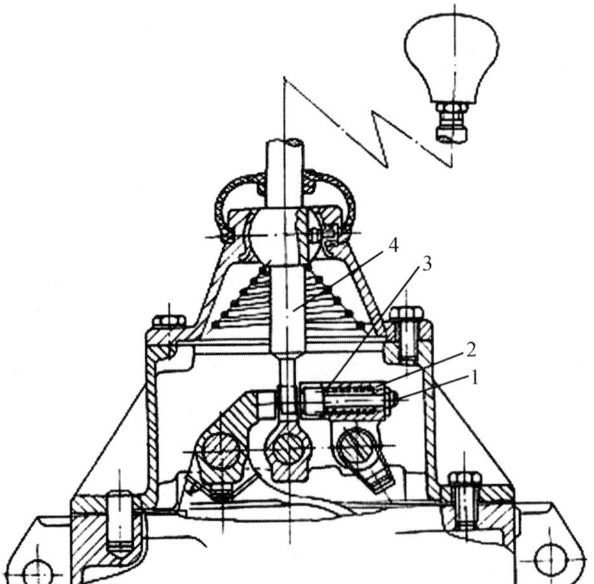

1-倒挡锁销;2-倒挡锁弹簧;3-倒挡拨块;4-变速杆

图 2-18　五挡变速器倒挡锁装置

组成。锁销 1 杆部装有弹簧 2,杆部右端的螺母可调整弹簧 2 的预压力和锁销的长度。欲换倒挡时,须用较大的力向一侧摆动变速杆 4,推动倒挡锁销 1 压缩弹簧后,变速杆 4 下端进入倒挡拨块 3 才能实现换挡。只要换入倒挡,其拨叉轴就接通装在变速器壳上的电源开关,警告灯亮、报警器响(有的汽车仪表盘上有倒挡指示灯),可以有效地防止误挂倒挡。

3　任务实施

下面以桑塔纳 2000 型汽车变速器的变速操纵机构为例介绍其拆装、检修程序。

3.1　准备工作

阅读维修手册,准备所需工具,制订作业方案。

3.2　操作流程

3.2.1　手动变速器变速操纵机构的拆卸和安装

(1)挂入一挡,将上换挡杆向左推至缓冲垫处。

(2)慢慢松开上换挡杆,上换挡杆朝右返回 5～10 mm。

(3)挂入五挡,将上换挡杆向右推至缓冲垫处。

(4)慢慢松开上换挡杆,上换挡杆朝左返回 5～10 mm。

(5)当上换挡杆向一挡和五挡压去时,上换挡杆大致返回同样的距离,如有必要,可通过移动换挡杆支架的椭圆形孔进行调整;检查各挡齿轮啮合是否平滑;如果啮合困难,要进行调整。

(6)将上换挡杆置于极限位置上,旋松夹箍的螺母,移动上换挡杆,要求下换挡杆在连接时自由滑动。

(7)取下换挡手柄和防尘罩,将换挡杆支架孔与变速杆罩壳的孔对准,并旋紧螺栓。

(8)用专用工具进行安装,将其嵌入换挡杆支架前孔中,将上换挡杆放在"C"位置上,如图 2-19 中箭头所示。

(9)轻轻地旋紧下面的螺栓,将专用工具固定好,如图 2-20 所示。将上换挡杆放到最右面直至缓冲垫,旋紧定位器螺栓。

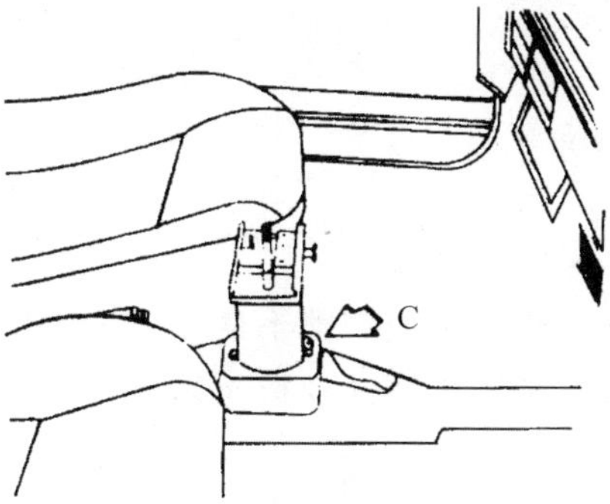

图 2-19　将上换挡杆放在"C"位置上

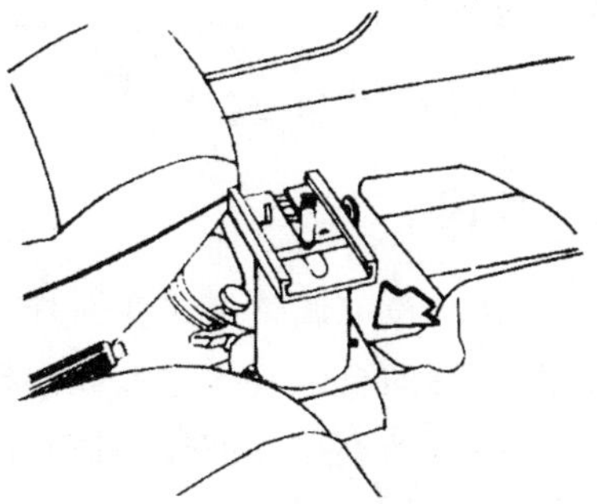

图 2-20　固定专用工具 VW5305/7

(10)将上换挡杆放在“B”位置上，如图 4-18 中箭头所示。

(11)用 20 N·m 的力矩旋紧夹箍螺母，取下专用工具。

(12)挂入一挡，将上换挡杆向左压到底。

(13)松开上换挡杆，由于弹簧的作用上换挡杆返回到右边。

(14)挂入五挡，将上换挡杆向右压到底。

(15)松开上换挡杆，由于弹簧的作用上换挡杆返回到左边(在挂入一挡和五挡时，上换挡杆大致返回相同的距离。如果不是这样，可移动换挡杆支架上的椭圆形孔来修正)。

(16)先后挂入所有的挡位，特别要注意倒挡的锁止功能。

(17)装上仪表板、防尘罩和换挡手柄。

3.2.2 操纵机构的检修

变速器操纵机构的主要损伤形式有磨损、变形、连接松动和弹簧失效等。

(1)检查操纵机构各零件的连接应无松动现象，否则应及时紧固。

(2)检查变速杆、拨叉、拨叉轴等应无变形，否则应校正或更换。

(3)检查拨叉与接合套、拨叉与拨叉轴、换挡轴等处的磨损，磨损逾限时应更换。

(4)检查定位钢球、定位锁销、自锁弹簧、复位弹簧，当出现磨损逾限或弹簧失效时，应更换。

任务 4 常见故障诊断与排除

1 任务引入

手动变速器常见故障有跳挡、换挡困难、乱挡、异响及漏油等。

2 相关知识

2.1 变速器跳挡

2.1.1 现象

汽车在加速、减速或爬坡时，变速杆自动跳回空挡位置。

2.1.2 原因

(1)变速杆没有调整好或变速杆弯曲，远程控制杆机构磨损或调整不良。

(2)拨叉轴向自由行程过大或凹槽位置不正确，拨叉轴凹槽磨损及拨叉磨损、变形。

(3)自锁钢球磨损或破裂，自锁弹簧弹力不够或折断。

(4)变速器轴、轴承磨损松旷或轴向间隙过大，造成轴转动时齿轮啮合不足而发生跳动和轴向窜动。

(5)齿轮或接合套严重磨损,沿齿长方向磨成锥形。

(6)同步器磨损或损坏。

(7)变速器壳松动或与离合器壳没对准。

2.1.3 诊断与排除

(1)诊断方法:车辆行驶时,反复加速、减速,检查在各挡位上变速杆是否容易脱出。如果这种方法效果不明显,可在爬陡坡等条件下以发动机制动进行检查。

(2)排除方法:当发现某挡跳挡时,仍将操纵杆挂入该挡,将发动机熄火。先检查操纵机构调整是否正确,然后再拆开变速器盖检查齿轮啮合情况和同步器啮合情况。如果啮合情况不好,应检查轴承是否磨损松旷,拨叉是否变形,拨叉与接合套上的叉槽间隙是否过大,有问题时应更换或校正拨叉;如果啮合情况良好,应检查操纵机构锁止情况。如锁止不良,须拆下拨叉轴检查自锁钢球、弹簧,弹簧过弱、折断或拨叉轴凹槽磨损,应予以更换或修复。

齿轮啮合和操纵机构均良好,应检查齿轮是否磨成锥形及轴是否前后移动。如果齿轮磨成锥形应更换,轴的前后移动应调整适当。

对于变速器壳松动或与离合器壳没对准而引起的跳挡,须按规定拧紧固定螺栓。

2.2 变速器换挡困难

2.2.1 现象

在进行正常变速操作时,变速杆不能挂入挡位,或者勉强挂上挡后又很难摘下来。

2.2.2 原因

(1)变速杆下端磨损或控制杆弯曲。

(2)拨叉或拨叉轴磨损、松旷、弯曲。

(3)自锁或互锁弹簧过硬、钢球损伤。

(4)操纵机构动作不良(远距离操纵式机构)。

(5)同步器工作不良(磨损或损坏)。

(6)变速器轴弯曲变形或花键损伤。

2.2.3 诊断与排除

(1)诊断方法。首先应确认离合器分离状态正常,然后使发动机怠速运转,踩下离合器踏板,试进行各挡位变速动作,检查变速杆是否卡滞、沉重等。当用这种方法不易判断时,可进行实车行驶试验。

(2)排除方法。汽车行驶时发生换挡困难现象,首先检查离合器能否分离彻底,其次检查操纵机构能否工作。如上述情况良好,应拆开变速器盖,检查拨叉是否弯曲,如果弯曲应校正或更换。如果拨叉轴与导向孔锈蚀,可用较细的砂纸磨光。

检查自锁和互锁装置是否良好,若否则予以更换。

检查拨叉的固定螺栓是否松动,若松动应予以紧固。

检查变速器轴花键损伤或轴弯曲情况，酌情给予修复或更换。

检查同步器磨损或损坏情况，一般同步器可检查以下几个方面：

①同步环与锥体接触状态和制动作用。在锥体上涂齿轮油，再将同步环推上锥体并回转，如环与锥体可紧密接合即为良好。

②同步环油槽与锥体的磨损状态。测量同步环推到锥体上之后的间隙，如该值与规定值相等即为良好。

③同步环与接合套安装面的位置关系是否正确。

根据同步器损坏的部位酌情更换零件或整体更换。

2.3 变速器乱挡

2.3.1 现象

在离合器技术状况正常情况下，变速器同时挂上两个挡或虽能挂上挡，但却不能挂入所需要的挡位，或者挂入后不能退出。

2.3.2 原因

主要为变速操纵机构失效。

(1)变速杆球头定位销磨损、折断或球孔、球头磨损、松旷。

(2)变速杆下端工作面或拨叉轴上导块的导槽磨损过度。

(3)拨叉槽互锁销、球磨损严重或漏装。

2.3.3 诊断与排除

(1)诊断方法。在车辆行驶中，操纵变速杆进行换挡试验，检查是否有同时挂上两个挡或挂上的挡位不是所需要的挡位的情况。

(2)排除方法。若挂需要挡位，结果挂入其他的挡位，则应检查变速杆摆转角度，若其能任意摆转，且能打圈，则为定位销损坏或失效，需更换定位销，调整变速杆。

若变速杆摆转角正常，仍挂不上或摘不下挡，则多为变速杆下端工作面磨损或导槽磨损，使变速杆下端从导槽中脱去，应予以修复或更换。

若同时挂上两个挡，则为互锁装置磨损或漏装零件，应进行零件更换或装复。

2.4 变速器异响

2.4.1 现象

变速器工作时，发出不正常声响，如金属的干摩擦声、不均匀的碰撞声等。

2.4.2 原因

(1)变速器操纵机构各连接处松动，拨叉变形或磨损松旷。

(2)变速器与发动机安装时曲轴与变速器第一轴轴线不同心，或变速器壳体变形。

(3)壳体轴承孔修复后,轴心发生变动或使两轴线不同心,变速器壳体前端面与第一轴、第二轴轴心线垂直度或第一轴、第二轴与曲轴同轴度超差。

(4)轴承缺油、磨损松旷、疲劳剥落或轴承滚动体破裂。

(5)第二轴、中间轴弯曲或花键与滑动花键毂磨损松旷。

(6)齿轮磨损严重,齿侧间隙太大,齿面有金属疲劳剥落或个别齿损坏折断等。

(7)齿轮制造精度差或齿轮副不匹配,维修中未成对更换相啮合的两齿轮。

(8)变速器缺油,润滑油过稀、过稠或质量变差。

(9)变速器内掉入异物或某些紧固螺栓松动。

2.4.3 诊断与排除

(1)诊断方法。当发动机怠速运转时,变速杆处于空挡位,检查接合和分离离合器过程中有无异响,如离合器接合时发生异响,离合器分离时异响消失,说明异响发生在变速器。也可进行实车行驶,检查在变速挡位有无异响。此时,应区别驱动时与怠速时的异响。

(2)排除方法。在排除变速器异响时,要根据响声的特点、出现响声的时机和发响的部位判断产生响声的原因,然后予以排除。

变速器换入某一挡位时,响声明显,应检查该挡齿轮和同步器的磨损及齿轮啮合情况,若磨损严重则予以更换。若齿轮接触不良,酌情更换一对新齿轮。

发动机怠速运转,变速器空挡时有异响,多为常啮合齿轮有异响,应酌情修理或更换。

变速器各挡均有异响,多为基础件、轴、齿轮、花键磨损使形位误差超限,应酌情修理或更换。

变速器运转时有金属干摩擦声,多为变速器内润滑油有问题,应检查油面高度和油的质量。

变速器工作时有周期性撞击声,则为齿轮个别齿损坏,应更换该齿轮。

变速器工作时有间断性的异响,可能为变速器内掉入异物所引起。

2.5 变速器漏油

2.5.1 现象

变速器壳体外围有油泄漏,变速器箱的齿轮油减少。

2.5.2 原因

(1)油封磨损、变形或损伤。

(2)变速器壳龟裂或损伤或延伸壳破裂。

(3)通气口堵塞、放油螺塞松动。

(4)变速器的盖与壳体之间安装松动或者密封垫损坏。

(5)齿轮油过多或齿轮油选用不当,产生过多泡沫。

(6)车速表接头锁紧装置松动或破损。

2.5.3 诊断与排除

(1)诊断方法。按油迹部位检查油液泄漏原因。

(2)排除方法。

①检查调整变速器油量。检查齿轮油质量,如质量不佳,应更换合适的齿轮油。

②疏通堵塞的通气口。

③更换损坏的密封垫和油封。

④紧固松动的变速器盖、壳的螺栓及放油螺塞。

⑤更换损坏的变速器壳和延伸壳。

⑥拧紧车速表接头锁紧装置,如果锁紧装置破损,应予以更换。

【拓展知识】

DSG 双离合变速器

20 世纪 90 年代末期,大众公司和博格华纳联手研发和生产了第一款适用于大批量生产和主流普通街车的 DualTronic(R)技术双离合变速器。2003 年,经过大众汽车工程师们的多年努力研发,历经了无数次试验及数百万公里的路试,大众汽车率先成功推出了 6 挡 DSG 双离合变速器,并成为第一家将 DSG 双离合变速器装备于量产轿车的汽车制造商,从这一刻开始,大众的双离合变速器有了自己的名字——DSG。

DSG 双离合变速器除了拥有手动变速箱的灵活及自动变速箱的舒适外,它更能提供无间断的动力输出。DSG 双离合变速器基本由几个大项组成:基于 3 轴的 6 速机械变速箱、一个内含两套离合片的电子液压离合器机构、一套变速箱 ECU。如图 2-21 所示,离合器 1 负责一挡、三挡、五挡和倒挡,离合器 2 负责二挡、四挡和六挡;挂上奇数挡时,离合器 1 结合,输入轴 1 工作,离合器 2 分离,输入轴 2 不工作,即在 DSG 双离合变速器的工作过程中总是有两个挡

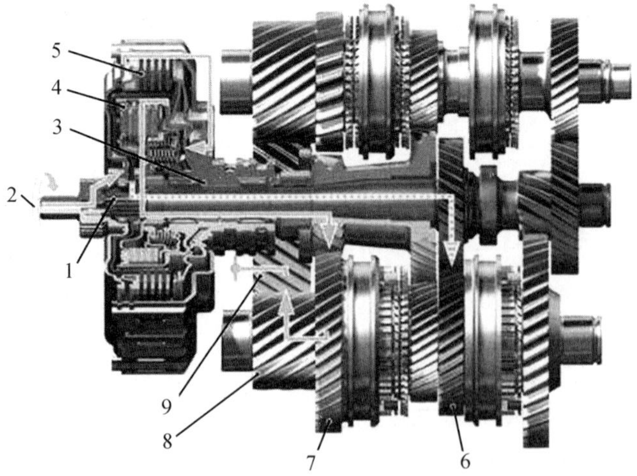

1-输入轴 1;2-发动机;3-输入轴 2;4-离合器 2;5-离合器 1;6-三挡齿轮(啮合);
7-二挡齿轮(啮合);8-输出到差速器;9-差速器

图 2-21 DSG 双离合变速器

位是结合的,一个正在工作,另一个则为下一步做好准备;手动模式下可以进行跳跃降挡:如果起始挡位和最终挡位属于同一个离合器控制的,则会通过另一个离合器控制的挡位转换一下,如果起始挡位和最终挡位不属于同一个离合器控制的,则可以直接跳跃降至所定挡位。

DSG 双离合变速器则可以想象为将两台手动变速箱的功能合二为一,并建立在单一的系统内。DSG 双离合变速器内含两台自动控制的离合器,由电子控制及液压推动,能同时控制两组离合器的运作。当变速箱运作时,一组齿轮被啮合,而接近换挡之时,下一组挡段的齿轮已被预选,但离合器仍处于分离状态;当换挡时一个离合器将使用中的齿轮分离,同时另一个离合器啮合已被预选的齿轮,在整个换挡期间能确保最少有一组齿轮在输出动力,令动力没有出现间断的状况。要配合以上运作,DSG 双离合变速器的传动轴被分为两条,一条是放于内里实心的传动轴,而另一条则是在外面套着的空心传动轴;内里实心的传动轴连接了一挡、三挡、五挡及倒挡,而外面空心的传动轴则连接二挡、四挡及六挡。两个离合器各自负责一条传动轴的啮合动作,引擎动力便会由其中一条传动轴做出无间断的传送。考虑到零件的使用寿命,设计人员选择了油槽膜片式离合器,离合器动作由液压系统来控制。

DSG 双离合变速器结构相对简单,换挡速度快,换挡顿挫感较小,机械效率高,省油,但故障较普通变速器多,应用受到一定限制。

【思政园地】

执着专注

我们发现,无论是德国,还是日本都把"执着专注"作为工匠精神的重要内容。它们的知名工匠经常是专注于一件事情,并一直坚持下去,锲而不舍,持之以恒。

创建于 1875 年的德国路德-李格和蒂茨链条有限公司(简称路德公司),因为专注于链条生产而成为行业"领头羊"。这是一个典型的专注型家族企业。100 多年来,他们一直专注于链条及其组建制造技术的不断创新。公司在德国 Aalen-Un-terkochen 的总厂被视为世界上最现代化的链条生产基地之一,"路德"(RUD)商标是全球公认的圆环链质量标志。同时,它们在德国和全世界拥有超过 500 项专利。"最弱的链环却体现着全部链条之品质。"也正是因为专注和一直信奉的路德质量宗旨,它们的产品被广泛应用于起重、吊装、输送(包括矿山)以及轮胎保护、雪地和山地领域。

【课后习题】

一、选择题

1. 一对啮合齿轮的传动比是其从动齿轮与主动齿轮的(　　)之比。

A. 齿数　　B. 转速　　C. 角速度　　D. 圆周速度

2. 目前手动变速器较多采用(　　)同步器。

A. 常压式　　B. 惯性式　　C. 自增力式　　D. 其他形式

3. 汽车挡位越低,(　　),获得转矩越大。

A. 速比越小,驱动轴的转速便越低　　B. 速比越大,驱动轴的转速便越低

C. 速比越大,驱动轴的转速便越高　　D. 速比越小,驱动轴的转速便越高

4. 当自锁装置失效时，手动变速器容易造成(　　)故障。

A. 换挡困难　　B. 容易掉挡

C. 异响　　D. 挂挡后不能退回空挡

5. 手动变速器是利用(　　)工作的。

A. 带传动变速原理　　B. 齿轮传动变速原理

C. 摩擦轮传动变速原理　　D. 蜗轮蜗杆传动变速原理

6. 以下手动变速器的作用中不正确的是(　　)。

A. 在一定范围内任意改变传动比

B. 提供空挡

C. 在不改变曲轴旋转方向的情况下，使汽车能倒退

D. 可以换挡以改变汽车的牵引力

7. 在手动变速器中有一对传动齿轮，其中主动齿轮的齿数是 A，从动齿轮的齿数是 B，且 $A>B$，此传动的结果将会是(　　)。

A. 减速、减扭　　B. 减速、增扭　　C. 增速、减扭　　D. 增速、增扭

8. 倒挡轴的倒挡惰轮的主要作用是(　　)。

A. 增加倒挡变速比　　B. 减小倒挡变速比

C. 改变输出轴的旋转方向　　D. 以上都不是

二、判断题

(　　)1. 变速器的挡位越低，传动比越小，汽车的行驶速度越低。

(　　)2. 手动变速器各挡位的传动比等于该挡位所有从动齿轮齿数的乘积与所有主动齿轮齿数的乘积之比。

(　　)3. 同步器能够保证变速器换挡时，待啮合齿轮的圆周速度迅速达到一致，以减少冲击和磨损。

(　　)4. 手动变速器自锁装置的作用是防止手动变速器同时转进 2 个挡。

三、简答题

1. 变速器有何功用？有哪些类型？

2. 同步器有何作用？有哪些类型？由哪几部分组成？

3. 对手动变速器操纵机构有哪些要求？各用什么装置和措施来保证？

4. 手动变速器常见的故障有哪些？试述自动跳挡的原因。

5. 手动变速器乱挡的原因是什么？如何诊断和排除？

6. 什么是手动变速器异响？如何诊断和排除？

项目三　万向传动装置的结构与检修

任务1　更换十字轴万向节

1　任务引入

别克凯越轿车行驶中，在起步或急加速时发出“咯噔”的声响，而且明显表现出机件松旷的感觉。汽车运行中随着车速的增高而噪声增大，并且伴随有抖动。经检查，万向球头磨损，需要更换。

2　相关知识

2.1　万向传动装置的功用、组成与应用

2.1.1　功用

万向传动装置在汽车上有很多应用，结构也稍有不同，但其功用都是一样的，即在轴线相交且相互位置经常发生变化的两转轴之间传递动力。

图3-1所示为在汽车中最常见的应用，位于变速器与驱动桥之间的万向传动装置。由于汽车布置、设计等原因，变速器输出轴和驱动桥输入轴不可能在同一轴线上，并且变速器虽然是安装在车架(车身)上，可以认为位置是不动的，但驱动桥会由于悬架的变形而引起其位置经常发生变化，所以在变速器和驱动桥之间装有万向传动装置正好可以满足这些设计、使用的要求。

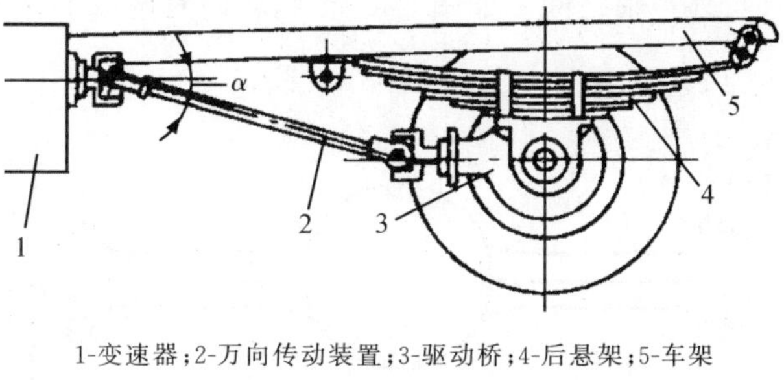

1-变速器；2-万向传动装置；3-驱动桥；4-后悬架；5-车架

图3-1　变速器与驱动桥之间的万向传动装置

2.1.2　组成

万向传动装置主要包括万向节和传动轴，对于传动距离较远的分段式传动轴，为了提高传

动轴的刚度，还设置有中间支承，如图 3-2 所示。

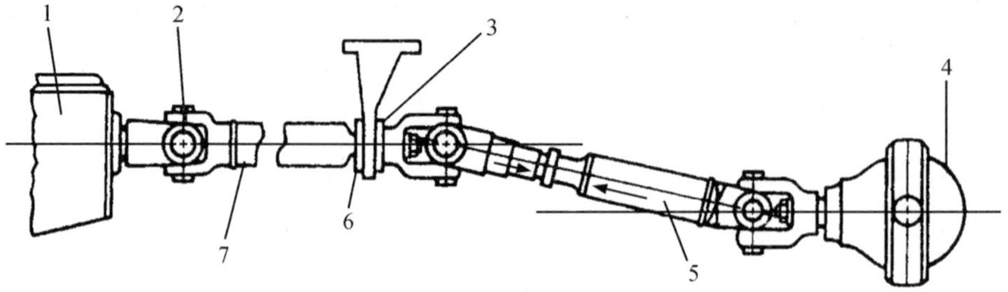

1-变速器；2-万向节；3-中间支承；4-驱动桥；5-传动轴；6-球轴承；7-传动轴

图 3-2 万向传动装置的组成

2.1.3 应用

万向传动装置在汽车上的应用主要有以下几个方面：

(1)变速器与驱动桥之间(4×2 汽车)。如图 3-1 所示，一般汽车的变速器、离合器与发动机三者组合为一体装在车架上，驱动桥通过悬架与车架相连。在负荷变化及汽车在不平路面行驶时引起的跳动，会使驱动桥输入轴与变速器输出轴之间的夹角和距离发生变化。

(2)变速器与分动器、分动器与驱动桥之间(越野汽车)。如图 3-3 所示，为消除车架变形及制造、装配误差等引起的其轴线同轴度误差对动力传递的影响，须装有万向传动装置。

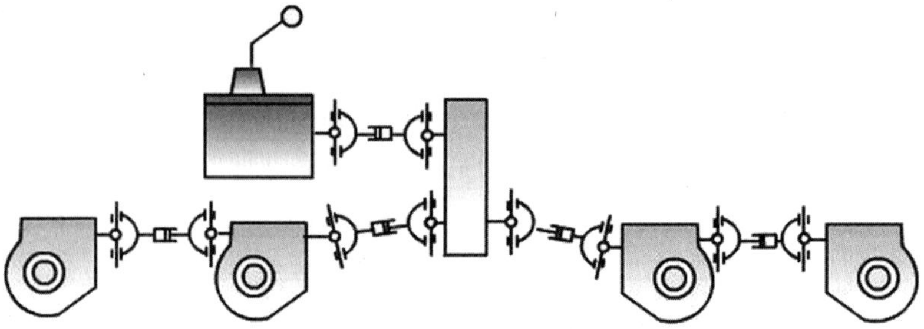

图 3-3 变速器与分动器、分动器与驱动桥之间的万向传动装置

(3)转向驱动桥的内、外半轴之间。如图 3-4 所示，转向时两段半轴轴线相交且交角变化，因此要用万向节。

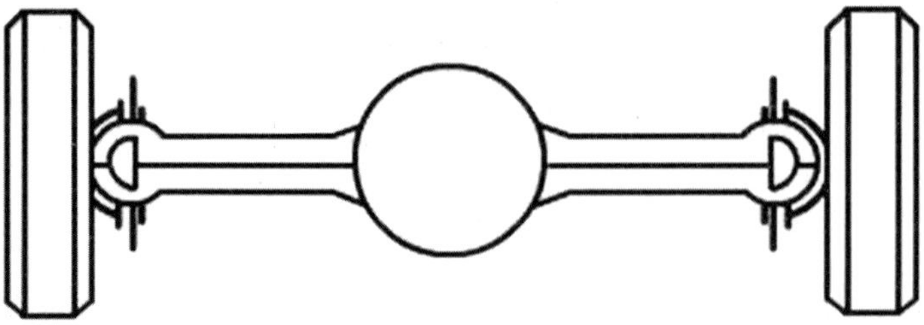

图 3-4 转向驱动桥内、外半轴之间的万向传动装置

(4)断开式驱动桥的半轴之间。如图 3-5 所示,主减速器壳在车架上是固定的,桥壳上下摆动,半轴是分段的,须用万向节。

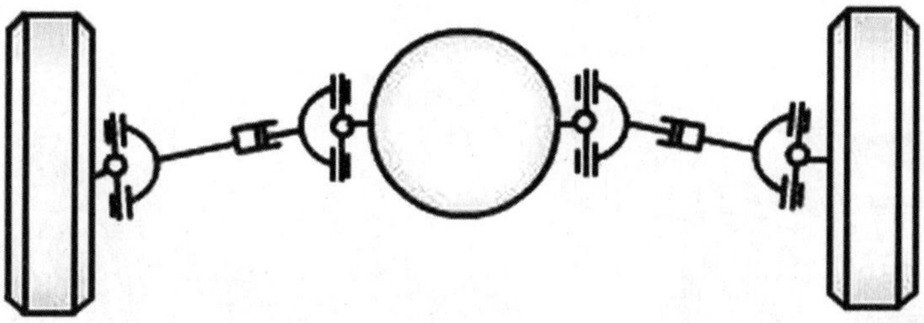

图 3-5　断开式驱动桥半轴之间的万向传动装置

(5)转向机构的转向轴和转向器之间。如图 3-6 所示,其有利于转向机构的总体布置。

图 3-6　转向机构的转向轴和转向器之间的万向传动装置

2.2　万向节

在汽车上使用的万向节可以从不同的角度分类。按其刚度大小可分为刚性万向节和柔性万向节。刚性万向节按其速度特性又分为不等速万向节(常用的为十字轴式)、准等速万向节(双联式和三销轴式)和等速万向节(包括球叉式和球笼式)。目前在汽车上应用较多的是十字轴式刚性万向节和等速万向节。十字轴式刚性万向节主要用于发动机前置后轮驱动的变速器与驱动桥之间,等速万向节主要用于发动机前置前轮驱动的内、外半轴之间。

2.2.1　不等速万向节(十字轴式)

十字轴式刚性万向节如图 3-7 所示,它允许相邻两轴的最大交角为 15°～20°。

1)结构

十字轴式刚性万向节主要由十字轴、万向节叉等组成。万向节叉上的孔分别套在十字轴的 4 个轴颈上,两个万向节叉可以绕十字轴轴颈自由转动,补偿制造与安装的误差。在十字轴轴颈与万向节叉孔之间装有滚针和套筒,用带有锁片的螺钉和轴承盖来使之轴向定

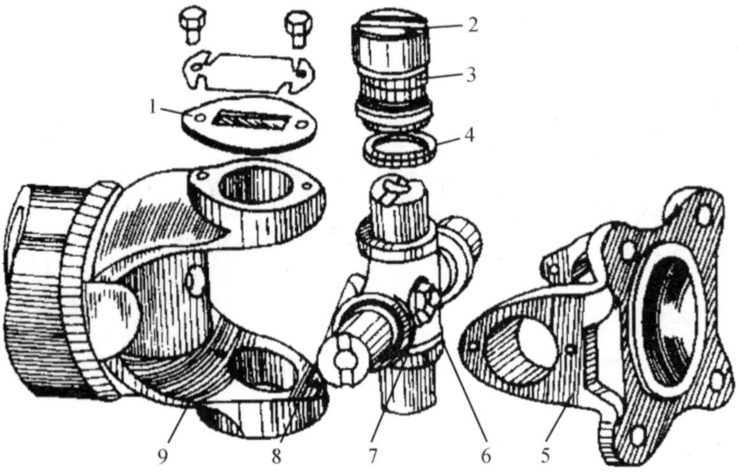

1-轴承盖；2-套筒；3-滚针；4-油封；5、9-万向节叉；6-安全阀；7-十字轴；8-油嘴

图 3-7　十字轴式刚性万向节

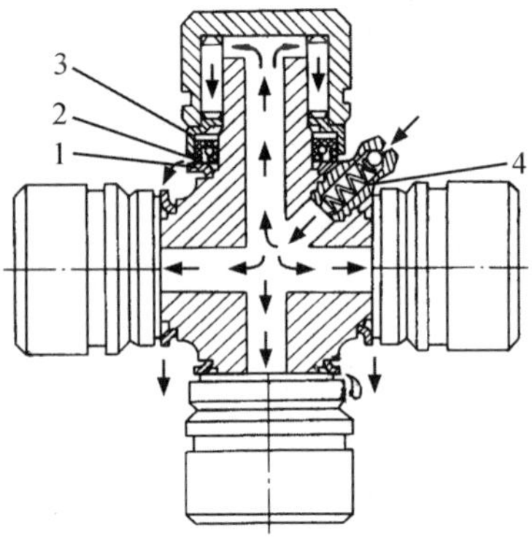

1-油封挡盘；2-油封；3-油封座；4-油嘴

图 3-8　润滑油道及密封装置

位。为了润滑轴承，十字轴内钻有油道，且与油嘴、安全阀相通，如图 3-8 所示。为避免润滑油流出及尘垢进入轴承，十字轴轴颈的内端套装着油封。安全阀的作用是当十字轴内腔润滑脂压力超过允许值时，阀打开润滑脂外溢，使油封不会因油压过高而损坏。现代汽车多采用橡胶油封，多余的润滑油从油封内圆表面与十字轴轴颈接触处溢出，故无须安装安全阀。

万向节轴承的常见定位方式，除了用盖板定位外，还有用内、外弹性卡环进行定位。

2)速度特性

单个十字轴式刚性万向节在主动轴和从动轴之间有夹角的情况下，当主动叉等角速转动时，从动叉是不等角速的，这称为十字轴式刚性万向节的不等速特性。两转轴之间的夹角 α 越大，不等速特性就越大。十字轴式刚性万向节的不等速特性，将使从动轴及其相连的传动部件产生扭转振动，从而产生附加的交变载荷，影响部件寿命。一般十字轴式刚性万向节都成对使用。

采用图 3-9 所示的双十字轴式刚性万向节的传动方式，第一万向节的不等速特性可以被第二万向节的不等速特性所抵消，从而实现两轴间的等角速传动。具体条件是：①第一万向节两轴间夹角 α_1 与第二万向节两轴间夹角 α_2 相等；②第一万向节的从动叉与第二万向节的主动叉处于同一平面。

由于悬架的振动，不可能在任何时候都保证 $\alpha_1=\alpha_2$，因此这种双十字轴式刚性万向节的传动只能近似地解决等速传动问题，且由于两轴夹角最大只能是 20°，因此使用上受到限制。

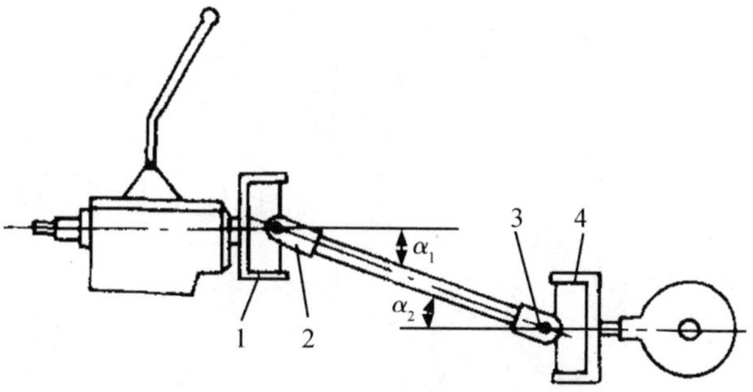

1、3-主动叉；2、4-从动叉

图 3-9　双十字轴式刚性万向节等速传动布置图

2.2.2　等速万向节

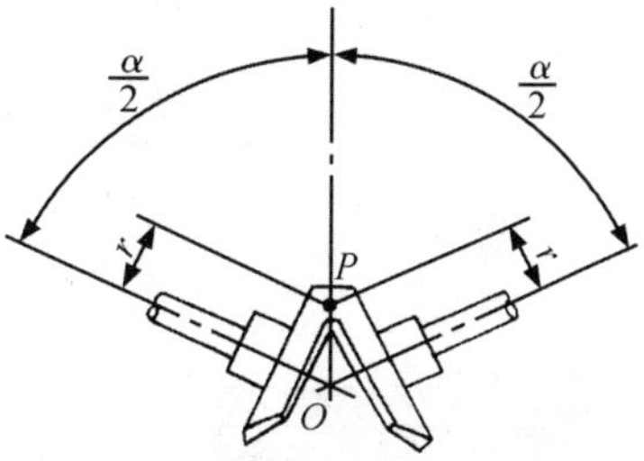

图 3-10　等速万向节的工作原理

等速万向节的基本原理是传力点永远位于两轴交点的平分面上。图 3-10 所示为等速万向节的工作原理。一对大小相同锥齿轮的接触点 P 位于两齿轮轴线交角的平分面上，由 P 点到两轴的垂直距离都等于 r。P 点处两齿轮的圆周速度相等，两齿轮的角速度也相等。可见，若万向节的传力点在其交角变化，始终位于两轴夹角的平分面上，就能保证等速传动。

等速万向节的常见结构形式有球笼式、球叉式与三枢轴式等。

1)球笼式等速万向节

球笼式等速万向节分固定球笼式与伸缩型球笼式等速万向节两种。

(1)固定球笼式等速万向节。

①结构。如图 3-11 所示，球笼式等速万向节由 6 个钢球、星形套、球形壳和保持架等组成。万向节星形套与主动轴用花键固接在一起，星形套外表面有 6 条弧形凹槽滚道，球形壳的内表面有相应的 6 条凹槽，6 个钢球分别装在各条凹槽中，由球笼使其保持在同一平面内。动力由主动轴、钢球、球形壳输出。

球笼式等速万向节工作时 6 个钢球都参与传力，故承载能力强、磨损小、寿命长。它被广泛应用于各种型号的转向驱动桥和独立悬架的驱动桥。

②检修。以桑塔纳 2000 轿车为例，主要是检查内、外等速万向节中各部件的磨损情况和装配间隙。一般外等速万向节酌情单件更换。内等速万向节，如某部件磨损严重，则应整体更换。

外等速万向节的 6 颗钢球要求有一定的配合公差，并与星形套一起组成配合件。检查轴、球笼、星形套与钢球有无凹陷与磨损，若万向节间隙过大，需更换万向节。

内等速万向节的检修要检查球形壳、星形套、球笼及钢球有无凹陷与磨损，如磨损严重则应更换。内等速万向节只能整体调换，不可单个更换。

防尘罩及卡箍、弹簧挡圈等损坏时，应予以更换。

(2)伸缩型球笼式等速万向节。伸缩型球笼式等速万向节的内外滚道是圆筒形的，在传递转矩的过程中，如图 3-12 所示，星形套 2 与筒形壳 4 可以沿轴向相对移动，故可省去其他万向

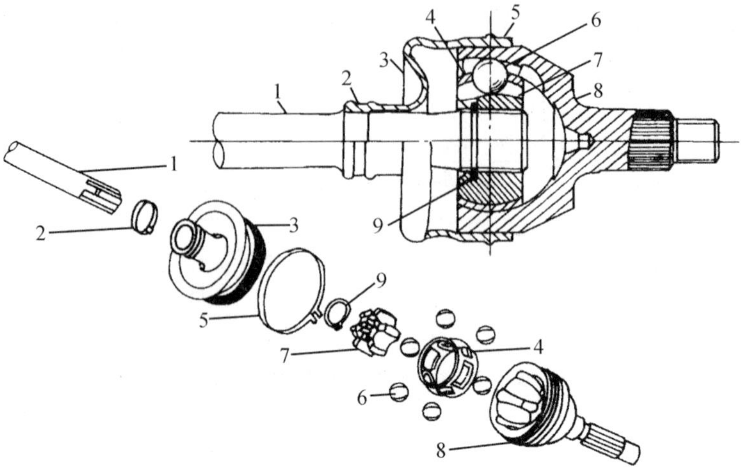

1-主动轴；2、5-钢带箍；3-外罩；4-保持架（球笼）；6-钢球；7-星形套（内滚道）；8-球形壳（外滚道）；9-卡环

图 3-11　球笼式等速万向节

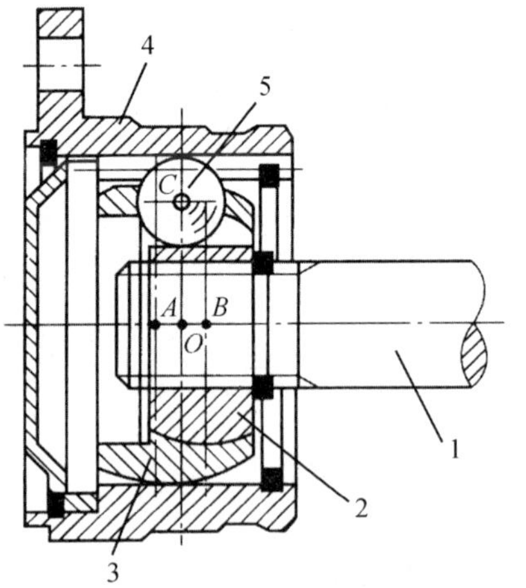

1-主动轴；2-星形套（内滚道）；3-保持架（球笼）；4-筒形壳（外滚道）；5-钢球

图 3-12　伸缩型球笼式等速万向节

传动装置中必须有的滑动花键。这不仅使结构简化，而且由于星形套 2 与筒形壳 4 之间轴向相对移动是通过钢球 5 沿内外滚道滚动实现的，与滑动花键相比，其滑动阻力小，最适用于断开式驱动桥。

伸缩型球笼式等速万向节的保持架的内球面中心 B 与外球面中心 A 位于万向节中心 O 的两边，且与 O 等距离。钢球中心 C 到 A、B 距离相等，可以保证万向节做等角速传动。

2）球叉式等速万向节

球叉式等速万向节如图 3-13 所示，它是由主动叉、从动叉、4 个传动钢球、中心钢球、定位销、锁止销组成。主动叉与从动叉分别与内、外半轴制成一体。在主、从动叉上，分别有 4 个曲面凹槽，装

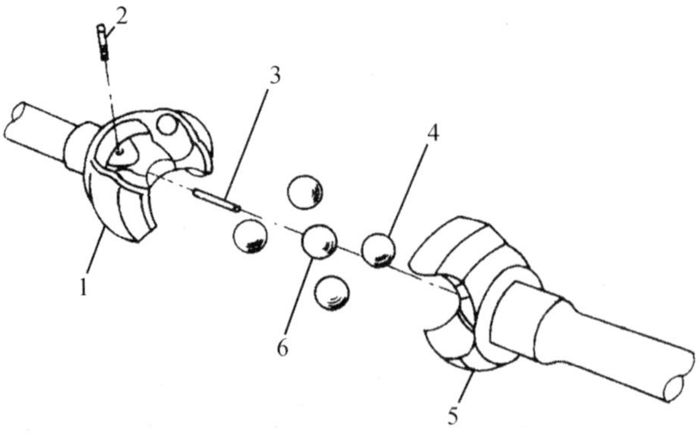

1-从动叉；2-锁止销；3-定位销；4-传动钢球；5-主动叉；6-中心钢球

图 3-13　球叉式等速万向节

配后，则形成两个相交的环形槽，作为钢球滚道。4个传动钢球放在槽中，中心钢球放在两叉中心的凹槽内，以定中心。

球叉式等速万向节在工作时，只有两个钢球传力，磨损快，影响使用寿命，现在应用越来越少。

2.3　传动轴

2.3.1　功用

传动轴是万向传动装置中的主要传力部件，通常用来连接变速器（或分动器）和驱动桥，在转向驱动桥和断开式驱动桥中，则用来连接差速器和驱动车轮。

2.3.2　结构

传动轴有实心轴和空心轴之分。为了减轻传动轴的质量，节省材料，提高轴的强度、刚度，传动轴多为空心轴，一般用厚度为1.5～3.0 mm的薄钢板卷焊而成，超重型货车则直接采用无缝钢管。

转向驱动桥、断开式驱动桥或微型汽车的传动轴通常制成实心轴。

图3-14所示为解放CA1092型汽车的万向传动装置，因传动轴过长时，自振频率降低，易产生共振，所以将其分成两段并加中间支承，中间传动轴前端焊有万向节叉，后端焊有花键轴，其上套装带内花键的凸缘盘；主传动轴前端焊有花键轴，其上套装滑动叉并在花键轴上可轴向

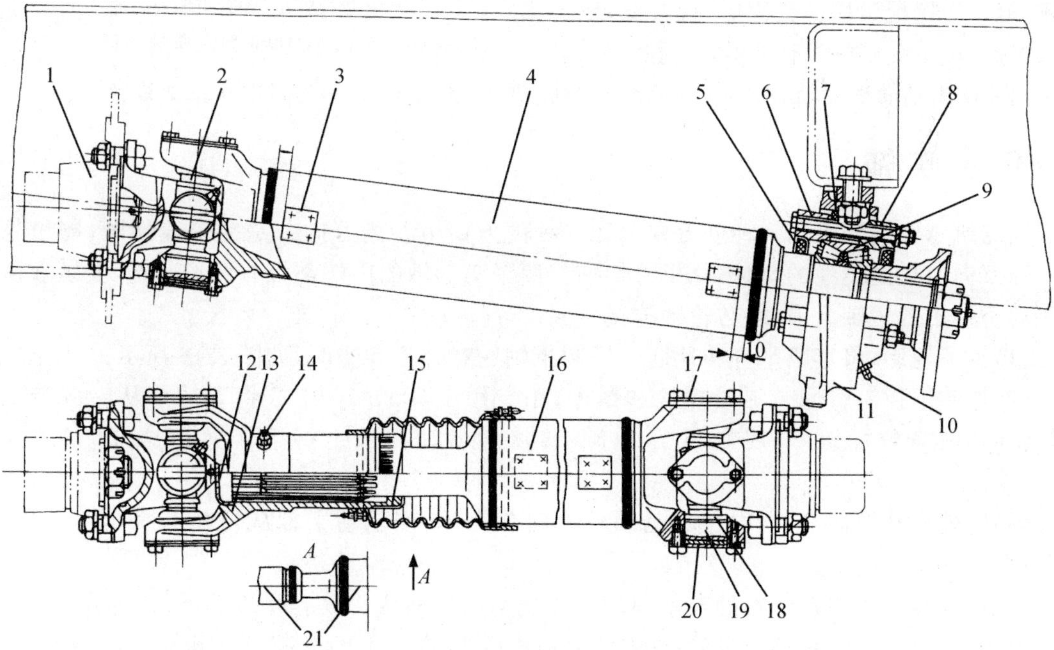

1-凸缘叉；2-万向节十字轴；3-平衡片；4-中间传动轴；5、15-中间支承油封；6-中间支承前盖；7-橡胶垫片；8-中间支承后盖；9-双列圆锥滚子轴承；10、14-油嘴；11-支架；12-堵盖；13-滑动叉；16-主传动轴；17-锁片；18-滚针轴承油封；19-滚针轴承；20-滚针轴承轴承盖；21-装配位置标记

图3-14　解放CA1092型汽车的万向传动装置

滑动，适应变速器与驱动桥相对位置的变化，滑动部位用润滑脂润滑，并用油封（即橡胶伸缩套）防漏、防水、防尘，滑动叉前端装有带小孔的堵盖，保证花键部位伸缩自由。

传动轴两端的连接件装好后，应进行动平衡试验。在质量轻的一侧补焊平衡片，使其不平衡量不超过规定值。为防止装错位置和破坏平衡，滑动叉、轴管上都应刻有带箭头的记号。为保持平衡，油封 15 上两个带箍的开口销应装在间隔 180°位置上，万向节的螺钉、垫片等零件不应随意改换规格。为加注润滑脂方便，万向传动装置的油嘴应在一条直线上，且万向节上的油嘴应朝向传动轴。

2.3.3 中间支承

1)功用

传动轴分段时需加中间支承，中间支承通常装在车架横梁上，能补偿传动轴轴向和角度方向的安装误差，以及汽车行驶过程中因发动机窜动或车架变形等引起的位移。

2)结构

中间支承常用弹性元件来满足上述功用，图 3-15 所示的中间支承是由支架和轴承等组成，双列锥轴承固定在中间传动轴后部的轴颈上。带油封的支承盖之间装有弹性元件橡胶垫环，用 3 个螺栓紧固。紧固时，橡胶垫环会径向扩张，其外圆被挤紧于支架的内孔。轴承可在轴承座内轴向滑动，轴承座装在蜂窝形橡胶垫内，通过 U 形支架固定在车架横梁上。

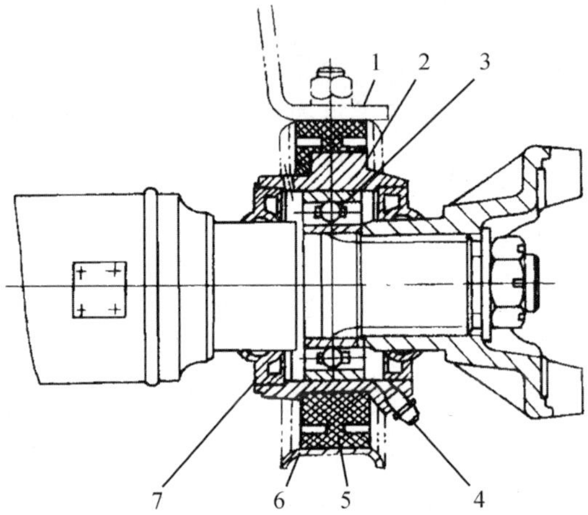

1-车架横梁；2-轴承座；3-轴承；4-油嘴；
5-蜂窝形橡胶；6-U 形支架；7-油封

图 3-15 东风 EQ1090 型汽车的中间支承

3 任务实施

别克凯越驱动轴采用一种外万向节和一种内万向节。内万向节是完全挠性的，能里外伸缩。外万向节也是挠性的，但不能里外伸缩。两个驱动轴的内端都带有凹形花键，安装在从变速驱动桥伸出的短轴上，外端与轮毂连接。

(1)拆下轮胎，将车辆举升和顶起。拆卸半轴轮毂螺母和垫圈，如图 3-16 所示。

(2)拆卸下控制臂球节夹紧螺栓和螺母，用专用工具 KM-507-C 将下球节从转向节上拆下，拆卸转向横拉杆螺母，用专用工具 KM-507-C 从转向节上拆下转向横拉杆，如图 3-17 所示。

(3)向外拉动转向节，向内拉驱动轴外万向节壳体，使驱动半轴从轮毂上脱出，如图 3-18 所示，更换新外万向节。

注意事项：支承驱动半轴的未紧固端。禁止驱动半轴从轮毂上拆卸后，长时间从变速驱动桥自由下垂。拆卸时，用接油盘放在变速驱动桥下，接收溢出的油液。拆卸驱动半轴后，盖住变速驱动桥上的半轴开孔，防止油液流出和污染物进入。

(4)按照相反顺序更换新外万向节，将转向横拉杆安装到转向节支柱上，再安装转向横拉杆螺母。如图 3-19 所示，安装下球节夹紧螺栓和螺母，装上新半轴轮毂螺母。

注意事项：切勿损坏密封。

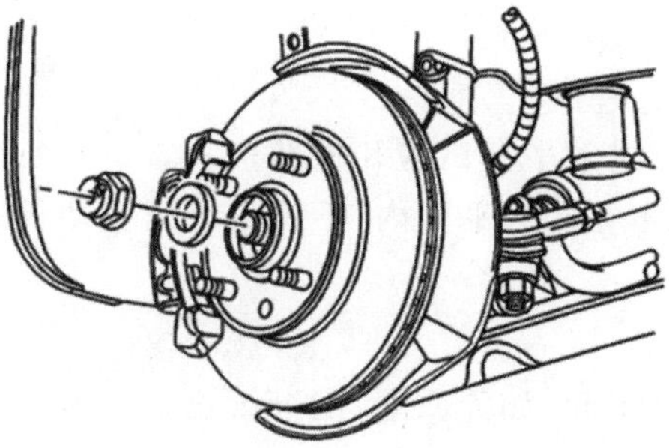

图 3-16　拆卸半轴轮毂螺母和垫圈

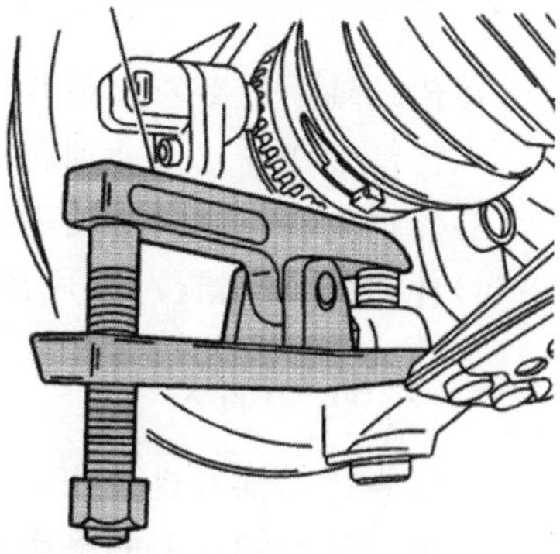

图 3-17　拆卸转向横拉杆

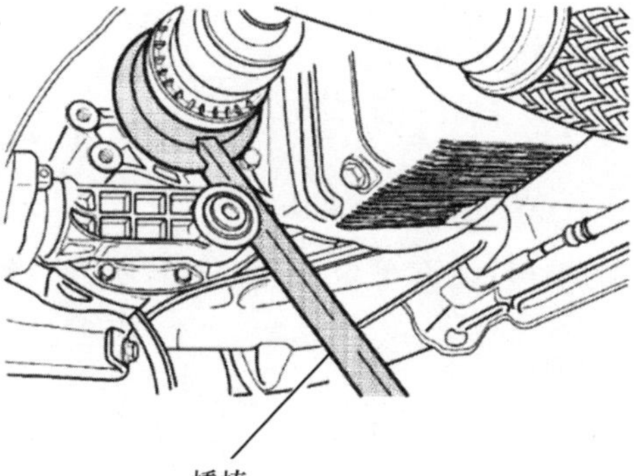

图 3-18　拆卸驱动半轴

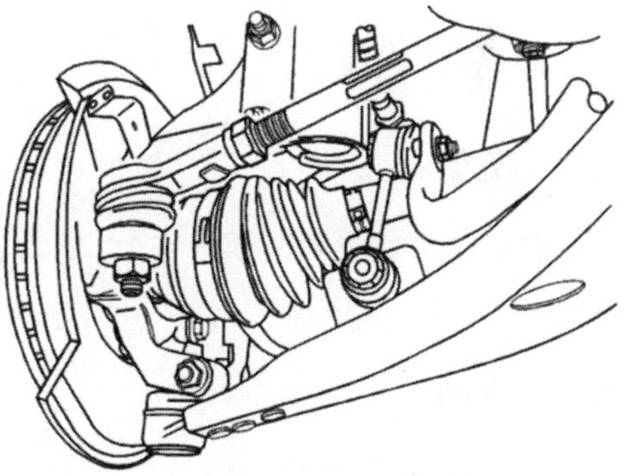

图 3-19　各部件安装

任务 2　常见故障诊断与排除

1　任务引入

万向传动装置经常受汽车在复杂道路上行驶的影响，传动轴在角度和长度不断变化的情况下传递转矩，因此常出现传动轴动不平衡、万向节与中间支承松旷、传动轴异响等故障。

2　相关知识

2.1　传动轴动不平衡

2.1.1　现象

在万向节和伸缩叉技术状况良好时，汽车行驶中发出周期性的响声；速度越高响声越大，甚至伴随有车身振动，握转向盘的手感觉麻木。

2.1.2 原因

(1)传动轴上的平衡块脱落;

(2)传动轴弯曲或传动轴管凹陷;

(3)传动轴管与万向节叉焊接不正或传动轴未进行过动平衡试验和校准;

(4)伸缩叉安装错位,造成传动轴两端的万向节叉不在同一平面内,不满足等速传动条件。

2.1.3 诊断与排除

(1)检查传动轴管是否凹陷,如有凹陷,则故障由此引起;如无凹陷,则继续检查。

(2)检查传动轴管上的平衡片是否脱落,如脱落,则故障由此引起;否则继续检查。

(3)检查伸缩叉安装是否正确,如不正确,则故障由此引起;否则继续检查。

(4)拆下传动轴进行动平衡试验,若动不平衡,则应校准以消除故障。若传动轴弯曲,则应校直。

2.2 万向节松旷

2.2.1 现象

在汽车起步或突然改变车速时,传动轴发出"抗"的响声;在汽车缓行时,发出"咣当、咣当"的响声。

2.2.2 原因

(1)凸缘盘连接螺栓松动。

(2)万向节主、从动部分游动角度太大。

(3)万向节十字轴磨损严重。

2.2.3 诊断与排除

(1)用榔头轻轻敲击各万向节凸缘盘连接处,检查其松紧度。如太松旷,则故障由连接螺栓松动引起,否则继续检查。

(2)用双手分别握住万向节主、从动部分转动,检查游动角度。如游动角度太大,则故障由此引起。

2.3 中间支承松旷

2.3.1 现象

汽车运行中出现一种连续的"呜呜"响声,车速越高响声越大。

2.3.2 原因

(1)滚动轴承因缺油而烧蚀或磨损严重。

(2)中间支承安装方法不当,造成附加载荷而产生异常磨损。

(3)橡胶圆环损坏。

(4)车架变形,造成前后连接部分的轴线在水平面内的投影不同线而产生异常磨损。

2.3.3 诊断与排除

(1)给中间支承轴承加注润滑脂,若响声消失,则故障由缺油引起;否则继续检查。

(2)松开夹紧橡胶圆环的所有螺钉,待传动轴转动数圈后再拧紧,若响声消失,则故障由中间支承安装方法不当引起;否则故障可能是橡胶圆环损坏,或滚动轴承技术状况不佳,或车架变形等。

2.4 传动轴异响

2.4.1 现象

汽车行驶中传动装置发出周期性的响声,车速越高响声越大,严重时伴随有车身振抖。

2.4.2 原因

(1)传动轴变形或平衡块脱落等,使传动轴动不平衡。

(2)中间支承吊架固定螺栓松动或万向节凸缘盘连接螺栓松动,使传动轴偏斜。

2.4.3 诊断与排除

除传动轴动不平衡诊断方法外,再检查中间支承吊架固定螺栓和万向节凸缘盘连接螺栓是否松动,若有松动,则异响由此引起。

【思政园地】

作风严谨

有这样一种人,他们做事认真规范,态度严谨,脚踏实地,一丝不苟,不浮躁,不投机取巧,不看重钱财,不看重职务;面对浮躁的社会,保持初心,不被外界繁杂的世俗诱惑,坚持标准,认真细致,耐得住寂寞。

在英国,也有这样的案例。早期,工匠精神的代表人物——英国航海钟发明者约翰·哈里森(John Harrison,1693—1776)费时 40 余年,先后造出了 5 台航海钟,其中以 1759 年完工的"哈氏 4 号"最为突出,航行了 64 天,只慢了 5 s。在制作过程中,哈里森不被外界的高薪诱惑,认真细致,坚持标准,耐得住寂寞,几十年如一日,潜心制作航海钟,完美解决了航海经度定位问题。

【课后习题】

一、选择题

1. 不等速万向节指的是(　　)。

A. 球叉式万向节　　B. 三销轴式万向节

C. 十字轴式刚性万向节　　D. 球笼式万向节

2. 十字轴式不等速万向节，当主动轴转过一周时，从动轴转过(　　)。

A. 一周　　B. 小于一周　　C. 大于一周　　D. 不一定

3. 等速万向节的基本原理是从结构上保证万向节在工作过程中，其传力点永远位于两轴交角的(　　)。

A. 平面上　　B. 垂直平面上　　C. 平分面上　　D. 平行面上

二、简答题

1. 万向节的功用是什么？主要用在哪些方面？

2. 万向节长时间使用后，会发生哪些故障？

项目四　驱动桥的结构与检修

任务 1　更换主减速器齿轮

1　任务引入

一辆行驶里程约 13 万 km 的桑塔纳轿车，行驶期间有异响，车速越高，异响越大，经诊断是主减速器发出的响声。对主减速器分解后，发现主动齿轮有几处齿牙磨损严重，一处齿牙断裂，因此，需要对主减速器齿轮做更换处理。

2　相关知识

2.1　驱动桥

2.1.1　驱动桥的功用

驱动桥是传动系最终的总成，主要作用是将万向传动装置传递来的发动机动力经过降速增扭、改变传动方向后，向左、右驱动车轮分配动力，驱使左、右驱动车轮旋转。驱动桥中由于有差速器的存在，因此允许左、右驱动轮以不同的转速旋转。

2.1.2　驱动桥的组成

一般汽车的驱动桥如图 4-1 所示，主要由主减速器、差速器、半轴和桥壳等组成。

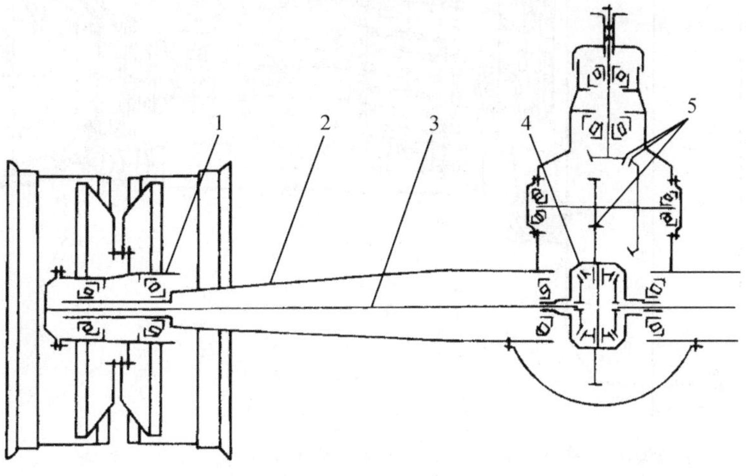

1-轮毂；2-桥壳；3-半轴；4-差速器；5-主减速器

图 4-1　驱动桥

(1)主减速器。主减速器可以降低转速、增大转矩，对于纵向布置的发动机可以将转矩的传递方向改变90°，以适应车轮行驶方向的需要。

(2)差速器。差速器可以将动力传递给左、右半轴，并可以使左、右驱动车轮以不同的转速旋转，满足汽车在转弯及在不平道路上行驶的需要。

(3)半轴。半轴将扭矩从差速器传至驱动桥。

(4)桥壳。桥壳用来支撑汽车的部分质量，承受驱动轮上的各种力及力矩，并起到支撑和保护主减速器、差速器和半轴的作用。

2.1.3 驱动桥的类型

按汽车悬架结构形式的不同，驱动桥分为整体式驱动桥和断开式驱动桥两种。

1)整体式驱动桥

整体式驱动桥采用非独立悬架。其驱动桥壳为一刚性的整体，驱动桥两端通过悬架与车架连接，左、右半轴始终在一条直线上。当某一侧车轮通过地面的凸出物或凹坑而升高或下降时，整个驱动桥及车身都要随之发生倾斜，车身波动大。

2)断开式驱动桥

断开式驱动桥采用独立悬架，如图4-2所示。其主减速器固定在车架或车身上，驱动桥壳制成分段并用铰链连接，半轴也分段并用万向节连接。驱动桥两端分别用悬架与车架或车身连接。这样两侧的驱动车轮及桥壳可以彼此独立地相对于车架上下跳动。

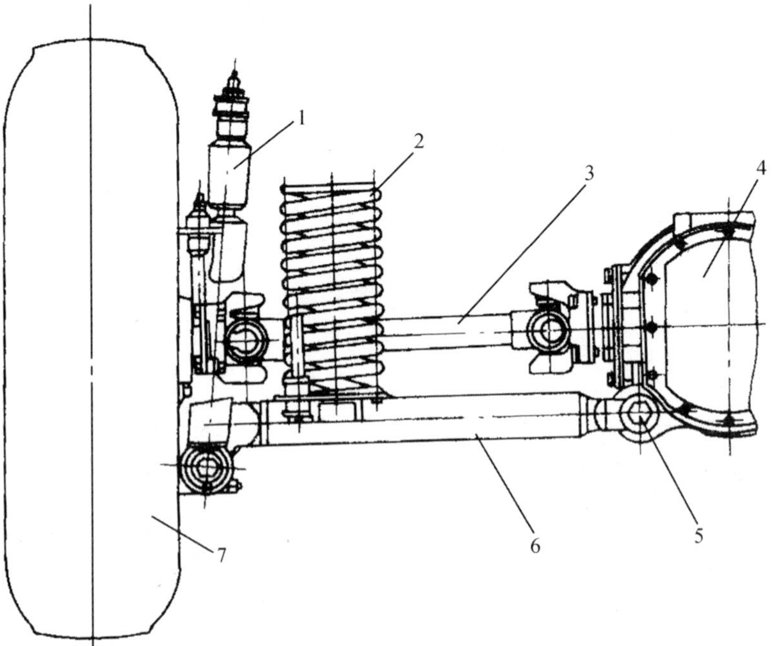

1-减振器；2-弹性元件；3-半轴；4-主减速器；5-摆臂轴；6-摆臂；7-驱动车轮

图4-2 断开式驱动桥

2.2　主减速器

2.2.1　主减速器的类型

按参加传动的齿轮副数目分类，主减速器可分为单级主减速器和双级主减速器。

按主减速器传动速比个数分类，主减速器可分为单速主减速器和双速主减速器。单速主减速器的传动有一对齿轮传动，而双速主减速器则有两对齿轮传动，可以获得较大的传动比，保证驱动桥有足够的离地间隙，并可缩短传动轴的长度，广泛应用于大型载重汽车。

按齿轮副结构形式分类，主减速器可分为圆柱齿轮（又可分为定轴轮系式和行星轮系式）主减速器和圆锥齿轮（又可分为螺旋锥齿轮式和双曲面锥齿轮式）主减速器。

2.2.2　单级主减速器

1）单级主减速器的结构

单级主减速器一般都采用一对圆锥齿轮传动。这一对圆锥齿轮常选用普通螺旋锥齿轮或双曲面齿轮。其结构简单、体积小、质量轻、传动效率高，主要用于轿车及中型以下客货车。

图 4-3 所示为桑塔纳 2000 型轿车单级主减速器的装配图，图 4-4 所示为桑塔纳 2000 型轿车主减速器和差速器的零件分解图。由于发动机纵向前置前轮驱动，整个传动系都集中布置在汽车前部，因此其主减速器装于变速器壳体内，没有专门的主减速器壳体。由于省去了变速器到主减速器之间的万向传动装置，因此变速器输出轴即为主减速器主动轴。

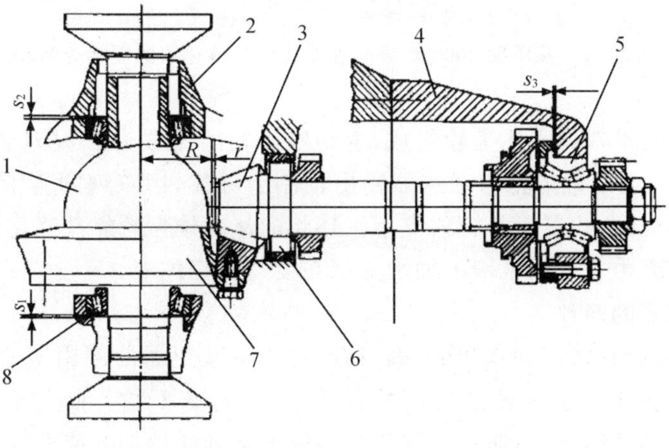

1-差速器；2-变速器前壳体；3-主动锥齿轮；4-变速器后壳体；5-双列圆锥滚子轴承；6-圆柱滚子轴承；7-从动锥齿轮；8-圆锥滚子轴承；s_1-调整垫片厚度（从动锥齿轮一侧）；s_2-调整垫片厚度（与从动锥齿轮相对的一侧）；s_3-调整垫片厚度

图 4-3　桑塔纳 2000 型轿车单级主减速器的装配图

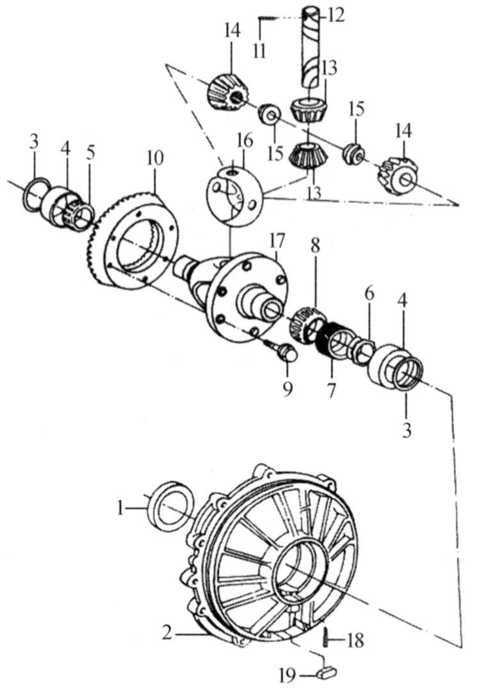

1-密封圈；2-主减速器盖；3-从动锥齿轮的调整垫片；4-轴承外圈；5-差速器轴承；6-锁紧套筒；
7-车速表主动齿轮；8-差速器轴承；9-螺栓(拧紧力矩为 70 N·m)；10-从动锥齿轮；
11-夹紧销；12-行星齿轮轴；13-行星齿轮；14-半轴齿轮；15-螺纹管；
16-复合式止推垫片；17-差速器壳；18-磁铁固定销；19-磁铁

图 4-4 桑塔纳 2000 型轿车主减速器和差速器的零件分解图

主减速器由一对准双曲面锥齿轮组成，主动锥齿轮的齿数为 9，从动锥齿轮的齿数为 40，其传动比为 4.444。主动锥齿轮与变速器输出轴制为一体，用双列圆锥滚子轴承和圆柱滚子轴承支承在变速器壳体内，属于悬臂式支承。环状的从动锥齿轮靠凸缘定位，并用螺栓与差速器壳连接。差速器壳由一对圆锥滚子轴承支承在变速器壳体上。

2)单级主减速器的调整

主动锥齿轮和从动锥齿轮的调整正确与否，对于主减速器的使用寿命和运转平稳性起着决定性作用。主减速器和差速器总成拆装后，特别是更换某些零部件后，必须通过精确地测量、计算，选出合适的调整垫片；通过改变垫片的厚度来轴向移动变速器输出轴上的主动齿轮，使啮合印痕在最佳位置；通过改变垫片的厚度来轴向移动从动齿轮，使啮合间隙在规定的公差范围。

(1)轴承预紧度的调整。圆锥滚子轴承一般都是成对使用的，装配时应使其具有一定的预紧度，以减小锥齿轮在传动过程中因轴向力而引起的轴向位移，提高轴的支承刚度，保证锥齿轮副的正确啮合。但轴承预紧度又不能过大，否则摩擦和磨损增大，传动效率降低。为此，设有轴承预紧度的调整装置。

主动锥齿轮轴承预紧度由调整垫片来调整。增加调整垫片的厚度，轴承预紧度减小；反之，轴承预紧度增加。从动锥齿轮(差速器壳)轴承预紧度则是通过拧动两侧的轴承调整垫片来调整的。减少调整垫片，轴承预紧度增加；反之，轴承预紧度减小。

轴承预紧度调整之前应先检查，一般是采用经验法，即用手转动主动（或从动）锥齿轮时应转动自如，轴向推动无间隙。

（2）锥齿轮啮合的调整。为了使齿轮传动工作正常、磨损均匀、使用寿命延长，必须保证齿轮副正确啮合。为此，需要对锥齿轮啮合进行调整。锥齿轮啮合的调整是指齿面啮合印痕和齿侧啮合间隙的调整。

①齿面啮合印痕。检查齿面啮合印痕的方法：先在主动锥齿轮上相隔120°的3处用红丹油在齿的正反面各涂2～3个齿，再用手对从动锥齿轮稍施加阻力并正、反向各转动主动齿轮数圈，观察从动锥齿轮上的啮合印痕。正确的啮合印痕如图4-5所示。啮合印痕应位于齿高的中间偏小端，并占齿宽60％以上。

(a) 正转工作时　　(b) 反转工作时

图 4-5　正确的啮合印痕

如果啮合印痕位置不正确，则应进行调整。调整方法是移动主动锥齿轮，增加调整垫片的厚度，使主动锥齿轮前移；反之则后移。

②齿侧啮合间隙。调整啮合印痕时移动主动锥齿轮后，主、从动锥齿轮的啮合间隙会发生变化。

啮合间隙的检查：先将百分表抵在从动锥齿轮正面的大端处，用手把住主动锥齿轮，然后轻轻往复摆转从动锥齿轮即可显示间隙值。中、重型汽车的应为0.15～0.51 mm，轻型汽车的为0.10～0.18mm，使用极限为1.01 mm。

如果啮合间隙不符合要求，需要进行调整。调整方法是移动从动锥齿轮，当从动锥齿轮远离主动锥齿轮时间隙变大，反之则变小。移动从动锥齿轮的方法是将一侧的轴承调整垫片减少几片，另一侧调整垫片增加相同片数。

2.2.3　双级主减速器

有些汽车需要较大的主减速器传动比，单级主减速器已不能满足足够的离地间隙，这就需要采用由两对齿轮降速的双级主减速器。图4-6所示为解放CA1092型汽车的双级主减速器。

1）双级主减速器的结构

第一级传动为第一级主动锥齿轮和第一级从动锥齿轮，这是一对螺旋锥齿轮，而不是桑塔纳2000型和东风EQ1090型主减速器采用的准双曲面齿轮，其传动比为25/13＝1.923；第二级传动为第二级主动齿轮和第二级从动齿轮，这是一对斜齿圆柱齿轮，其传动比为45/15＝3。

第一级主动锥齿轮和第一级主动锥齿轮轴制成一体，用两个圆锥滚子轴承（相距较远）支撑在轴承座的座孔中，因主动锥齿轮悬伸在两轴承之后，故称为悬臂式支承。第一级从动锥齿

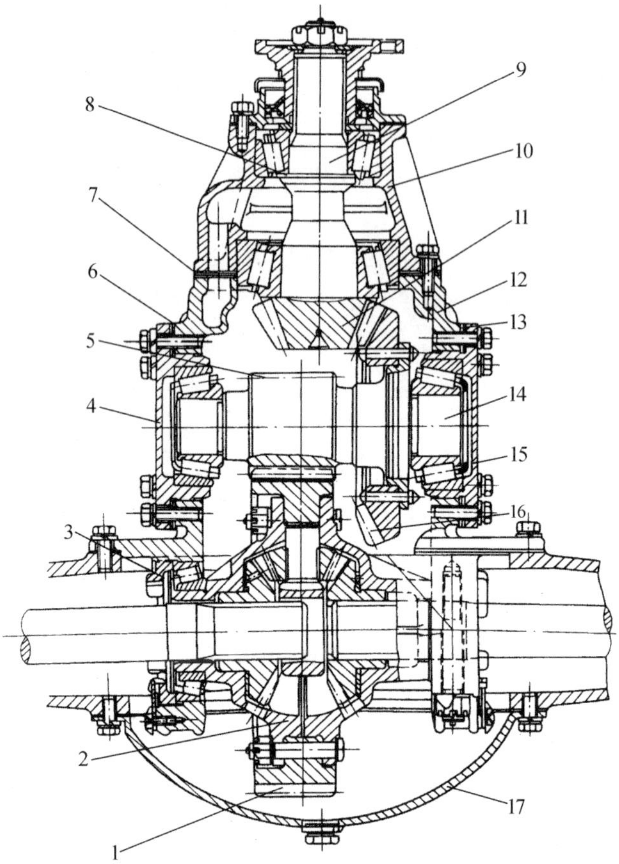

1-第二级从动齿轮；2-差速器；3-调整螺母；4、15-轴承盖；5-第二级主动齿轮；6、7、8、13-调整垫片；
9-第一级主动锥齿轮轴；10-轴承座；11-第一级主动锥齿轮；12-主减速器；
14-中间轴；16-第一级从动锥齿轮；17-后盖

图 4-6 解放 CA1092 型汽车的双级主减速器

轮用铆钉铆接在中间轴的凸缘上。第二级主动齿轮与中间轴制成一体，用两个圆锥滚子轴承支撑在两端轴承盖的座孔中，轴承盖用螺栓与主减速器壳固定连接。第二级从动齿轮夹在左右两半差速器壳之间，并用螺栓将它们紧固在一起，其支承形式与东风 EQ1090 型汽车主减速器中差速器壳的支承形式相同。

2)双级主减速器的调整

(1)轴承预紧度的调整。主动锥齿轮轴承预紧度可通过增减调整垫片 8 的厚度来调整。加垫片则变松，减垫片则变紧。

中间轴轴承的预紧度则是通过改变调整垫片 6 和调整垫片 13 的总厚度来调整。加垫片则变松，减垫片则变紧。

差速器壳轴承预紧度靠拧动调整螺母 3 来调整。旋入调整螺母则变紧，旋出则变松。

轴承预紧度的检查方法同上面所讲的东风 EQ1090 型汽车。

(2)锥齿轮啮合的调整。由于采用螺旋锥齿轮，因此锥齿轮啮合的调整方法与采用准双曲面齿轮的桑塔纳 2000 型轿车和东风 EQ1090 型汽车的主减速器不同。

啮合印痕和啮合间隙是同时进行调整的。先检查啮合印痕，方法同上面所讲的东风EQ1090型汽车的。然后按照下述原则进行调整："大进从、小出从、顶进主、根出主"，如图4-7所示。啮合印痕合适后，若间隙不符，则通过轴向移动另一锥齿轮进行调整。

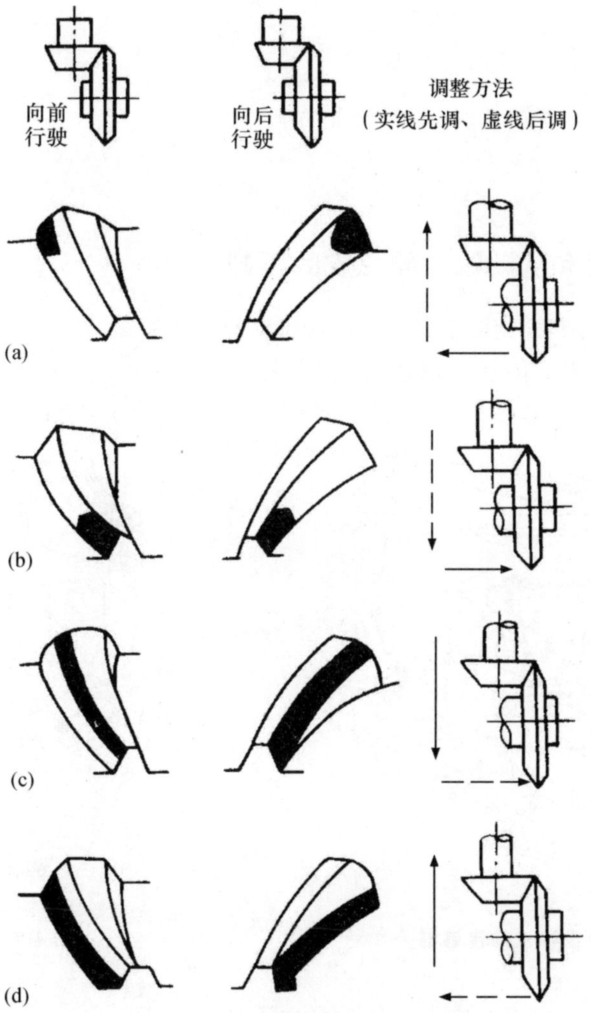

图 4-7　螺旋锥齿轮啮合的调整

当啮合印痕位于从动锥齿轮轮齿大端时，如图4-7(a)所示，应将从动锥齿轮向主动锥齿轮靠拢，假如因此而使啮合间隙变小，可将主动锥齿轮向外移动。

当啮合印痕位于从动锥齿轮轮齿小端时，如图4-7(b)所示，应将从动锥齿轮移离主动锥齿轮，假如因此而使啮合间隙变大，可将主动锥齿轮向内移动。

当啮合印痕位于从动锥齿轮轮齿顶部时，如图4-7(c)所示，应将主动锥齿轮向从动锥齿轮靠拢，假如因此而使啮合间隙变小，可将从动锥齿轮向外移动。

当啮合印痕位于从动锥齿轮轮齿根部时，如图4-7(d)所示，应将主动锥齿轮移离从动锥齿轮，假如因此而使啮合间隙变大，可将从动锥齿轮向内移动。

3 任务实施

下面以桑塔纳2000型轿车为例，介绍其主减速器主、从动齿轮的更换方法。

3.1 准备工作

阅读维修手册，准备所需工具，制订作业方案。

3.2 操作流程

3.2.1 主动锥齿轮和从动锥齿轮总成的拆卸

(1)拆卸变速器，将其固定在支架上，拆下轴承支座和后盖。

(2)取下车速里程表的传感器，如图4-8所示。

(3)锁住传动轴(半轴)，拆下紧固螺栓，如图4-9所示，取下传动轴。

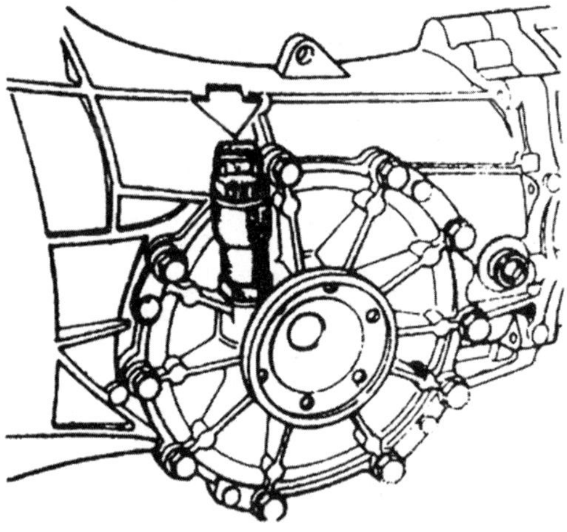

图4-8 取下车速里程表的传感器

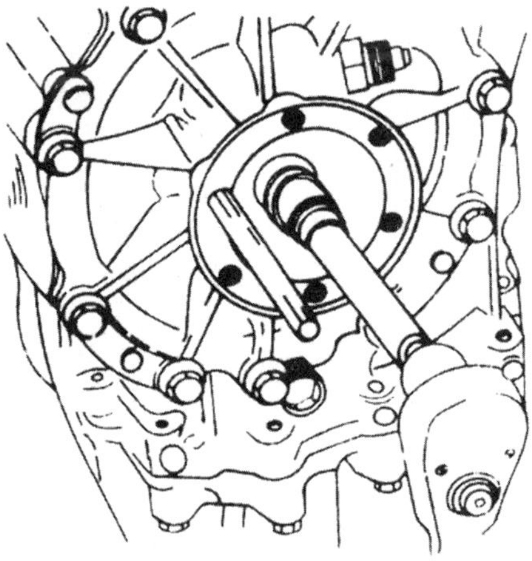

图4-9 拆卸紧固螺栓

(4)取下车速里程表的主动锥齿轮导向器和齿轮。

(5)拆下主减速器盖，如图4-10所示，从变速器壳体上取下差速器。

(6)用铝质的夹具将差速器壳固定在台虎钳上，拆下从动锥齿轮的紧固螺栓。从动锥齿轮的紧固螺栓是自动锁紧的，一经拆卸就必须更换。

(7)取下从动锥齿轮，如图4-11所示。

(8)拆下并分解变速器输出轴。

3.2.2 主动锥齿轮和从动锥齿轮总成的安装

(1)在变速器输出轴上装上所有齿轮、轴承及同步器，计算输出轴的调整垫片的厚度。

(2)如图4-12所示，用120 ℃的温度给从动锥齿轮加热，并将其装在差速器壳上，安装时用两个螺纹销做导向。

(3)装上新的从动锥齿轮的紧固螺栓，并用70 N·m的力矩交替旋紧。

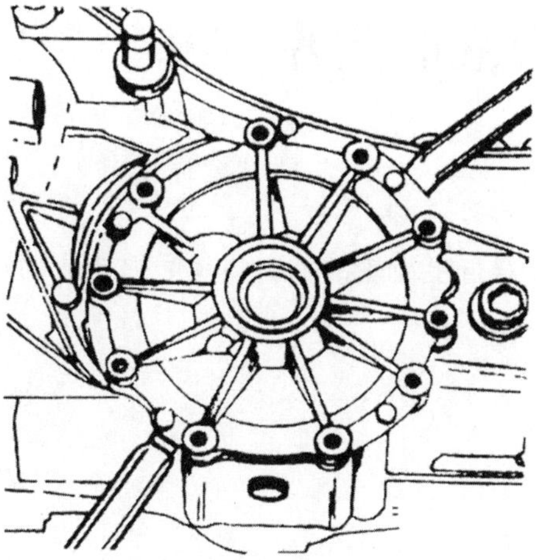

图 4-10 拆下主减速器盖

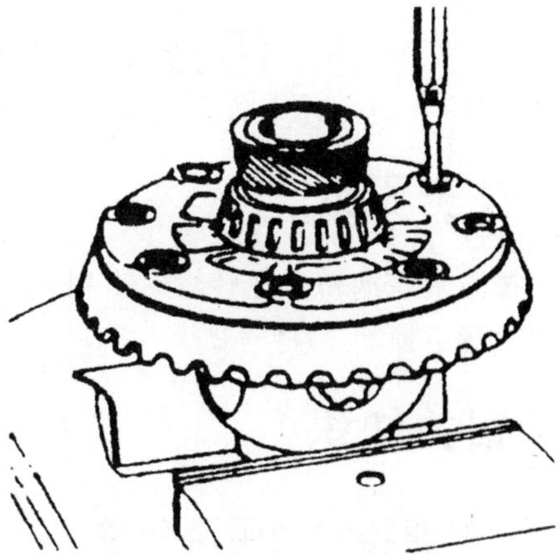

图 4-11 拆卸从动锥齿轮

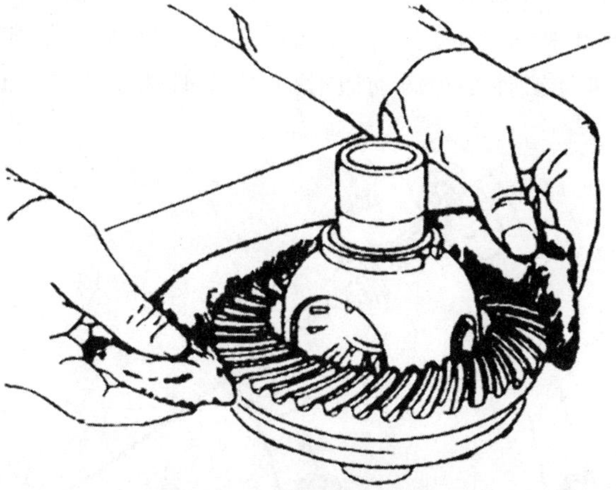

图 4-12 安装从动锥齿轮

(4)计算从动锥齿轮的调整垫片的厚度，把计算好的垫片装在适当的位置上。

(5)将轴承支座装在变速器壳体上，并用新的衬垫。装上变速器后盖。

(6)将差速器装在变速器壳体上。将主减速器盖装在壳体上，用 25 N·m 的力矩旋紧螺栓。

(7)装上车速里程表的主动锥齿轮和导向器。装上车速里程表的传感器。

(8)装上半轴凸缘中的一个，用凿子将它锁住，装上螺栓，用 20 N·m 的力矩把它旋紧。装上另一个半轴凸缘。

(9)加注齿轮油并装上变速器。

任务2　更换差速器减磨垫片

1　任务引入

普通桑塔纳轿车在转弯时出现异响，经诊断为差速器行星齿轮的减磨垫片磨损造成的，需对其进行更换。

2　相关知识

2.1　差速器的功用及分类

差速器的功用是将主减速器传来的动力传给左、右两个半轴，并在必要时允许左、右半轴以不同转速旋转，使左、右车轮相对地面做纯滚动而不是滑动。

当汽车转弯行驶时，内外两侧车轮中心在同一时间内移过的曲线距离显然不同，即外侧车轮移过的距离大于内侧车轮移过的，如图4-13所示。若两侧车轮都固定在同一刚性转轴上，两轮角速度相等，则此时外轮必然是边滚动边滑移，内轮必然是边滚动边滑转。

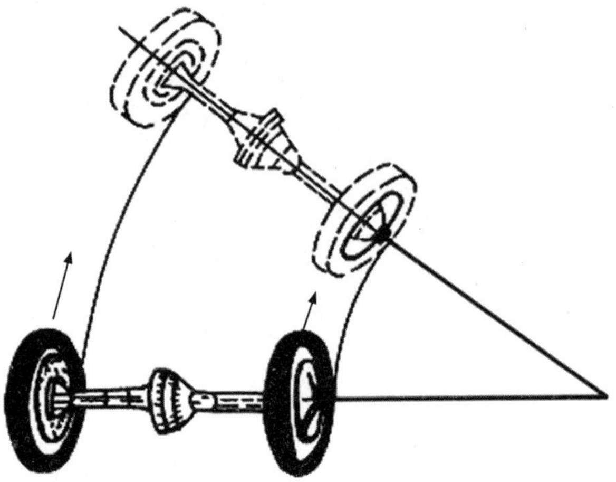

图4-13　汽车转向时驱动车轮的运动示意图

同样，汽车在不平路面上直线行驶时，两侧车轮实际移过的曲线距离也不相等。因此在角速度相同的条件下，在波形较显著的路面上运动的一侧车轮是边滚动边滑移，另一侧车轮则是边滚动边滑转。即使路面非常平直，但由于轮胎制造尺寸误差，磨损程度不同，承受的载荷不同或充气压力不等，各个轮胎的滚动半径实际上不可能相等，因此，只要各轮角速度相等，车轮对路面的滑动就必然存在。

车轮对路面的滑动不仅会加速轮胎磨损，增加汽车的动力消耗，而且可能导致转向和制动性能的恶化。所以，在正常行驶条件下，应使车轮尽可能不发生滑动，差速器的作用就在于此。

差速器按工作特性分为普通差速器和防滑差速器。

2.2 普通差速器

2.2.1 普通差速器的构造

普通行星齿轮差速器主要由行星齿轮、行星齿轮轴、半轴齿轮和差速器壳组成，如图 4-14 所示。

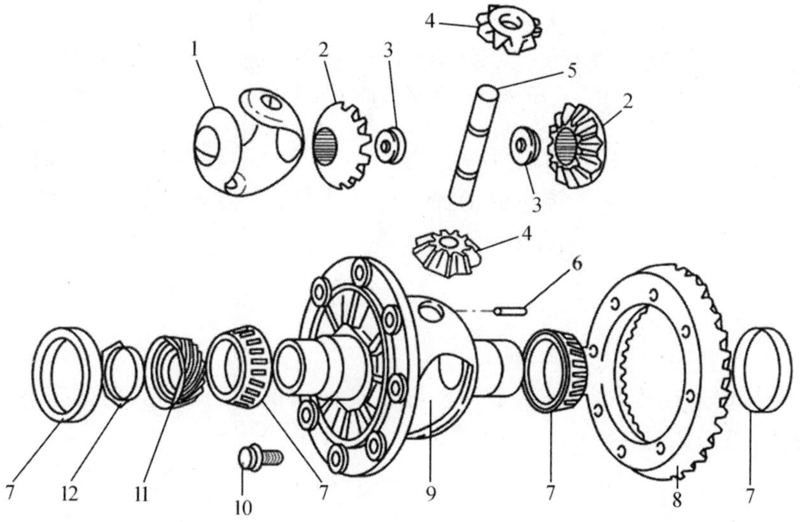

1-复合式推力垫片；2-半轴齿轮；3-螺纹套；4-行星齿轮；5-行星齿轮轴；
6-止动销；7-圆锥滚子轴承；8-主减速器从动锥齿轮；9-差速器壳；
10-螺栓；11-车速表齿轮；12-车速表齿轮锁紧套筒

图 4-14 桑塔纳轿车差速器的组成

汽车行驶时，动力传递经主减速器依次传递至从动齿轮、差速器壳、行星齿轮轴、行星齿轮、半轴齿轮、半轴，最后传至驱动轮。

若两侧车轮以相同的转速转动，行星齿轮绕半轴轴线转动，则称为公转。若两侧车轮由于阻力不同，行星齿轮在公转运动的同时，还绕自身的轴线转动，则称为自转。

2.2.2 普通差速器的运动原理

图 4-15 所示为差速器的运动原理。差速器壳 3 与行星齿轮轴 5 连成一体，并由主减速器从动锥齿轮 6 带动一起转动，是差速器的主动件，设其转速为 n_0。半轴齿轮 1 和 2 为从动件，设其转速分别为 n_1 和 n_2。A、B 两点分别为行星齿轮 4 与半轴齿轮 1 和 2 的啮合点。C 点为行星齿轮 4 的中心。A、B、C 点到差速器旋转轴线的距离相等。

差速器行星齿轮有 3 种运动状态，即公转、自转和既公转又自转。当汽车直线行驶时，行星齿轮相当于一个等臂的杠杆，保持平衡，即行星齿轮不自转，只随行星齿轮轴及差速器壳体一起公转，所以两半轴无转速差[图 4-15(b)]，差速器不起差速作用。

当汽车转弯行驶时，行星齿轮 4 除了随差速器壳体一起公转外，还绕行星齿轮轴自转，设

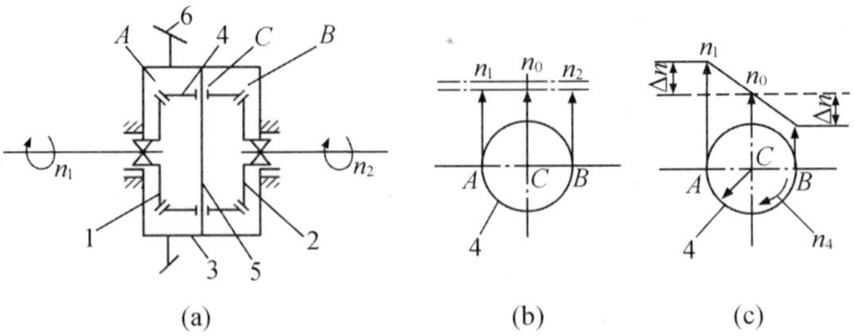

1、2-半轴齿轮；3-差速器壳；4-行星齿轮；5-行星齿轮轴；6-主减速器从动锥齿轮

图 4-15 差速器的运动原理

其自转的速度为 n_4，方向如图 4-15(c)所示，则半轴齿轮 1 的转速加快，半轴齿轮 2 的转速减慢，因 $AC=CB$，所以半轴齿轮 1 转速的增加值等于半轴齿轮 2 转速的减少值。设半轴齿轮转速的增加值为 Δn，则两半轴齿轮转速分别为

$$n_1=n_0+\Delta n$$
$$n_2=n_0-\Delta n$$

这就是差速器的差速作用。即汽车在转弯或其他情况下行驶时，两侧车轮可以不同的转速在地面上滚动，但仍然有

$$n_1+n_2=2n_0$$

上式即为普通行星齿轮差速器的运动特性方程。它表明，差速器无论差速与否，两半轴齿轮转速之和始终等于差速器壳体转速的两倍，而与行星齿轮自转转速无关。

由上式可知，当任何一侧半轴齿轮的转速为零时，另一侧半轴齿轮的转速为差速器壳体的两倍；当差速器壳体转速为零时，若一侧半轴齿轮受其他力矩而转动，则另一侧半轴齿轮以相同的速度反转。

差速器起差速作用的同时，还要分配转矩给左、右两侧的驱动轮。图 4-16 所示为行星齿轮差速器转矩分配示意图。主减速器传至差速器壳体的转矩为 M_0，经行星齿轮轴和行星齿轮传给两半轴齿轮的转矩分别为 M_1、M_2。

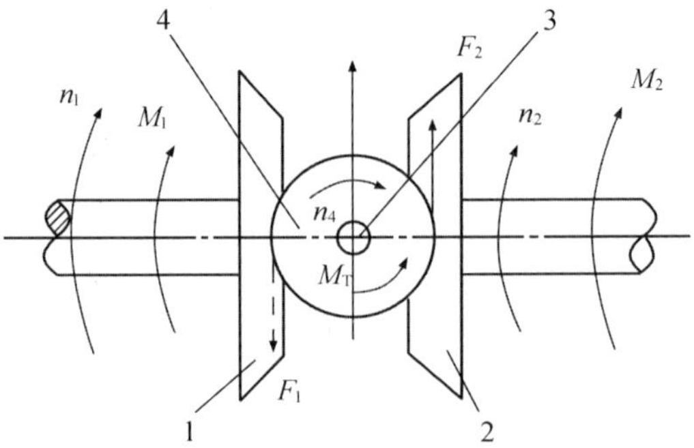

1、2-半轴齿轮；3-行星齿轮轴；4-行星齿轮

图 4-16 行星齿轮差速器转矩分配示意图

当两侧驱动轮存在差速时($n_1 > n_2$)，$M_1 = (M_0 - M_T)/2$，$M_2 = (M_0 + M_T)/2$，即转得慢的车轮分配到的转矩大于转得快的车轮分配到的转矩，差值为差速器内部摩擦力矩 M_T，由于 M_T 很小，可忽略不计，则 $M_1 = M_2 = M_0/2$。

2.3　防滑差速器

普通齿轮式差速器不仅使汽车通过坏路面的能力变坏，而且高速转弯时，因内侧车轮附着力减小而产生滑转，会使汽车动力不足，使操纵性和稳定性均受到影响。为了提高汽车通过路面的能力，在某些越野车上装有防滑差速器。当汽车某一侧驱动轮发生滑转时，差速器的差速作用即被锁止，并将大部分或全部转矩分配给未滑转的驱动轮，充分利用未滑转车轮与地面的附着力，以产生足够的牵引力使汽车继续行驶。常用的防滑差速器分为强制锁止式和自锁式两大类。

2.3.1　强制锁止式差速器

强制锁止式差速器是在普通差速器上增加一差速锁，需要时，由驾驶员操纵差速锁，使差速器不起差速作用，相当于把两根半轴连成一体。

图 4-17 所示为奔驰 2026A 型汽车强制锁止式差速器。它主要由牙嵌式接合器、气压操纵机构组成。当缸体 6 进入高压气体，带动拨叉轴 7 向右移动，推动滑动接合套 15 向右移动，与接合套 13 接触，牙齿相互啮合，这时半轴与差速器壳体形成一个整体，差速器不起作用。

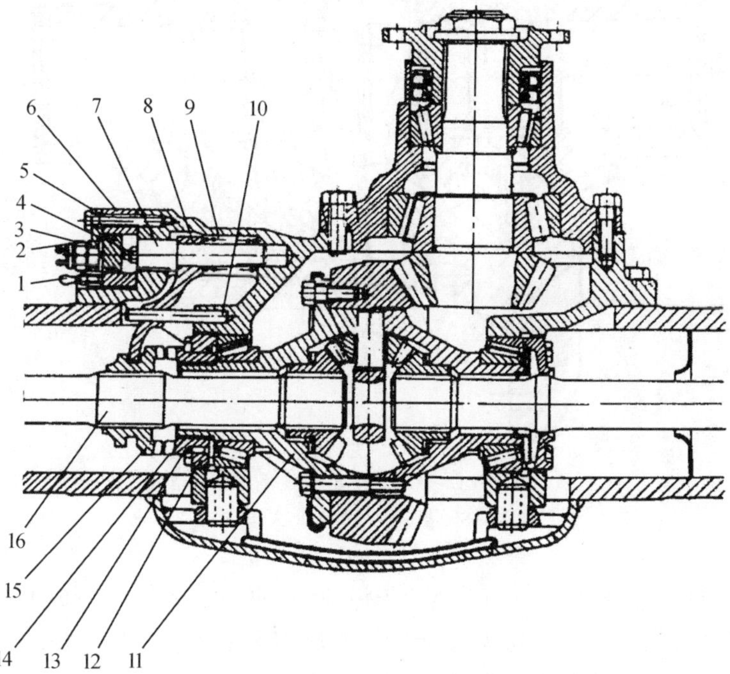

1-气管接头；2-带密封圈的活塞；3-差速锁指示灯开关；4-调整螺钉及其锁紧螺母；5-缸盖；
6-缸体；7-拨叉轴；8-拨叉；9-弹簧；10-导轴；11-差速器壳；12-调整螺母；
13-接合套(固定)；14-弹性挡圈；15-滑动接合套；16-半轴

图 4-17　强制锁止式差速器

强制锁止式差速器结构简单、易于制造,应用在重型卡车和越野车上较多。但操纵不便,一般需要停车时进行。

2.3.2 自锁式差速器

自锁式差速器种类较多,它们共同的特点是在两驱动轮(轮间差速器)或两驱动桥(轴间差速器)转速不同时,不用人工操纵,根据道路情况它会自动地向慢转一方多分配转矩,提高汽车的通过性和操纵稳定性。

自锁式差速器有摩擦片式、凸轮滑块式和托森式等。下面介绍摩擦片式自锁式差速器结构与工作原理。

摩擦片式自锁式差速器是在对称式锥齿轮差速器中安装有摩擦片以增加内摩擦力矩,如图 4-18 所示。

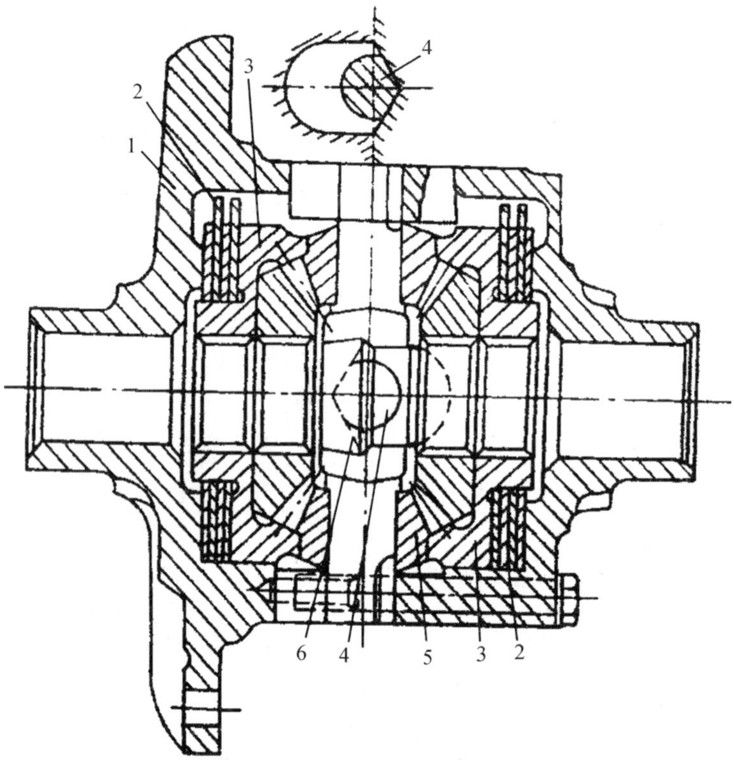

1-差速器壳;2-主、从动摩擦片;3-推力压盘;4-行星齿轮轴;5-行星齿轮;6-V 形斜面

图 4-18 摩擦片式自锁式差速器

摩擦片式自锁式差速器是在普通行星齿轮差速器的基础上发展而成的,它在两半轴齿轮背面与差速器壳之间各装一套摩擦式离合器。摩擦式离合器由推力压盘、主动摩擦片、从动摩擦片 3 部分组成。推力压盘上的内花键与半轴连接,其上的外花键与从动摩擦片的内花键连接。主动摩擦片的外花键与差速器壳的内花键连接。推力压盘及主、从动摩擦片均可做微小的轴向移动。十字轴由两根相互垂直的行星齿轮轴组成,其端部均有凸 V 形斜面,差速器壳上与之相配合的孔销稍大于轴,且也有凹 V 形斜面。两根行星齿轮轴的 V 形斜面是反向安装的。

当汽车直线行驶时，两半轴转速相等，转矩平均分配给两半轴。由于差速器通过V形斜面驱动行星齿轮轴，使两行星齿轮轴分别向左、右通过行星齿轮使推力压盘压紧摩擦片。此时转矩经两路传给半轴。一路经齿轮传动，即经行星齿轮和半轴齿轮，另一路经摩擦传动，即摩擦片和推力压盘。

当汽车一侧驱动车轮在泥泞路面上打滑时，两半轴转速不同，即一侧高于差速器壳转速，一侧低于差速器壳转速。于是经摩擦传给左、右两半轴的转矩方向相反，快转一侧转矩与半轴的旋转方向相反；慢转一侧与半轴旋转方向相同，从而加大了对其分配的转矩，即慢转车轮被分配的转矩比快转车轮的大，从而减少两轮间转速差。

3 任务实施

下面以桑塔纳2000型轿车差速器为例，介绍其差速器垫片的更换方法。

3.1 准备工作

阅读维修手册，准备所需工具，制订作业方案。

3.2 操作流程

1)差速器垫片的拆卸

(1)拆卸变速器，拆下差速器，拆下从动锥齿轮。

(2)拆下行星齿轮轴的夹紧套筒，如图4-19所示。

(3)取下行星齿轮轴，再取下行星齿轮和半轴齿轮。

2)差速器垫片的更换

在安装之前，检查复合式止推垫片是否损坏，如有应进行更换。

(1)通过半轴凸缘将半轴齿轮固定在差速器壳上，如图4-20所示。

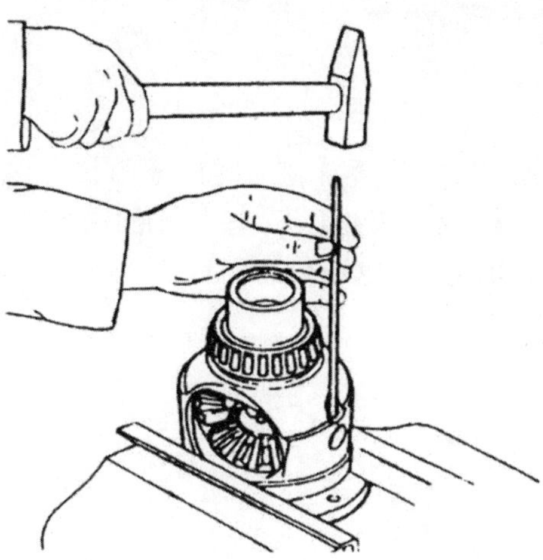

图4-19　拆下行星齿轮轴的夹紧套筒

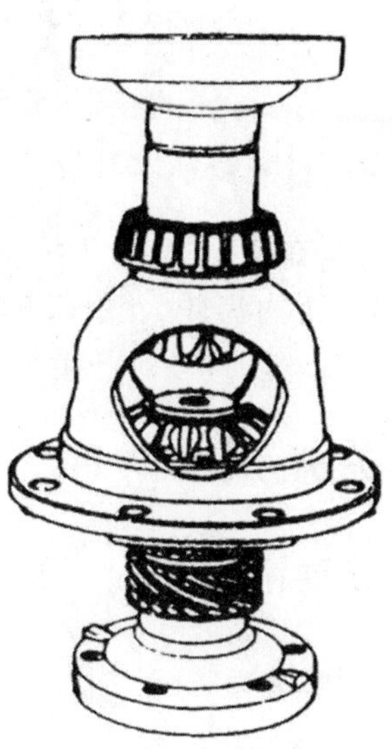

图4-20　安装半轴齿轮

(2)将行星齿轮放在适当的位置上,接着转动半轴凸缘使行星齿轮进入差速器壳,如图 4-21 所示。

(3)装上行星齿轮轴,如图 4-22 所示。在行星齿轮轴装上夹紧销。

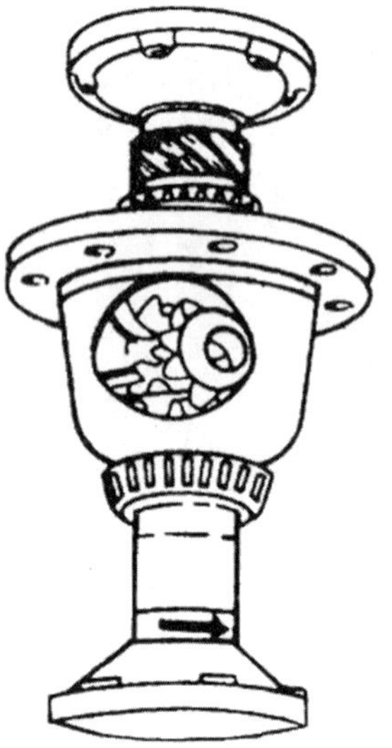

图 4-21 安装行星齿轮

图 4-22 安装行星齿轮轴

(4)取下差速器半轴凸缘。用 120 ℃的温度加热,将从动锥齿轮装在差速器壳上。

(5)将差速器装在变速器壳体内。装上半轴凸缘。

(6)装上变速器。

任务 3 常见故障诊断与排除

1. 任务引入

驱动桥在使用中,由于承受较大扭矩与负荷,并受到起步、紧急制动时造成的传动件的冲击,使驱动桥内齿轮、花键及轴承配合件产生不同程度磨损、损伤以及壳体变形,使汽车在起步、加速、转弯及行驶时产生故障。常见故障有驱动桥有异响、驱动桥局部过热、驱动桥漏油。

2. 相关知识

2.1 驱动桥异响

2.1.1 现象

(1)汽车挂挡行驶时,驱动桥发出较大的响声,而在滑行或低速行驶时响声减弱或消失。

(2)汽车转弯时,驱动桥发出较大响声,而在直线行驶时响声减弱或消失。

(3)汽车起步或突然改变车速时，驱动桥发出"吭吭"的响声，汽车低速时驱动桥发出"咯啦、咯啦"的撞击声。

2.1.2　原因

(1)齿轮或轴承严重磨损或损坏。

(2)主、从动锥齿轮配合间隙过大。

(3)从动锥齿轮紧固螺栓松动。

(4)差速器行星齿轮、半轴内端或半轴齿轮键槽磨损松旷。

(5)齿轮油不足或齿轮油牌号不对。

2.1.3　诊断与排除

(1)驱动桥有异响时，可将驱动桥架起，起动发动机并挂上挡，然后急剧改变车速，察听驱动桥响声来源，以判断故障所在部位。随即熄灭发动机并挂入空挡，在传动轴停止转动后，用手转动主动锥齿轮凸缘，若有明显松旷感觉，说明齿轮啮合间隙过大；若无活动感觉，则说明啮合间隙过小。间隙不当时应予调整。

(2)汽车在行驶中，如车速越高，响声越大，而滑行时响声减小或消失，一般是轴承磨损松旷或主、从动锥齿轮间隙偏大所致；如急剧改变车速或上坡时发响，则为齿轮啮合间隙过大，应予以调整。如是轴承松旷引起的，则应对轴承进行调整，必要时，应更换轴承。

(3)如汽车转弯时发响，而低速直线行驶时响声减弱，一般是差速器行星齿轮与半轴齿轮的啮合间隙过大或半轴齿轮及键槽磨损松旷所致，此时应对行星齿轮和半轴齿轮的技术状况进行检查与调整，必要时更换齿轮。

(4)汽车行驶中，若驱动桥突然发响，多半为齿轮损坏，应立即停车检查排除。如继续行驶，将会打坏轮齿而使汽车停驶。

2.2　驱动桥发热

2.2.1　现象

汽车行驶一段路程后，用手触摸后桥时，有难以忍受的烫手感觉。

2.2.2　原因

(1)轴承装配过紧，转动时摩擦加剧，发热增加，温度升高。

(2)齿轮啮合间隙过小。

(3)油封过紧。

(4)驱动桥内缺少齿轮油，或齿轮油变质，或使用的齿轮油不符合规定要求。

2.2.3　诊断与排除

(1)汽车行驶一定里程后，用手触摸驱动桥各个部位，查看是局部过热还是整体过热。

①如果是油封处局部过热，则是油封太紧所致，应对油封技术状况进一步检查，并视情更换。如果是轴承处局部过热，则是轴承太紧所致，应重新进行调整。其他局部过热情况可结合

发热部位逐项进行检查并予以排除。

②如果是整体过热，首先应检查后桥壳齿轮油液面，如液面太低，应按规定加注齿轮油；如正常，则用手捻拭齿轮油，检查其黏度是否过高、润滑性能是否太差或其规格是否符合要求，并视情更换齿轮油。

(2)松开驻车制动，变速器置空挡，轻轻地周向晃动驱动桥凸缘盘，检查主、从动锥齿轮的啮合间隙，必要时进行调整。

(3)如上述均正常，则应检查差速器行星齿轮与半轴齿轮的啮合间隙，并视情进行调整。

2.3 驱动桥漏油

2.3.1 现象

停车时，地面发现油渍，后桥主减速器油封或衬垫处出现油渍。

2.3.2 原因

(1)主减速器油封损坏，衬垫损坏，半轴凸缘油封损坏，密封不良。

(2)与油封接触的轴颈磨损，表面有沟槽。

(3)紧固螺栓松动。

(4)齿轮油黏度过低或加注过多。

2.3.3 故障诊断与排除

(1)齿轮油自半轴凸缘周围渗出，系半轴油封不良，应更换油封。

(2)主减速器主动齿轮凸缘处漏油，说明该处油封不良或凸缘轴颈磨损，产生沟槽。拆解主减速器，更换油封或相关轴。

(3)其他部位漏油，如桥壳裂纹产生油迹，根据油迹查明原因，并予排除。

【思政园地】

精益求精

精益求精也是世界各国工匠精神的一个共同特点。精益求精，比喻已经很好了，还要求更好。

具体到工匠精神，是指在技术精湛的前提下，不骄傲，不满足，不得过且过，注重细节，精雕细琢，精雕细镂，追求完美，追求极致。

在我国时速 300 km 的高铁上，有一个重要部件——转向架。每片转向架的质量有 1.1 t，定位臂落在 4 个车轮的节点上，每个接触面不足 10 cm^2，当列车以时速 300 km 运行时，接触面承受的冲击力有二三十吨。缝隙大了，车轮可能会松脱；如果完全焊死，转向架就无法再打开，影响列车检修。这个转向架，不只在中国，全世界所有高铁生产线上，都要靠手工研磨。按照国际标准，留给手工的研磨空间只有 0.05 mm 左右，也就是相当于一根细头发丝的粗细。

宁允展就是负责这道工序的高铁首席研磨师。过去的 10 多年，宁允展就在这细如发丝的空间里施展着自己的绝技。

【课后习题】

一、选择题

1. 汽车转弯行驶时，差速器中的行星齿轮(　　)。

A. 只有自转，没有公转　　B. 只有公转，没有自转

C. 既有公转，又有自转　　D. 静止不动

2. 汽车后桥主减速器的作用是(　　)。

A. 增大扭矩　　B. 增加功率　　C. 增大转速　　D. 增大附着力

3. 设对称式锥齿轮差速器壳的转速为 n_0，左、右两侧半轴齿轮的转速为 n_1、n_2，则有(　　)。

A. $n_1+n_2=n_0$　　B. $n_1+n_2=2n_0$　　C. $n_1+n_2=1/2n_0$　　D. $n_1=n_2=n_0$

二、简答题

1. 主减速器有什么作用？简述单级主减速器的构造和工作原理。

2. 差速器有几种类型？它有什么作用？由哪些主要机件组成？简述差速器的构造及工作原理。

项目五　行驶系的构造与检修

任务1　更换轮毂轴承

1　任务引入

一辆大众捷达1.6轿车行驶中在车内会听到一种连续不断的嗡嗡声，且车速越高声音越大，声响来自汽车前部，为判断噪声是否来自发动机，提高车速后将挡位置于空挡让车辆滑行，噪声没有变化，后经检查是汽车前轮轴承严重磨损而发出的声响，需要更换前轮轮毂轴承。

2　相关知识

2.1　汽车行驶系概述

汽车行驶系一般由车架、车桥、车轮和悬架等几部分组成。汽车左右两侧的车轮装在车桥（整体式或断开式车桥）上，再通过弹性悬架（包括弹簧、减振器等）与车架（或承载式车身）相连接，以缓和不平地面对汽车的冲击力并衰减汽车的振动。车架是全车的装配基体，汽车上所有机件都直接或间接与之相连接。图5-1所示为轿车行驶系组成。

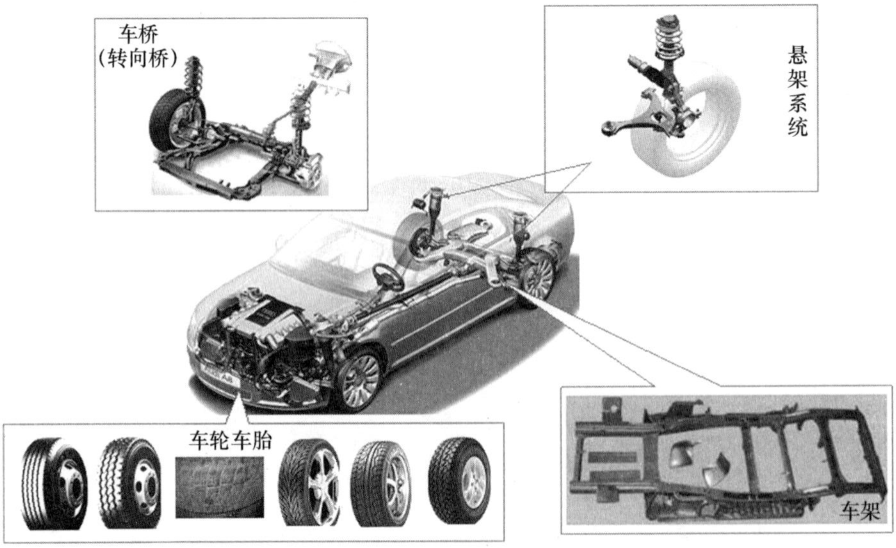

图5-1　轿车行驶系组成

行驶系的作用是支撑全车,缓和不平路面对车身造成的冲击,保证汽车行驶的平顺性,接受由发动机经传动装置传来的转矩,并通过驱动轮与地面的附着作用,产生路面对驱动轮的驱动力,以保证汽车正常行驶,并与转向系统配合工作,协助实现汽车行驶方向的正确控制,保证汽车操纵的稳定性。

行驶系类型有轮式和半履带式两种,常用的为轮式。

2.2　车架

2.2.1　车架的作用

车架俗称“大梁”,它是汽车的装配基体,汽车绝大多数的零部件、总成都要安装在车架上。另外,车架不仅承受各零部件、总成的载荷,还要承受汽车行驶时来自路面各种复杂载荷的作用,如汽车加速、制动时的纵向力,汽车转弯、侧坡行驶时的侧向力,不良路面传来的冲击等。所以,车架的作用可以概括为两点:一是支承、连接汽车各零部件、总成;二是承受车内、车外各种载荷的作用。从车架的作用可以看出,车架是一个形状复杂、强度和刚度要求较高的刚性结构。

2.2.2　车架的类型

目前,汽车车架的结构形式基本上有边梁式、中梁式、综合式和无梁式 4 种类型。

1)边梁式车架

边梁式车架由两根位于两边的纵梁和若干根横梁组成,用铆接法或焊接法将纵梁与横梁连接成坚固的刚性构架,如图 5-2 所示。

纵梁常用低碳合金钢板冲压而成,其断面多为槽形。根据车型不同及总成结构布置的要求,纵梁可以制成在水平面内或纵向垂直平面内弯曲的形状。其断面可以是等断面的,也可以是不等断面的。

横梁一般也是用低碳合金钢板冲压而成,用来连接两边的纵梁,并保证车架的抗扭刚度和承受纵向载荷,同时还用来安装汽车上的一些主要总成。其断面也多为槽形。根据需要,横梁也可制成弯曲的形状,如图 5-2(a)所示。

轿车车速较高,为保证其稳定行驶,使其重心降低,降低车架的位置。为了不影响前轮的转向空间和悬架变形时轿车的跳动,车架的前端做得比较窄,后端局部向上翘曲。横梁布置有多种形式,采用 X 型布置的横梁可提高车架的扭转强度,如图 5-2(b)所示。

边梁式车架的特点是结构简单,工艺要求低,制造容易,便于安装驾驶室、车厢及一些特种装备和布置其他总成,有利于改装变型车和发展多品种汽车,被广泛应用于载货汽车和大多数的特种汽车上。

2)中梁式车架

中梁式车架又称为脊梁式车架,它由一根贯穿汽车纵向的中央纵梁和若干根横向悬伸托架构成,如图 5-3 所示。中梁的断面为管形,传导轴从中梁内穿过,主减速器通常固定在中梁的尾端,形成断开式驱动桥。中梁前部悬伸出的托架用来固定发动机,中后部的悬伸横梁则用来布置车身及其他总成。

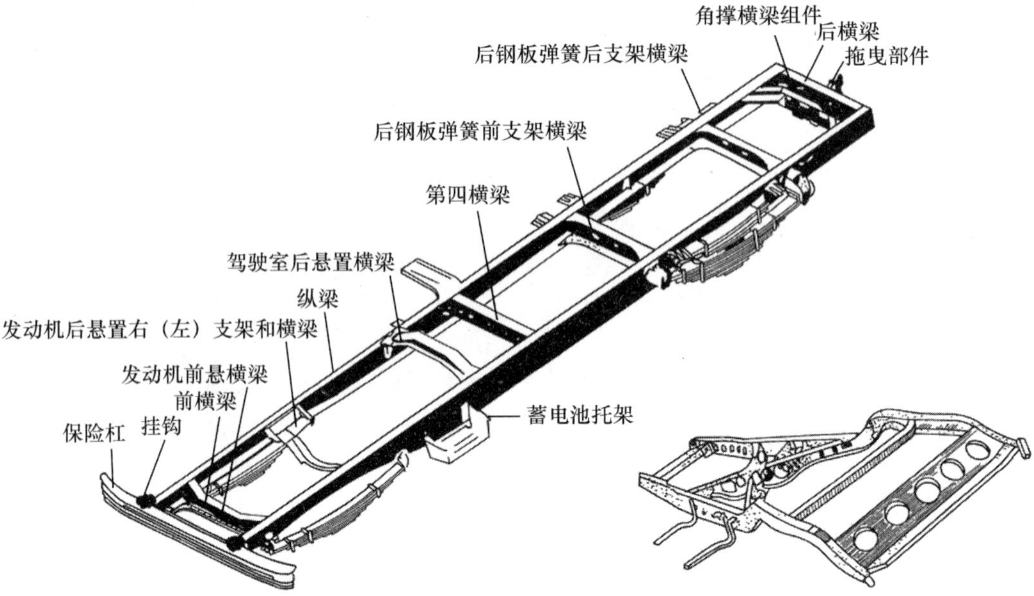

(a) 东风 EQ1092 型汽车车架　　(b) 轿车车架

图 5-2　边梁式车架

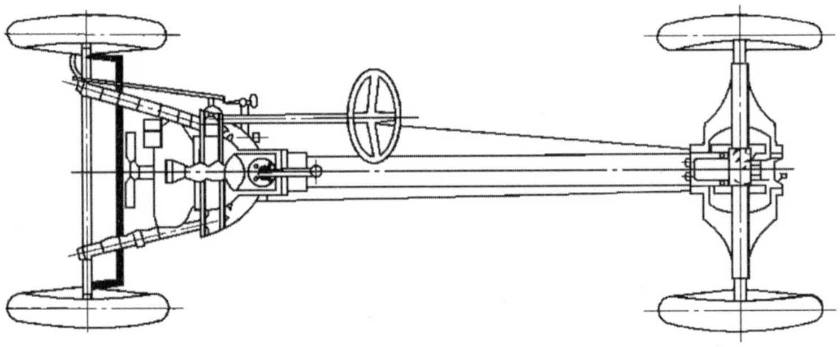

图 5-3　中梁式车架

中梁式车架质量轻、重心低、行驶稳定性好，其结构使车轮跳动空间较大，便于独立悬挂系统。但其制造工艺复杂，精度要求高，维护不方便，很少应用。

3）综合式车架

综合式车架是由边梁式和中梁式车架结合而成的，如图 5-4 所示。车架前段或后段近似边梁结构，便于分别安装发动机或驱动桥。传动轴从中梁中间穿过。这种结构制造工艺复杂，目前应用也不多。

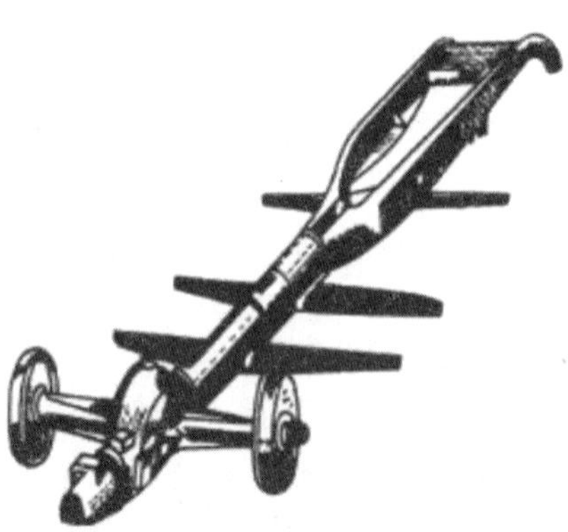

图 5-4　综合式车架

4）无梁式车架

无梁式车架是以车身兼代车架，又称承载式车身。

所有的总成和零部件都安装在车身上，作用于车身的各种力和力矩均由车身承受。所以这种车身也称为承载式车身，如图 5-5 所示。车身底板用纵梁和横梁进行加固，车身刚度较好，质量较小，但制造要求高，故目前多用于轿车和部分客车中。

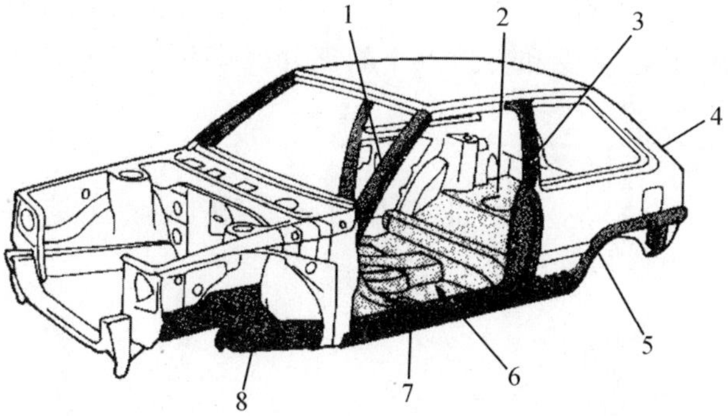

1-A 柱；2-行李舱底板；3-B 柱；4-后围侧板；5-后纵梁；6-底板；7-车门栏板；8-底板加强梁

图 5-5 无梁式车架

2.3 车桥

2.3.1 车桥的作用与类型

1)车桥的作用

车桥通过悬架与车架(或承载式车身)相连，其两端安装车轮。车架所受的垂直载荷通过悬架和车桥传到车轮，车轮上的滚动阻力、驱动力、制动力和侧向力及其弯矩、扭矩又通过车桥传递给悬架和车架，即车桥的作用是连接车架与车轮并传递两者之间各方向的作用力及其所产生的弯矩和扭矩。

2)车桥的类型

(1)根据悬架结构的不同，车桥可分为整体式车桥和断开式车桥，如图 5-6 所示。当采用非独立悬架时，车桥中部是刚性的实心和空心(管状)梁，这种车桥即为整体式，也称为非断开式；断开式车桥中部为活动关节式结构，与独立悬架配合使用。

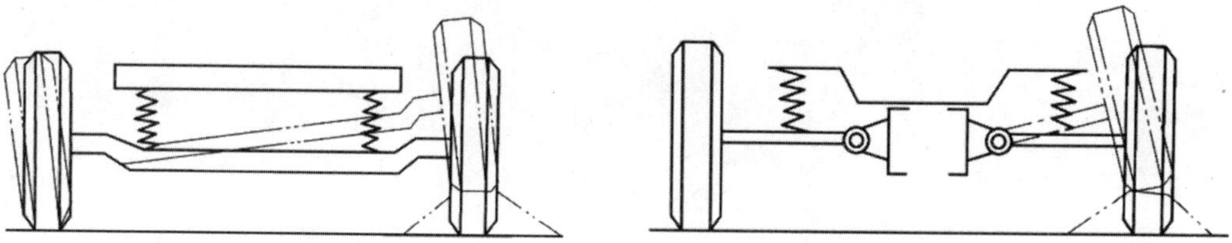

(a) 整体式车桥　　(b) 断开式车桥

图 5-6 车桥的类型

(2)根据车桥上车轮所起作用的不同，车桥又可分为转向桥、驱动桥、转向驱动桥和支持桥 4 种类型。其中转向桥和支持桥都属于从动桥。一般货车前桥多为转向桥，后桥或中、后两桥为驱动桥。许多轿车和全轮驱动的越野汽车的前桥为转向驱动桥。挂车的车桥为支持桥。

2.3.2 转向桥

1)转向桥的作用

汽车的前桥一般多为转向桥,其作用是利用铰接装置,使装在其两端的车轮偏转一定角度来实现汽车转向。同时,其还承受和传递汽车的部分载荷和汽车制动、车轮侧滑等产生的作用力及力矩。

2)转向桥的组成

各种车型的转向桥,其结构基本相同,都是由前轴、转向节、主销和轮毂等 4 部分组成,如图 5-7 所示。

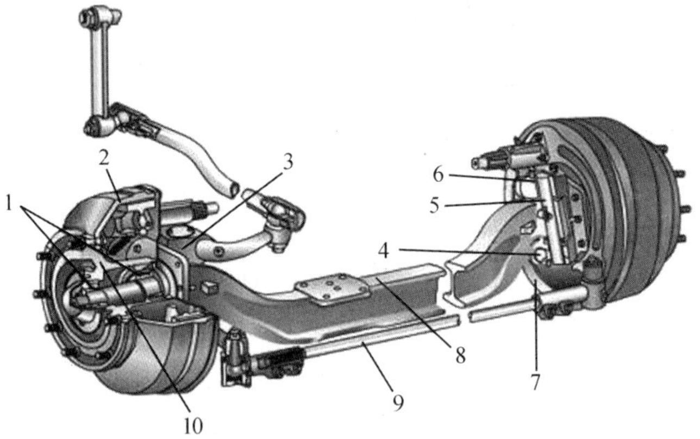

1-轮毂轴承;2-制动鼓;3-转向节;4-止推轴承;5-主销;6-衬套;7-梯形臂;8-前轴;9-转向横拉杆;10-轮毂

图 5-7 与非独立悬架匹配的前转向桥

(1)前轴。前轴是转向桥的主体,一般由钢材锻造而成。其断面形状一般采用工字形或圆形,以提高其抗扭强度。在接近两端的部位各有一个加粗部分呈拳形,其中有通孔,主销插入孔内。中部向下凹,以降低发动机位置,从而降低汽车重心,扩展驾驶员视野,并减小传动轴与变速器输出轴之间的夹角,如图 5-8 所示。

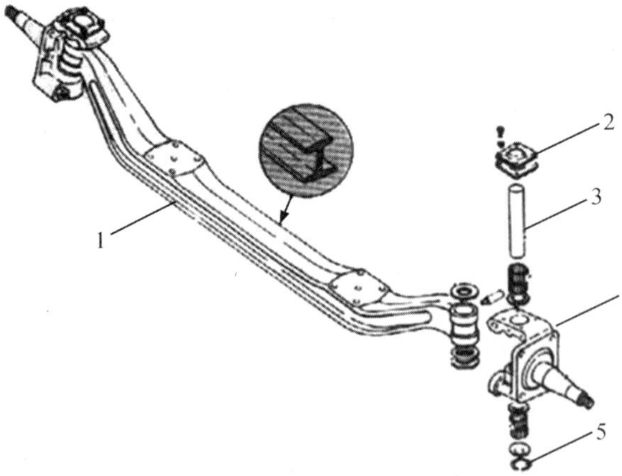

1-前轴;2-右转向节上盖;3-主销;4-转向节;5-螺母垫片

图 5-8 前轴结构

(2)转向节。转向节是车轮转向的铰链，是一个叉形件，由上、下两叉和支撑轮毂的轴构成。转向节上销孔的两耳通过主销与前轴两端的拳形部分相连，使前轮可以绕主销偏转一定角度而使汽车转向。为使转向灵活轻便，在转向节下销孔与前轴拳形部分下端面之间装有推力轴承。上销孔与前轴拳形部分上端面之间装有调整垫片。

(3)主销。主销的作用是铰接前轴与转向节，使转向节绕着主销摆动以实现车轮转向。主销的中部切有凹槽，安装时用主销固定螺栓与它上面的凹槽配合，将主销固定在前轴的拳形部分孔中。

(4)轮毂。轮毂用于连接制动鼓、轮盘和半轴凸缘，它通过内外两个圆锥滚柱轴承装在转向节轴颈上。轮毂外端装有端盖，以防止泥水和尘土浸入；内侧装有油封、挡油盘，以防止润滑油进入制动器。

2.3.3 转向驱动桥

能够实现车轮转向和驱动两种功能的车桥称为转向驱动桥。现代乘用车常采用转向驱动桥，其结构如图 5-9 所示。它具有一般驱动桥所具有的主减速器、差速器和半轴，也具有一般转向桥所具有的转向节、主销和轮毂等。它与单独的驱动桥和转向桥相比，不同之处是：由于转向的需要，半轴被分成两段，分别叫作内半轴(与差速器相连)和外半轴(与轮毂相连)，二者用等角速万向节连接起来。同时主销也因此分成上、下两段，分别固定在万向节的球形支座上。转向节轴颈部分做成空心的，外半轴从中穿过。转向节的连接叉是球状壳体，既能满足转向的需要，又适应了转向节的传力需求。

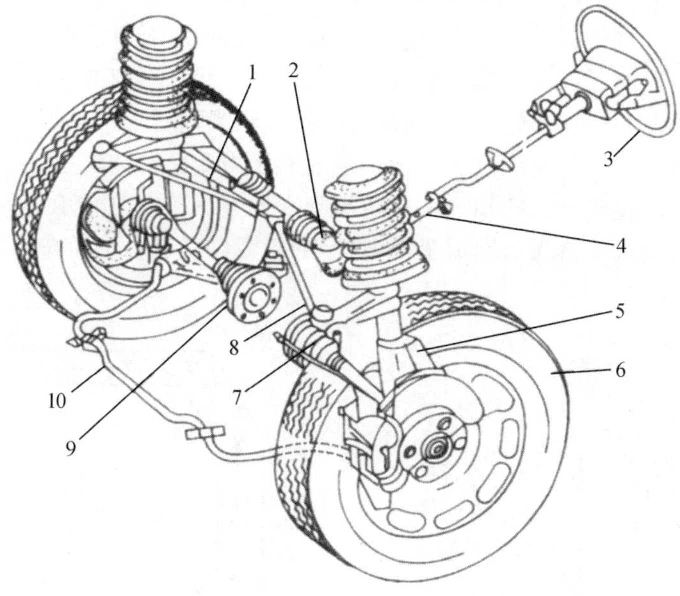

1-转向减振器；2-转向器；3-转向盘；4-安全转向柱；5-转向节；6-车轮；
7-转向节臂；8-左、右横拉杆；9-左、右驱动轴及万向节；10-稳定杆

图 5-9　与独立悬架匹配的前转向驱动桥

3 任务实施

更换大众捷达 1.6 轿车前轮轮毂轴承。

3.1 拆卸转向节

（1）将车辆驶上举升机，拆下前轮。

（2）拆下半轴端部的自锁螺母。该螺母拆卸时会较为困难，可请另一名维修人员踩住制动踏板，以提供反向力矩。

（3）拆下制动卡钳，并使用钢丝挂钩将其悬挂于车体上，以免制动管路受力。

（4）拆下转向拉杆球头下的螺母，并使用球头钳使转向节与转向拉杆分离。严禁使用锤子直接敲打球头，以免造成永久性损坏。

（5）拆下连接转向节与减振器的 2 根螺栓，并拆下转向节与下摆臂之间的 3 根连接螺栓，如图 5-10 所示。至此，转向节可以从车体上拆下。

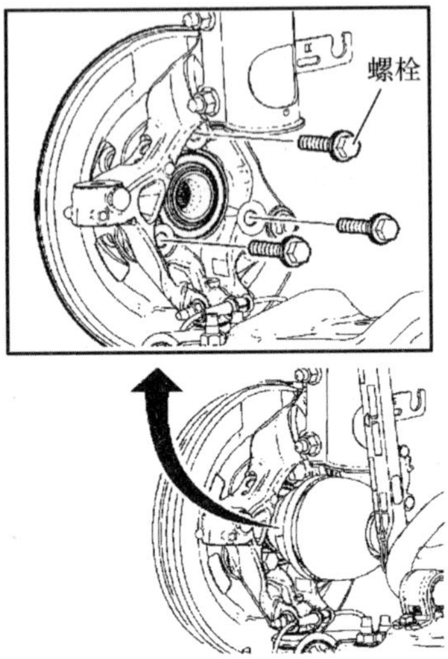

图 5-10 拆下转向节与下摆臂之间的连接螺栓

3.2 拆卸旧的轮毂轴承

（1）从转向节上拆下制动盘、传感器等附件。

（2）使用专用工具将轮毂从转向节中顶出。对于一般的综合维修企业来讲，很可能不具备专用工具，在这种情况下可以使用尺寸恰当的套筒代替。由于轮毂轴承内圈与轮毂之间是通过过盈配合连接的，因此在拆卸轮毂时，轴承内圈将随轮毂而脱落。如图 5-11 所示。

（3）使用拉拔器（图 5-12）将轮毂轴承内圈从轮毂上取下。

（4）使用卡簧钳从转向节上的轴承座孔两侧分别拆下用于定位轴承的卡簧。

（5）使用压力机及尺寸恰当的圆形垫块，将旧的轮毂轴承从转向节中压出。

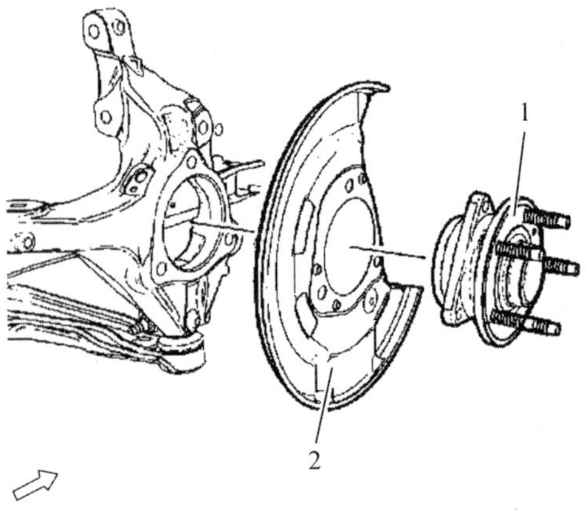

1-轮毂/轴承；2-前制动器防溅罩

图 5-11 将转向节分离

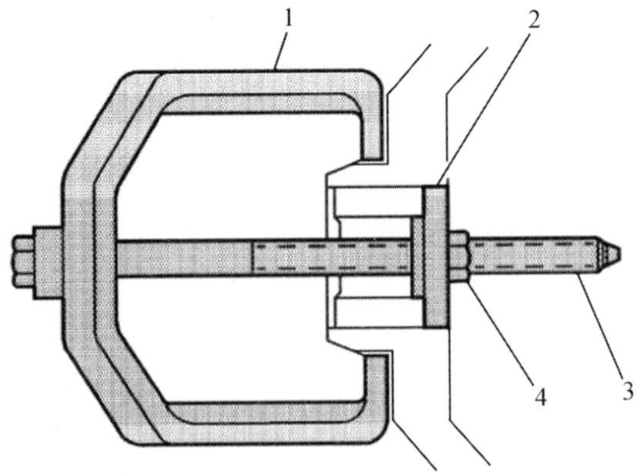

1-支承板；2-轴承接头；3-顶丝；4-螺母

图 5-12 轴承拉拔器

3.3 压入新的轮毂轴承

对于不同车型，安装轮毂轴承有相应的专用工具。但是对于综合维修企业来说，往往不具备这样的条件，这种情况下，可以使用刚刚拆下的废旧轴承。这是因为旧轴承与新轴承的尺寸是完全一样的。

(1)安装转向节外侧的卡簧，用于为新的轮毂轴承定位。

(2)使用旧的轮毂轴承外圈当作垫块，将新的轮毂轴承压入转向节。轴承完全压入后，将另一侧的卡簧安装到位。

(3)使用旧的轮毂轴承内圈当作垫块，将轮毂压入转向节。

(4)安装完成后，转动轮毂，检查是否安装到位，并检查油封。

3.4 将转向节及其他相关零件安装复位

(1)安装连接下摆臂与转向节的 3 根螺栓，其锁紧力矩为 35 N·m。

(2)安装连接转向节与减振器的 2 根螺栓，其锁紧力矩为 95 N·m。

(3)安装转向拉杆、制动卡钳、转向节、轮胎等部件。

3.5 注意事项

(1)安装新的轮毂轴承时，如没有专用工具，可使用刚刚拆下的废旧轴承。需要注意的是，将轴承压入转向节时，一定不能使轴承外圈受力，否则将损坏轴承；而将轮毂压入轴承时，要保证轴承内圈均匀受力。

(2)在安装新的轮毂轴承前，应先清洁转向节上的轴承座孔。安装前可以先使用锤子轻轻将轴承敲入轴承座一些，以便于定位。

(3)维修人员在操作压力机的过程中，应时刻注意轴承的状态，避免偏斜，还要注意压力机压杆对手的反作用力，如果发现阻力变大或其他异常，应及时停止操作。

(4)半轴端部螺母的锁紧力矩高达 265 N·m，因此无论是在拆卸还是在安装时都会比较费力。这时可以请另一名维修人员踩住制动踏板，以提供反向力矩，或者是在举升车辆之前先拆装这一螺母，通过轮胎与地面的摩擦力提供反向力矩。

(5)拆卸减振器前应先标记其位置，以免影响车轮外倾角，如果其位置发生变化，最后还应进行四轮定位，纠正车轮定位参数。

(6)在装复各零部件的过程中，应使用扭力扳手按照标准扭矩值紧固各螺栓及螺母。

任务 2 车轮定位的检测与调整

1 任务引入

车轮定位不仅影响车轮的磨损程度及汽车的油耗，还会影响车辆操纵稳定性和行车安全性，除了平时经常检查车轮定位以外，在车桥拆装后和轮胎发生异常磨损、车辆的操纵稳定性变坏时，都应检查和调整车轮定位。本次任务是能够正确进行车轮定位检测与调整。

2 相关知识

车轮定位是指在汽车运行时，由摩擦力、重力和离心力引起的所有的力及力矩的平衡。这对于保证汽车车轮与地面的良好接触非常重要。车轮定位是检验车轮与路面接触情况的一种方法。其主要目的是使车轮在路面上做纯滚动而无滑移、滑转。好的车轮定位将带来良好的燃油经济性，更大的前轮运动空间，良好的方向稳定性，转向轻便，轮胎使用寿命延长，提高安全性。影响车轮定位的参数有主销后倾角、主销内倾角、前轮外倾角、前轮前束。

2.1 前轮定位参数

2.1.1 主销后倾角

主销后倾是指主销的顶部向后或向前倾斜一个角度。主销后倾角是在汽车纵向平面内（汽车的前后方向），主销中心线与过车轮中心的实际垂线之间的夹角，用 γ 表示。主销后倾角如图 5-13 所示。从垂直线向后倾斜，称为正主销后倾角；向前倾斜则称为负主销后倾角。

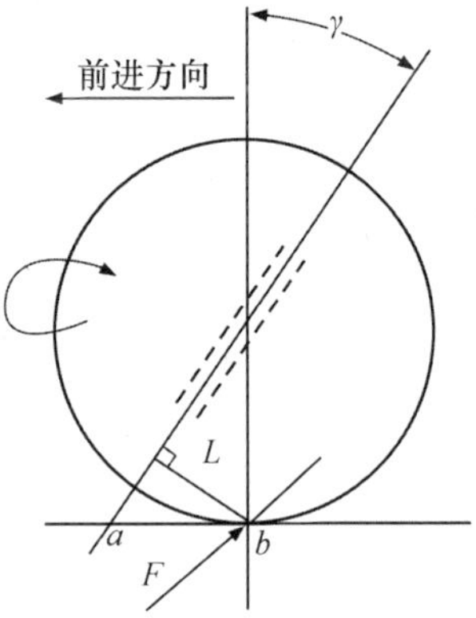

图 5-13 主销后倾角

主销后倾的主要作用是汽车转弯后，前轮能自动回正，以保持汽车直线行驶的稳定性。主销中心线与地面有一个交点 a，轮胎与路面接触面有一个中心点 b，该点到主销中心线之间的距离称为主销后倾移距 L。当汽车转弯时（图 5-13 中所示向右转弯），汽车产生的离心力将引起路面对车轮的侧向反作用力 F，F 通过点 b 作用于轮胎上，形成一个使车轮回转的转矩 M，其中 $M=FL$，其方向与车轮偏转方向相反，它有使车轮恢复到原来中间位置的趋势，此转矩也叫稳定转矩。

主销后倾角越大、车速越高，回正力矩越大，转向轮偏转后自动回正的能力也越强。但主销后倾角也不宜过大，一般不超过 2°～3°。主销后倾角 γ 不宜过大，在转向时，为克服此转矩需要在转向盘上施加较大的力。有些轿车和客车的轮胎气压较低，弹性较大，行驶时由于轮胎与地面的接触面中心向后移动，稳定转矩的力臂 L 增加，稳定转矩将过大，故主销后倾角需减小，甚至减到负值，即负主销后倾。

2.1.2 主销内倾角

主销内倾是指在横向平面内，主销上端向内倾斜一个角度。在横向垂直平面内，主销轴线与垂线之间的夹角 β 叫主销内倾角，夹角 α 称为前轮外倾角，如图 5-14 所示。

主销内倾角的作用如下：

（1）使车轮自动回正，保持汽车直线行驶的稳定性。当转向轮在外力的作用下，由中间位置偏转一个角度时[图 5-14(b)、(c)，假设转向轮旋转 180°]，假若前轴在空间位置不动，则前轮将由 A 点旋转到 B 点。主销是向内倾斜的，故车轮旋转到 B 点后，它的最低点将陷入路面

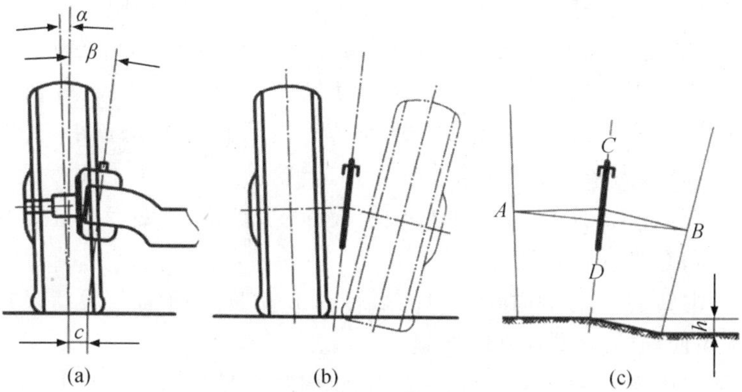

图 5-14 主销内倾角与车轮外倾角示意图

以下 h 深度。事实上车轮是不可能陷入路面以下的，而只能是将汽车前部向上抬起相应的高度 h。一旦使车轮偏转的外力消失，前轮就会在汽车本身重力的作用下，恢复到原来的直线行驶位置。特别是低速和小转弯时，这种使车轮自动回正的作用尤为突出。

主销内倾角越大或前轮转向角越大，则汽车前部抬起就越高，前轮的自动回正作用就越加强烈，但是转向时转动转向盘费力，转向轮的轮胎磨损增加。反之，主销内倾角小或前轮转向角小时，前轮的自动回正作用也就小。一般主销内倾角 $\beta=5°\sim8°$为宜。

(2)使前轮转向轻便。主销内倾后，使主销轴线的延长线与路面的交点到车轮与路面的交点之间的距离 C 缩短了[图 5-14(b)]，从而使前轮转向时，路面作用在前轮上的转动阻力矩减小(因力臂 C 减小)，使转向轻便，同时还可减小从转向轮传到转向盘上的冲击力。距离越小，转向越轻便。距离 C 值一般在 40～61 mm。

主销内倾角是由前轴制造时，使主销孔轴线的上端向内倾斜而获得的。在非独立悬架的转向桥上，主销内倾角是不能单独调整的。在使用中，如果主销内倾角发生了变化，则主要是前轴在垂直平面内弯曲变形，或主销与销孔磨损过大等原因造成的。

综上所述，主销后倾和内倾都有使汽车转向自动回正，保持直线行驶的作用，所不同的是，主销后倾的回正作用与车速有关，而主销内倾的回正作用几乎与车速无关。因此，高速时主销后倾起回正作用大，而低速时则是主销内倾起回正作用大。

2.1.3 前轮外倾角

前轮安装在车桥上时，其旋转平面上方略向外倾斜，这种现象称为前轮外倾。前轮旋转平面与纵向垂直平面之间的夹角 α，叫前轮外倾角，如图 5-15 所示。

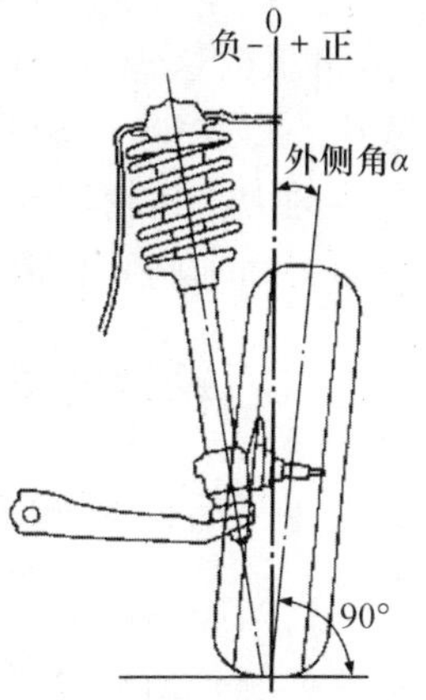

图 5-15 前轮外倾角

前轮外倾的作用在于提高前轮工作的安全性和转向操纵轻便性。

由于主销与衬套之间存在间隙，若空车时前轮垂直地面，则满载后上述间隙将发生变化，可能引起车轮上部向内倾斜；另外，前轴在满载时也将产生变形，使车轮上部向内倾斜，这样就会出现前轮内倾。前轮内倾后，地面垂直反力便产生一沿转向节向外的分力，此力使外轴承及其锁紧螺母等件的载荷增大，寿命缩短，严重时使前轮脱出。

当前轮预留有外倾角时，就能防止前轮出现负外倾。另外，车轮外倾也能使前轮与拱形路面相适应，这对于行车安全是有利的。此外，前轮外倾与主销内倾相配合，还能使汽车转向轻便。

前轮外倾角一般为 1°左右。前轮外倾角大时，虽然对安全和操纵有利，但是过大的前轮外倾角将使轮胎横向偏磨增加，油耗增多。现代轿车的前轮外倾角较小，有的出现负值，这是因为当车速较高时，离心力较大，车身的外倾加大，使轮胎产生更大的正外倾，造成轮胎磨损加剧。前轮采用负外倾，可抵消由于车身的外倾加大而使轮胎产生更大的正外倾的倾向，提高了车轮纯滚动的程度和车身的横向稳定性。

前轮外倾角是由转向节的结构确定的。当转向节安装到前轴上后，其转向节轴相对于水平面向下倾斜，从而使前轮安装后出现外倾。

前轮外倾和主销内倾一样一般不能调整，但使用独立悬架者，有的可以调整。

2.1.4　前轮前束

在通过两前轮中心的水平面内俯视汽车，两个前轮的旋转平面并不完全平行，而是带有一定的角度，这种现象称为前轮前束。前轮前束值是指左右两前轮前端水平距离 B 与其后端水平距离 A 之差，如图 5-16 所示。当 $B<A$ 时，叫作前轮正前束；当 $B>A$ 时，叫作前轮负前束。一般汽车的前轮前束值为 0～12 mm。

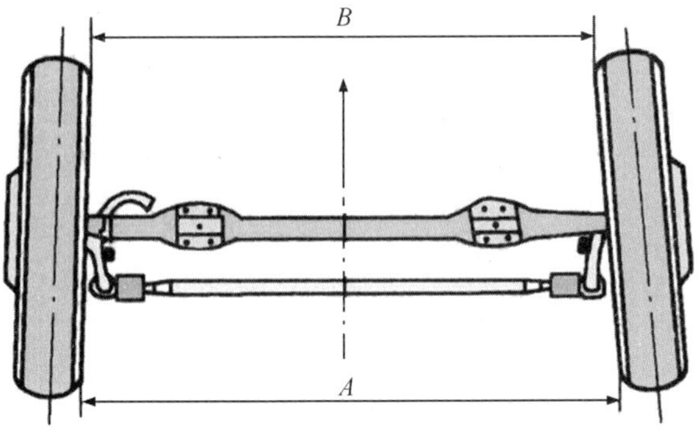

图 5-16　前轮前束

当汽车向前行驶时，会产生某些使前轮向外滚开的趋势的力。在汽车上采用小角度的前束，可抵消这些力。在汽车行驶中，转向传动机构之间的间隙可能会造成轮胎前端向外偏摆。从这一点来说，前轮前束值应该为零。在前轮驱动的汽车中，前轮设置成负前束以便获得一些其他的力。前轮驱动的汽车趋于使前轮回到合适的直线向前位置。前轮前束调整不合适会使轮胎磨损加剧并且造成转向困难。

2.2　后轮定位参数

2.2.1　后轮外倾角

与前轮外倾角一样，后轮外倾角也对轮胎磨损和操纵性有影响。理想状态是 4 个运动的车轮外倾角均为零，这样轮胎和路面接触良好，从而得到最佳的牵引性能和操纵性能。

后轮外倾角不是静态的，它随悬架的上下移动而变化。车辆加载后悬架下沉就会引起车轮外倾角改变。为了对载荷进行补偿，采用独立后悬架的多数车辆常有一个较小的正后轮外倾角。

2.2.2 后轮前束

与前轮前束一样，后轮前束也是后轮定位的一个重要参数，且后轮前束也不是一个静态量，悬架摇动和反弹时会变化。滚动阻力和发动机转矩对它也有影响。

如果后轮前束不符合技术要求，就要影响轮胎磨损和转向稳定性，还会引起转向不稳定，降低制动效果，其影响程度与前轮前束相同。

3 任务实施

3.1 车轮定位前的准备

进行车轮定位调整之前，先驾驶汽车进行路试，检查转向盘是否校直，转向盘、底板、座椅是否振动。检查车辆是否有不正常的故障现象，如转向困难、转向时轮胎噪声或机械振声。检查轮胎磨损、轮胎尺寸和型号是否匹配，有无损伤。举升起车辆后，检查转向装置、行驶装置的相关部件，先修理损坏部件再进行车轮定位的调整。

检查车轮定位前，应先满足以下条件：

(1)将汽车停放在水平场地或专用检测台上，车轮在直线位置且无负载；

(2)轮胎气压符合规定；

(3)车轮平衡，悬架活动自如；

(4)转向器调整正确；

(5)前悬架弹簧无过大的间隙和损坏。

3.2 车轮定位检查

用车轮定位仪进行四轮定位的步骤如下：

(1)将汽车停放在车轮定位台上；

(2)检查前轮是否正确地放置在转动盘上，后轮是否正确地放置在侧滑板上；

(3)正确安装和连接各车轮上的传感器和接头装置；

(4)在操作系统中，选择检测车辆的型号和制造年份；

(5)按系统屏幕的显示，目视检查所列各项项目；

(6)按系统屏幕的显示，依次查看车身乘坐高度、每个车轮轮胎的状态、车轮径向偏振的补偿情况、车轮偏转角；

(7)系统检测并显示出前、后轮各车轮定位参数需要调整的内容；

(8)根据检测结果对车辆进行调整。

3.3 车轮定位参数的调整

以桑塔纳 2000 型轿车为例，桑塔纳 2000 型轿车只需调整前轮外倾和前轮前束，而主销后倾角和主销内倾角不做调整，主要通过前轮外倾的正确性来保证。

1)调整前轮外倾角

调整前轮外倾角时,车轮应着地,通过改变球头销在下摇臂长孔中的位置来进行调整。

(1)松开下摇臂球头销的固定螺母。

(2)把外倾调整杆插入孔中,如图 5-17 中箭头所示。横向移动球头销,直至达到适当的外倾角值。调整左侧时应从后面插入调整杆,调整右侧时应从前面插入调整杆。

(3)紧固螺母并再次检查前轮外倾角,若不符合要求应按上述步骤重新调整。

2)调整前轮前束

(1)将转向器置于中间位置。

(2)旋松转向横拉杆两端接头的锁紧螺母,如图 5-18 所示。

(3)看清横拉杆转动的圈数和标记,没有标记用粉笔在横拉杆及接头上做好。

(4)用管钳扭转横拉杆,使其伸长或缩短。

(5)调整合适后,拧紧横拉杆两端接头的锁紧螺母。

(6)总前轮前束分两半,分别在左右横拉杆上调整。

(7)调整后固定转向横拉杆,再次检测前轮前束是否符合规定。

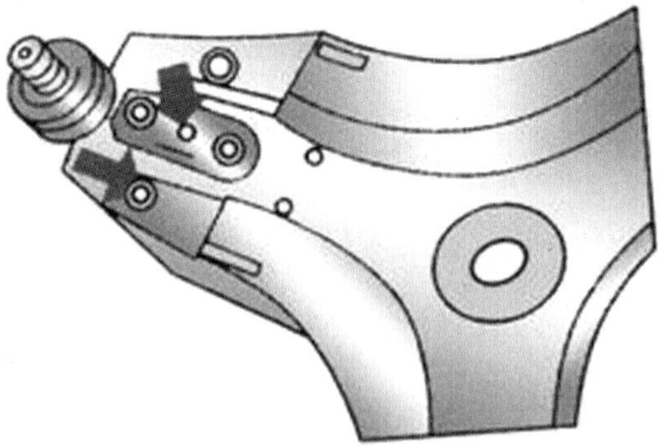

图 5-17　插入外倾调整杆

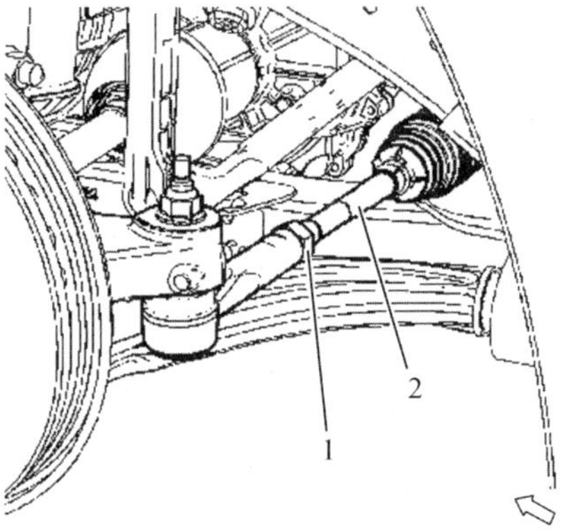

1-锁紧螺母;2-横拉杆

图 5-18　前轮前束的调整

任务 3　轮胎的更换

1　任务引入

如果驾驶员在行车过程中发现车辆高速行驶时转向盘抖动或车轮出现某种有节奏的异响,则有可能是车轮该做动平衡了,尤其是当更换轮胎、轮毂或是补过轮胎后、车轮受过大的撞击、由于颠簸导致平衡块丢失等都应该对车轮做动平衡。如果车轮动平衡不好,不仅会造成轮胎的异常磨损,也会影响车辆的稳定。特别是前轮振动会通过转向系统传到转向盘,不但会影响驾驶,严重的还会导致转向系统的松旷。本次任务是能够正确进行车轮轮胎更换。

2　相关知识

2.1　车轮总成的组成及功用

汽车车轮总成如图 5-19 所示，是由车轮和轮胎两大部分组成的。车轮和轮胎是汽车行驶系中的主要部件，汽车通过车轮轮胎直接与地面接触在道路上行驶。其主要功用是：

(1)支撑整车质量，包括在汽车上下运动时产生的惯性动载荷。

(2)缓和由路面传递来的冲击载荷。

(3)通过轮胎和路面之间的附着作用，产生驱动和阻止汽车运动的外力，即为汽车提供驱动力和制动力。

(4)产生平衡汽车转向离心力的侧向力，以便顺利转向，并通过轮胎产生自动回正力矩，使车轮具有保持直线行驶的能力。

(5)具有跨越障碍的能力，保证汽车的通过性。

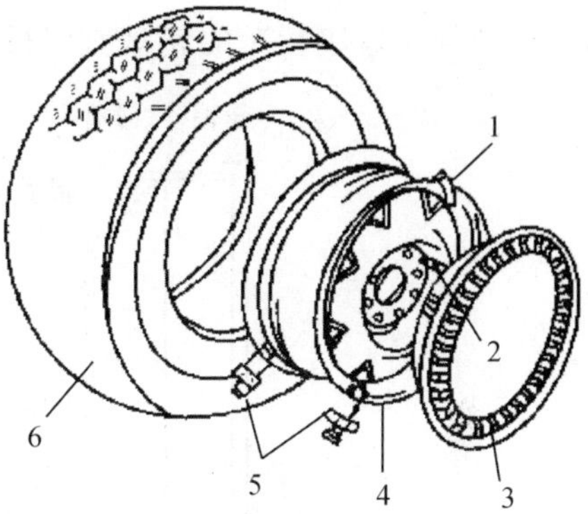

1-气门嘴；2-螺栓；3-装饰罩；4-轮辋；5-平衡块；6-轮胎

图 5-19　汽车车轮总成

2.2　车轮

2.2.1　车轮的作用和组成

车轮是安装轮胎的骨架，也是将轮胎和车桥连接起来的旋转部件，其作用是支撑汽车及其装载质量，传递汽车与路面之间的各种力和力矩，缓冲车轮受路面不平引起的冲击振动，抵抗侧滑并能自动回正，保证汽车正常的转向及行驶。

车轮一般是由轮毂、轮辋和轮辐组成的，如图 5-20 所示。

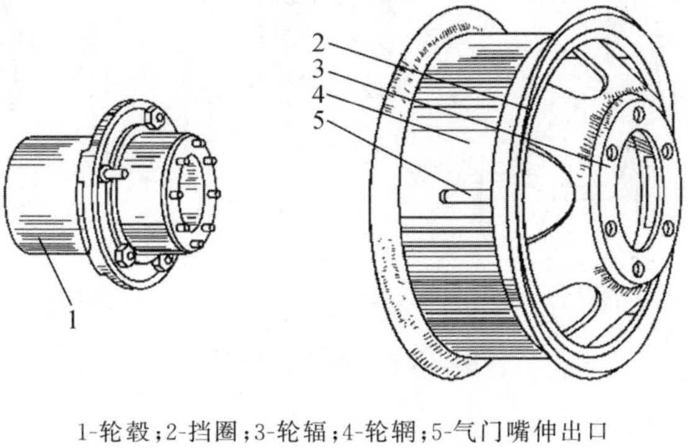

1-轮毂；2-挡圈；3-轮辐；4-轮辋；5-气门嘴伸出口

图 5-20　车轮的组成

2.2.2 车轮的结构

1)轮辐

按轮辐结构的不同分类,车轮可以分为两种形式:辐板式车轮和辐条式车轮。

(1)辐板式车轮。辐板式也叫轮盘式,如图5-21所示,它用一个钢质圆盘将轮辋和轮毂连接起来,此钢质圆盘称为轮盘。轮盘大多是由冲压而成的,少数是和轮毂制成一体的,后者主要用于重型货车。小轿车的轮盘所用材料较薄,常冲压成起伏多变的形状,以提高刚性。

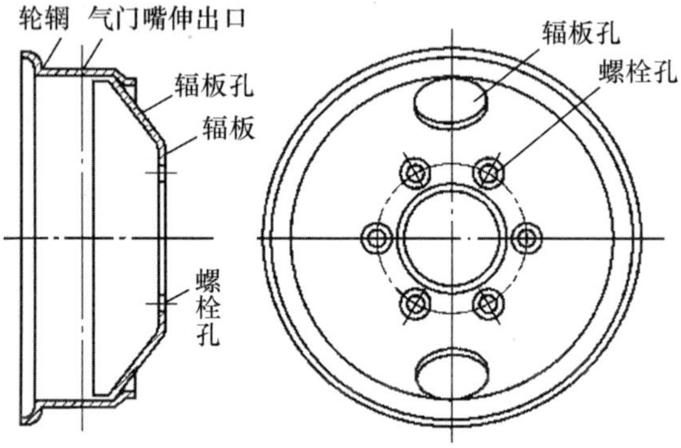

图5-21 货车辐板式车轮

(2)辐条式车轮。用于重型载货汽车的辐条式车轮多采用铸造辐条,如图5-22所示。其特点是辐条与轮毂铸成一体,而轮辋用衬块及螺栓固定在一起,配合锥面用来保证轮辋与辐条对中。

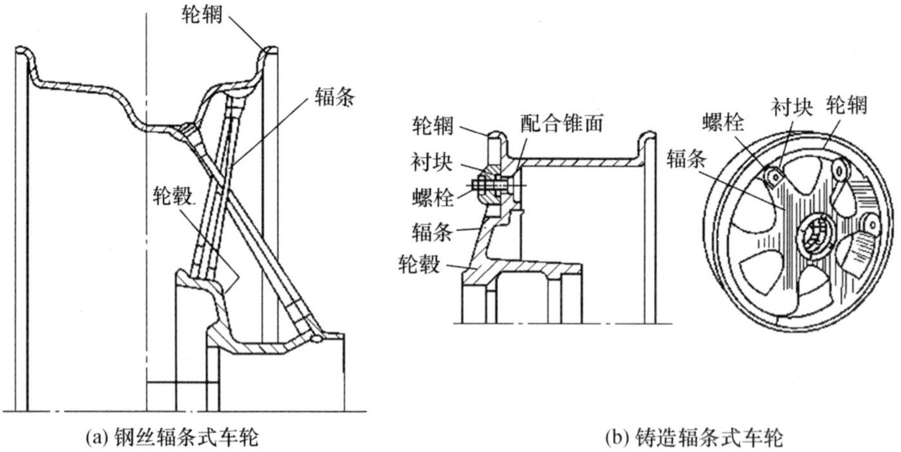

图5-22 辐条式车轮

2)轮辋

轮辋又称钢圈,是车轮上安装轮胎的部件,一般是由冲压钢板铆接或焊接在一起而制成的圆形环体。轮辋有钢制轮辋、铝合金轮辋两种,前者用于载重汽车和普通乘用车,后者一般用于中高级乘用车。轮辋的常见结构形式有深槽轮辋、平底轮辋和对开式轮辋(图 5-23)。

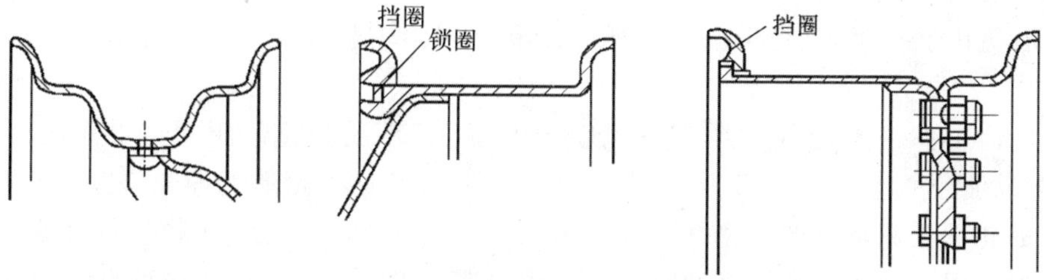

(a) 深槽轮辋　(b) 平底轮辋　(c) 对开式轮辋

图 5-23　轮辋的常见结构形式

(1)深槽轮辋是一种整体轮辋,其结构特点是断面中部有一深凹槽,使轮胎拆装方便。两侧有带肩的凸缘用来固定轮胎,并与胎圈接触。肩部一般以 5°±1°的倾斜度向中央倾斜。

(2)平底轮辋的底部呈平环状,它的一边有凸缘,另一边是用可拆卸的挡圈做凸缘。开口锁圈具有弹性,它嵌入轮辋和挡圈之间的环槽内可以限制挡圈脱出。

(3)对开式轮辋由两部分组成,其内外轮辋的宽度可以相等,也可以不相等,两者用螺栓连接成一个整体。

国产轮辋规格用轮辋名义宽度代号、轮缘高度代号、轮辋结构形式代号、轮辋名义直径代号和轮辋轮廓类型代号来表示。

(1)轮辋名义宽度代号和轮辋名义直径代号:均以 in 表示,一般取两位小数。

(2)轮缘高度代号:用一个或几个拉丁字母表示。

(3)轮辋结构形式代号:根据其主要几个零件组成分为一件式轮辋、二件式轮辋、三件式轮辋、四件式轮辋和五件式轮辋。符号"×"表示一件式轮辋,符号"—"表示两件或两件以上的多件式轮辋。

3)轮毂

轮毂是连接制动鼓、轮辐和半轴凸缘的重要零件,一般由圆锥滚子轴承套装在轴管或万向节轴颈上。按轮辐的结构形式分类,轮毂可分为辐板式车轮轮毂和辐条式车轮轮毂两种。前者拆装方便,一般用于轻、中型汽车车轮;后者常将辐条与轮毂铸造成一体,多用于重型车轮。轮毂内装有轮毂轴承,可在轮毂内加少量润滑脂对轮毂轴承进行润滑。

2.3　轮胎

轮胎安装在轮辋上,直接与路面接触,它的主要作用是:支撑汽车的质量,承受路面传来的各种载荷;和汽车悬架共同来缓和汽车行驶中受到的冲击,并衰减由此而产生的振动,以保证汽车有良好的乘坐舒适性和行驶平顺性;保证车轮和路面有良好的附着性,以提高汽车的动力性、制动性和通过性。

2.3.1　轮胎的类型

(1)按轮胎用途分类,其可分为轿车轮胎和货车轮胎两种。轿车轮胎主要用在轿车的充气轮胎,货车轮胎主要用在载货汽车、客车及挂车上的充气轮胎。

(2)按胎体结构分类,其可分为充气轮胎和实心轮胎两种。现代汽车绝大多数采用充气轮胎,而实心轮胎目前仅应用在沥青、混凝土路面的干线道路上行驶的低速汽车或重型挂车上。

(3)按有无内胎分类,其可分为有内胎轮胎和无内胎轮胎两种。目前轿车上普遍采用无内胎轮胎。

(4)按胎内工作压力大小分类,其可分为高压胎、低压胎和超低压胎。工作压力为 0.5～0.7 MPa 的轮胎为高压胎,工作压力为 0.15～0.5 MPa 的轮胎为低压胎,工作压力低于 0.15 MPa 的轮胎为超低压胎。高压胎滚动阻力小、油耗低,但与路面附着能力低、缓冲性能差,因此很少使用。低压胎弹性好、断面宽,与道路接触面大,壁薄且散热性好,可以提高汽车行驶的平顺性、转向操纵的稳定性。目前,轿车和货车几乎全都采用低压胎。超低压胎的断面宽度比低压胎的宽,其与道路的接触面积也比低压胎的大,所以超低压胎在松软路面上的通过能力比较好,非常适合于泥泞路、雪地、沙漠等地带使用,多用于越野汽车及部分高级轿车。

(5)按胎面花纹的不同分类,其可以分为普通花纹轮胎、混合花纹轮胎和越野花纹轮胎。

(6)按胎体中帘线排列方向的不同分类,其又可以分为普通斜交胎、带束斜交胎和子午线胎。

2.3.2 轮胎的组成

1)有内胎轮胎

有内胎轮胎主要由外胎、内胎和垫带组成,通常安装在车轮可拆卸轮辋上,如图 5-24 所示。

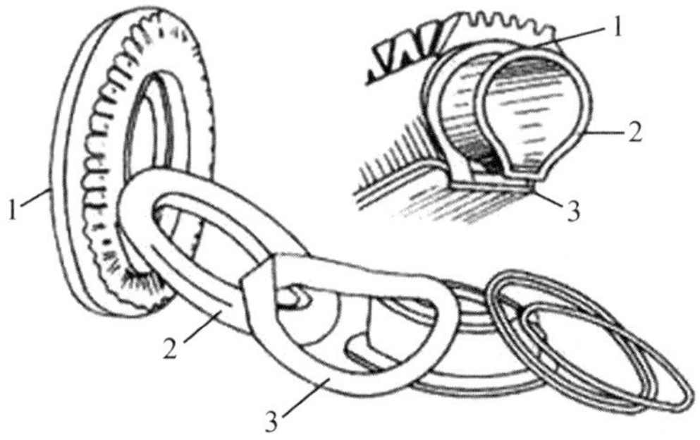

1-外胎;2-内胎;3-垫带

图 5-24 有内胎轮胎的组成

(1)外胎。外胎是轮胎的框架,由胎面、帘布层、缓冲层、胎圈组成,如图 5-25 所示,具有足够的刚性阻止高压空气外泄又具有足够的弹性吸收载荷的变化和冲击。

①胎面。胎面的外部是橡胶层,用来保护胎体免受路面磨损,并与路面直接接触,产生摩擦阻力、驱动力和制动力,由胎冠、胎侧、胎肩组成。为增加轮胎的附着力,避免轮胎纵、横向打滑,保持良好的排水性能,胎冠制有各种花纹。胎肩是较厚的胎冠与较薄的胎侧间的过渡部分,一般也制有花纹,以利散热。胎侧是贴在帘布层侧壁的薄橡胶层,它用以保护帘布层避免受机械损伤和潮湿。

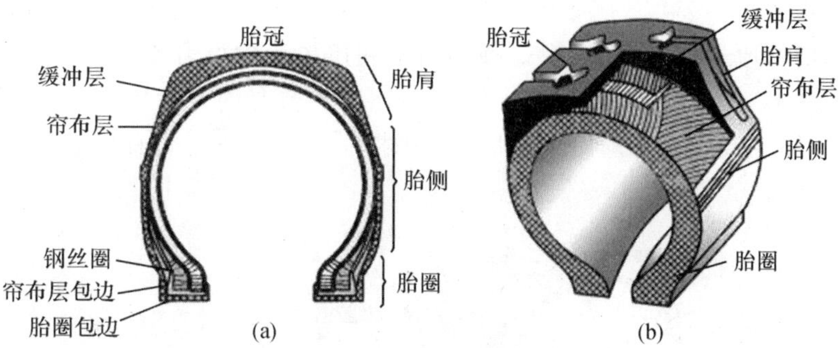

图 5-25　外胎的结构

②帘布层。帘布层是外胎的骨架，主要材料有棉线、人造丝、尼龙、聚酯纤维和钢丝等。为了保持外胎的形状和尺寸，使其具有足够的强度，帘布层由成双数的多层帘布用橡胶贴合而成，相邻的帘线交叉排列。

普通斜交轮胎的帘布层和缓冲层各相邻层帘线交叉排列，各帘布层与胎冠中心线成35°～40°的交角，如图 5-26(a)所示，因而叫斜交轮胎。

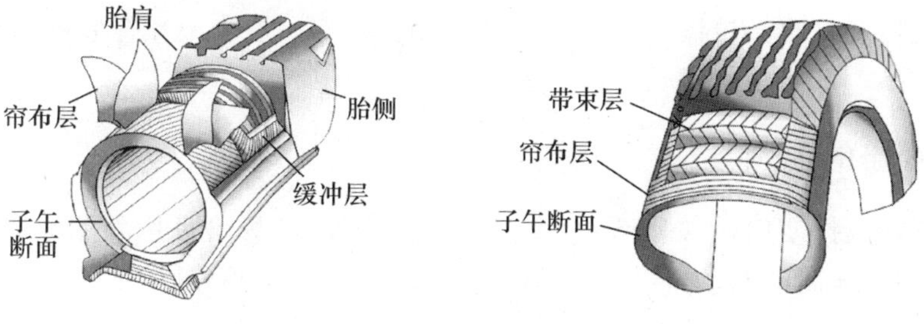

(a) 普通斜交轮胎　　(b) 子午线轮胎

图 5-26　普通斜交轮胎与子午线轮胎在帘线排列上的比较

子午线轮胎的帘布层帘线与胎面中心线的夹角接近 90°，如图 5-26(b)所示，并从一侧胎边穿过胎面到另一侧胎边，帘线在轮胎上的分布好像地球的子午线。帘线强度得到充分利用，它的帘布层数小于普通斜交轮胎帘布层数，使轮胎质量可以减轻，胎体较柔软。在直线行驶和转弯时，子午线轮胎与地面接触面积更大。另外，这种轮胎牵引性更好、滚动阻力较小、发热量小、使用寿命长和燃油消耗少。另外，新型子午线轮胎的帘线采用特殊材料，可以提高舒适性和操纵性。

③缓冲层。缓冲层是夹在胎体与胎面之间的纤维层，用来增强胎体与胎面的附着力，同时减弱路面传至胎体的振动。

④胎圈。胎圈是由轮胎固定边缘上各层侧面缠绕的坚固钢丝组成的，主要防止施加在轮胎上的各种作用力扯开轮辋。轮胎内的加压空气迫使轮胎边缘胀紧在轮辋边沿，使其牢固定位。

(2)内胎。内胎是装入外胎内部的一个环形橡胶管，外表面很光滑，上面装有气门嘴，以便充入或排出空气，其尺寸应稍小于外胎的内壁尺寸。

(3)垫带。垫带是一个环形橡胶带，它垫在内胎和轮辋之间，保护内胎不被轮辋和胎圈磨损，并防止尘土及水汽浸入胎内。

2)无内胎轮胎

无内胎轮胎俗称原子胎或真空胎，这种轮胎是利用轮胎内壁和胎圈的气密层保证轮胎与轮辋间良好的气密性，外胎兼起内胎的作用。在外观上与有内胎轮胎相似，但没有内胎和垫带，充入轮胎的气体直接压入无内胎的轮胎中，要求轮胎与轮辋之间有良好的密封性，其结构如图 5-27 所示。

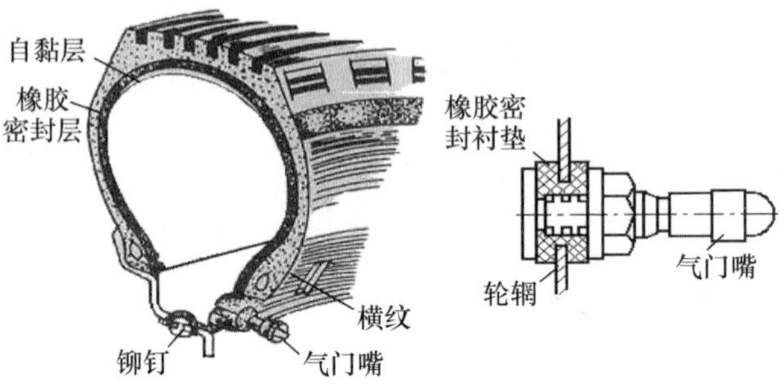

图 5-27　无内胎轮胎

无内胎轮胎的外胎内壁上附加了一层厚为 2～3 mm 的专门用来封气的橡胶密封层，它是用硫化的方法黏附上去的，密封层正对着的胎面下面，贴着一层未硫化橡胶的特殊混合物制成的自黏层。

2.3.3　轮胎规格的识别

轮胎的规格是根据使用要求和尺寸大小确定的。轮胎的规格可用外胎直径 D、轮辋直径 d、断面宽度 B 和断面高度 H 的名义尺寸代号表示，如图 5-28 所示。

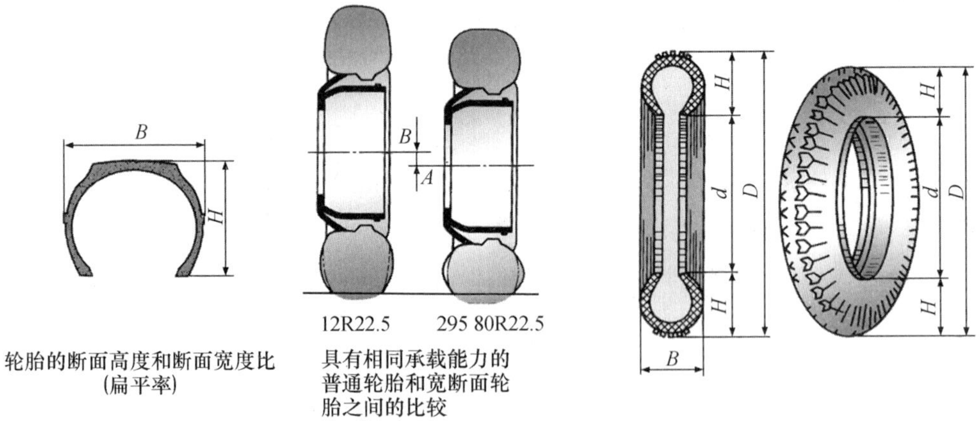

图 5-28　轮胎的尺寸参数

1)斜交轮胎规格

我国采用国际标准，低压斜交轮胎的规格用 $B—d$ 表示，高压胎一般用 $D\times B$ 表示。载货汽车斜交轮胎和轿车斜交轮胎的尺寸 B 和 d 均用英制单位，B 是轮胎名义断面宽度代号，d 是轮辋名义直径代号。

2)子午线轮胎规格

国产子午线轮胎规格用 BRd 表示,其中 R 代表子午线轮胎。国产轿车子午线轮胎断面宽度 B 的单位已全部改用 mm,载货汽车轮胎断面宽度 B 的单位有 in 和 mm 两种;而轮辋直径 d 的单位仍用 in。

随着轮胎的扁平化,仅用断面宽度 B 和轮辋直径 d 已不能完全表示轮胎的规格。即在断面宽度 B 相同的情况下,断面高度 H 随不同扁平率而变化。轮胎按其扁平率(高宽比)划分系列,目前国产轿车子午线轮胎有 80、75、70、65、60 五个系列,数字分别表示断面高度 H 是断面宽度 B 的 80%、75%、70%、65%和 60%。显然,数字越小,胎越矮,即轮胎越扁平。子午线轮胎规格示例如图 5-29 所示。

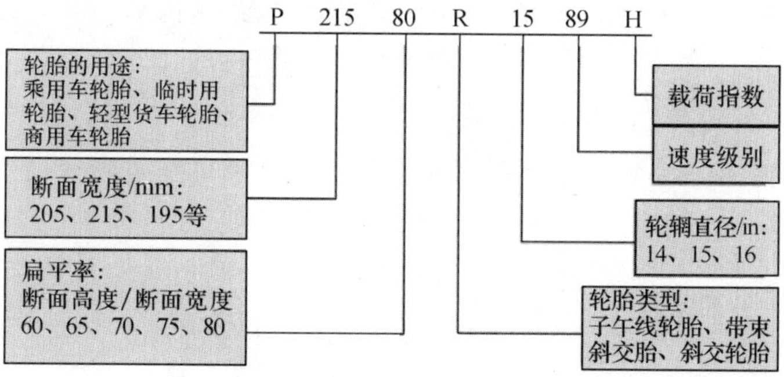

图 5-29 子午线轮胎规格

3)轮胎的速度等级

汽车性能的提高,要求轮胎的速度性能和汽车的最高速度相匹配。为此,需要表明轮胎的速度等级,见表 5-1。该表规定的速度等级代号既适用于轿车轮胎,也适用于货车轮胎,但是含义不完全相同。对于轿车轮胎(P 到 S 级),表 5-1 中速度是指不许超过的最高速度;对于货车轮胎(F 到 N 级),表 5-1 中速度是指随负荷降低可以超过的参考速度。

表 5-1 常见的速度等级及对应的最高车速

速度等级	速度/(km/h)	速度等级	速度/(km/h)	速度等级	速度/(km/h)
A1	5	C	60	N	140
A2	10	D	65	P	150
A3	15	E	70	Q	160
A4	20	F	80	R	170
A5	25	G	90	S	180
A6	30	J	100	T	190
A7	35	K	110	U	200
A8	40	L	120	H	210
B	50	M	130	V	240

4)轮胎的负荷能力

轮胎的负荷能力是指在一定行驶速度和相应充气压力时的最大载荷质量。它的表示方法如下：

(1)以“负荷指数”表示。这是目前国际上子午线轮胎普遍采用的表示方法，以阿拉伯数字标记在轮胎侧面。例如，在轮胎胎侧上标为900R20140137，表示单胎负荷指数为140，相当于载荷质量为2 500 kg，双胎负荷指数为137，相当于载荷质量为2 300 kg。“负荷指数”直接代表载荷质量，可以在轮胎上同时标明单胎和双胎的“负荷指数”。

(2)以“层级(PR)”表示。这是最早的表示方法。轮胎上表示的层级并不代表实际的帘线层数，只代表近似于棉帘线载荷质量的层数。例如，9.00—20—14层级全钢丝子午线轮胎，实际胎体钢丝帘线只有一层，但它的载荷质量却相当于14层棉帘线9.00—20斜交轮胎。

2.4 车轮和轮胎的维护

车轮和轮胎的维护应结合车辆的维护强制执行。车轮与轮胎的维护以轮胎的维护为重，轮胎维护的分级和周期与车辆维护相同。

2.4.1 轮胎的日常维护

1)出车前检视

(1)用气压表检查轮胎气压是否符合规定，气门嘴是否漏气，气门帽是否齐全，气门嘴是否碰擦制动鼓。

(2)检查轮胎螺母是否紧固，翼子板、挡泥板、货箱等有无碰擦轮胎现象。如有这些不良现象，应设法消除。

(3)检查随车工具，如撬胎棒、千斤顶、轮胎螺母套筒扳手、气压表、手锤、挖石子钩等是否齐全。

2)行驶中检视

(1)行驶途中的检视应结合中途停车、装卸等各种机会进行。应选择清洁、平坦、阴凉和不影响其他车辆通过的场所作为停车地点。

(2)检查轮胎螺母有无松动，翼子板、挡泥板、货箱等有无碰擦轮胎现象。如有这些不良现象，应设法消除。

(3)及时发现并挖出轮胎夹石和花纹中的石子及杂物。

(4)检查轮胎气压，触试轮胎温度。

(5)检查轮胎胎面、胎侧及轮辋有无不正常的磨损和损伤。

3)收车后检视

(1)停车场地应干燥清洁、无油污，严寒地区应扫除停车场的冰雪，以免轮胎与地面冻结。

(2)停车后应注意检查轮胎有无漏气现象，并查找漏气原因，予以排除。

(3)检查花纹并挖出轮胎夹石和花纹中的石子、杂物。

(4)检查轮胎螺母有无松动，备胎架装置是否牢固，并检查车辆机件有无碰擦轮胎的现象。

(5)途中换用备胎，收车后应将损坏的轮胎及时送修。如发现车辆技术状况不正常，造成轮胎不正常磨损和机械损伤，应及时查明原因，并予以排除。

2.4.2 轮胎的换位

正常驾驶状态下，可根据行驶里程数对各个轮胎进行换位，就能够实现更均匀的磨损，使轮胎寿命延长。通常每行驶 8 000～10 000 km 之后进行一次轮胎换位。对过度磨损或者不均匀磨损的轮胎进行换位，并不能消除产生这种状态的根源，只是把轮胎的不正常磨损量分散了。轮胎换位有平行换位和交叉换位两种，如图 5-30 所示。

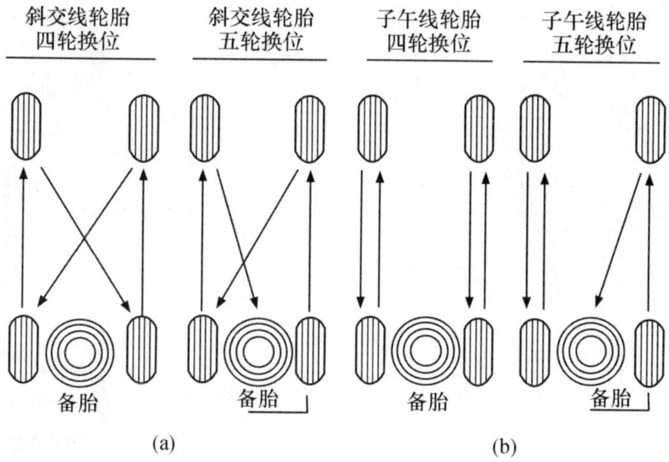

图 5-30 轮胎换位

轮胎换位中应该注意的问题：

(1)养成每个月检查轮胎磨损情况的好习惯，一旦发现轮胎偏磨严重，应及时对轮胎进行换位。

(2)通常车辆前、后轮轮胎的气压是不同的，在换位后应按轮胎所在位置调整轮胎胎压。

(3)五轮换位时，除了将左前/左后位置的两轮胎互相对调之外，还应将备胎移至右前位置、右前位置的轮胎移至右后位置、右后位置替换下来的轮胎则成为备胎。

(4)单导向(有方向性花纹)轮胎的调位方法要特别注意。

(5)如果发现过早磨损、不规则磨损的迹象，除做四轮定位外，还应适当提高轮胎换位频率。

2.4.3 轮胎动平衡

为了控制和改善车轮的平衡状况，保证车辆行驶的平顺性、安全性与经济性，必须进行车轮动平衡的检测。现在应用广泛的车轮动平衡机的显示与控制装置为电脑控制的，具有自动诊断和自动调校系统，能将传感器送来的电信号通过电脑计算、分析、判断后显示出不平衡量及其位置，如图 5-31 所示。

车轮动平衡机的平衡块也称为配重，通常有卡夹式配重和粘贴式配重两种类型。

1)车轮动平衡的检测

车轮动平衡的检测步骤如下：

(1)清除被测车轮上的泥土、石子和旧平衡块。

(2)检查轮胎气压,根据需要充至规定值。

(3)根据轮辋中心孔的大小选择锥体,仔细装上车轮,用大螺距螺母紧固。

(4)打开电源开关,检查显示与控制装置的面板是否指示正确。

(5)用卡尺测量轮辋宽度 b、轮辋直径 d(也可由轮胎侧面读出),用动平衡机上的标尺测量轮辋边缘至机箱距离 a,如图 5-32 所示。再用键入或选择器旋钮对准测量值的方法,将 a、b、d 值输入显示与控制装置中。

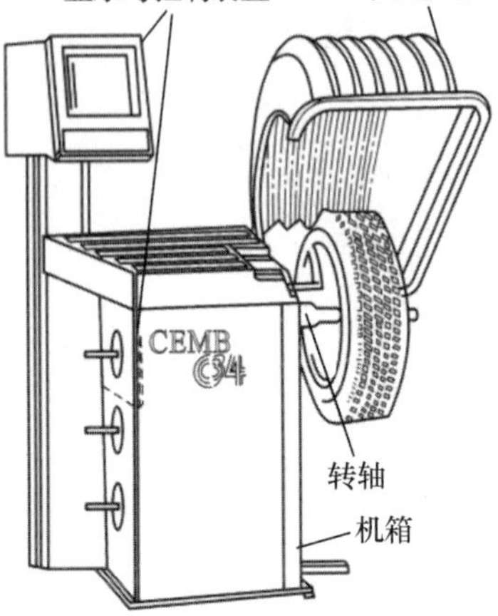

图 5-31 车轮动平衡机

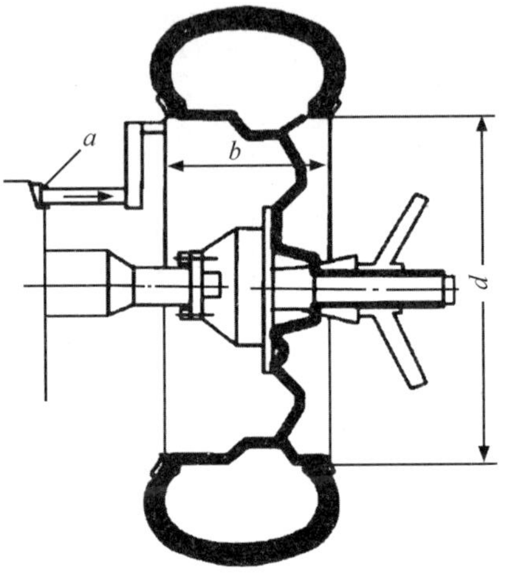

a-轮辋边缘至机箱距离;b-轮辋宽度;d-轮辋直径

图 5-32 车轮在平衡机上的安装

(6)放下车轮的防护罩,按下启动键,车轮旋转,动平衡测试开始,微机自动采集数据。

(7)车轮自动停转或听到"嘀"声按下停止键并操纵制动装置使车轮停转后,从显示与控制装置读取车轮内、外两侧不平衡量和不平衡位置。

(8)抬起车轮防护罩,用手慢慢转动车轮。

(9)安装平衡块后有可能产生新的不平衡,应重新进行动平衡试验,直至不平衡量低于 5 g,显示与控制装置显示"00"或"OK"时才符合要求。

(10)测试结束,关闭电源开关。

2)车轮不平衡的主要原因分析

(1)轮毂、制动鼓(盘)加工时轴心定位不准、加工误差大、非加工面铸造误差大、热处理变形、使用中变形或磨损不均。

(2)轮胎螺栓质量不等,轮辋质量分布不均或径向圆跳动、端面圆跳动太大。

(3)轮胎质量分布不均、尺寸或形状误差太大,使用中变形或磨损不均,使用翻新胎或补胎。

(4)并装双胎的充气嘴未相隔 180°安装,单胎的充气嘴未与不平衡点标记(经过动平衡试验的新轮胎,往往在胎侧标有红、黄、白或浅蓝色的□、◇、○符号,用来表示不平衡点位置)相隔 180°安装。

(5)轮毂、制动鼓(盘)、轮胎螺栓、轮辋、内胎、衬带、轮胎等拆卸后重新组装成车轮时,累积的不平衡质量或形位误差太大,破坏了原来的平衡。

3　任务实施

3.1　车轮的拆卸

(1)停放好车辆,拉紧驻车制动,用挡块固定车轮。

(2)取下车轮的装饰罩,用车轮螺母拆装机或套筒扳手初步拧松各轮胎的固定螺栓或螺母。注意:拆卸时注意要对角拆卸。

(3)用千斤顶顶起车辆,使车轮稍离地面。

(4)拧下固定车轮的所有螺母,取下并摆放整齐。

(5)左右晃动车轮,并往外拉车轮,将其从车轴上取下。

3.2　轮胎的更换

1)轮胎的拆卸

(1)拆下气门芯,放净轮胎内空气,将旧的平衡块去除。

(2)使用拆胎机压下轮胎正反面,使之与轮圈分离,要注意,不要压到气嘴。

(3)将轮胎放置在拆胎机转盘上并平整有效地固定好轮胎。

(4)调整好拆胎机拆装臂,用撬棒撬出轮胎弹性胎圈。

(5)踩下拆胎机旋转踏板,转动拆胎机转盘并小心不要刮伤轮胎及钢圈,轮胎反面拆装同步骤(4)、(5)。

2)轮胎的装配

(1)在新轮胎正反面涂上润滑脂,然后将轮胎斜放在钢圈中,注意轮胎有日期面朝上。

(2)调整好拆胎机拆装臂,摆正轮胎,并注意气门嘴位置。

(3)踩下拆胎机旋转踏板,转动拆胎机转盘,先装轮胎反面,再安装轮胎正面。

(4)装好气门芯,并将轮胎充气压力调整到正常压力。

(5)从拆胎机上取下轮胎并安装气门芯帽进行轮胎充气。

轮胎更换后需要进行动平衡检测与校正。

任务4　更换悬架弹簧与减振器

1　任务引入

悬架是汽车的一个重要总成,其关系到汽车的舒适性、操纵稳定性等多种使用性能。如果汽车悬架出现故障,会导致汽车行驶平顺性不良、行驶跑偏、轮胎异常磨损等故障。本任务是掌握汽车悬架结构与工作原理,能正确进行悬架弹簧与减振器更换。

2　相关知识

2.1　悬架的作用与组成

悬架是汽车车架与车桥之间所有传力连接装置的总称。悬架的作用是把车桥和车架弹性地连接起来，并用它来吸收和缓和行驶中因路面不平引起的车轮跳动而传给车架的冲击和振动；保持车架和车轮之间正确的运动关系，从而保证汽车的行驶平顺性和操纵稳定性；传递路面作用于车轮的支持力、驱动力、制动力和侧向力及其产生的力矩。

汽车悬架一般由弹性元件、减振器和导向机构（横向稳定杆、摆臂、纵向推力杆等）3 部分组成，如图 5-33 所示。

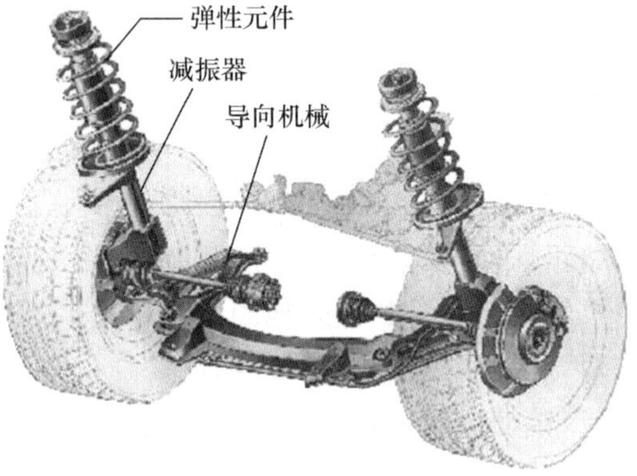

图 5-33　典型的汽车前悬架组成

2.1.1　弹性元件

弹性元件的作用是使车架（或车身）与车桥（或车轮）之间成为弹性连接和弹性的充气轮胎一起缓和不平路面对车辆的冲击，提高乘员的舒适性，避免货物损伤，延长汽车使用寿命。

1）钢板弹簧

钢板弹簧是由若干片等宽但不等长的合金弹簧片组合而成的一根近似等强度的弹性梁，多数情况下由多片弹簧组成，如图 5-34 所示。多片式钢板弹簧可以同时起到缓冲、减振、导向和传力的作用，用于货车后悬架时可以不装减振器。

一些轻型货车和客车采用由单片或 2～3 片变厚度断面的弹簧片构成的少片变截面钢板弹簧，其弹簧片的断面尺寸沿长度方向是变化的，片宽保持不变，它可以实现汽车的轻量化。

2）螺旋弹簧

螺旋弹簧广泛应用于独立悬架，有些轿车的后轮非独立悬架也采用螺旋弹簧做弹性元件。螺旋弹簧用弹簧钢棒料卷制而成，可以制成圆柱形或圆锥形，也可以制成等螺距或不等螺距，如图 5-35 所示。螺旋弹簧的特点是没有减振和导向功能，只能承受垂直载荷。在螺旋弹簧悬架中必须另装减振器和导向机构，前者起减振作用，后者用以传递垂直力以外的各种力和力矩，并起导向作用。

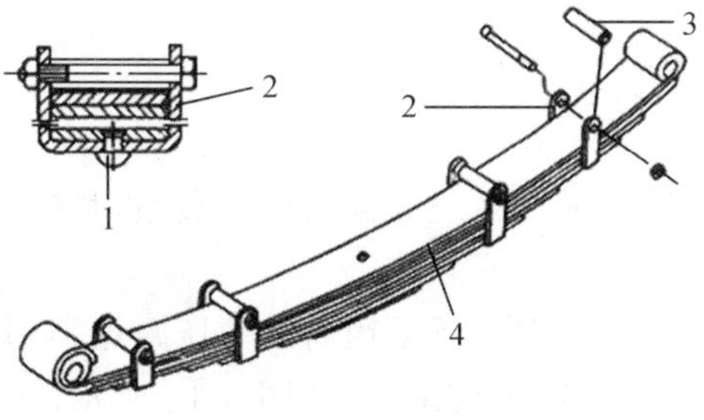

1-铆钉;2-弹簧夹;3-套管;4-钢板弹簧

图 5-34　钢板弹簧

图 5-35　螺旋弹簧

3)扭杆弹簧

扭杆弹簧是一根由铬钒弹簧钢制成的扭杆,如图 5-36 所示。扭杆一端固定在车架上,另一端固定在悬架的摆臂上,摆臂则与车轮相连。当车轮跳动时,摆臂便绕着扭杆轴线而摆动,使扭杆产生扭转导致弹性变形,以保证车轮与车架的弹性连接。

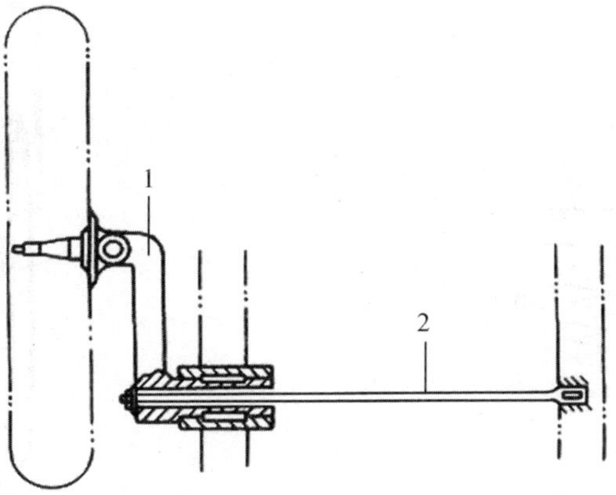

1-摆臂;2-扭杆弹簧

图 5-36　扭杆弹簧

4)气体弹簧

气体弹簧主要有空气弹簧和油气弹簧。气体弹簧以空气为弹性介质,即在一个密闭的容器内装入压缩空气(气压为 0.5～1 MPa),利用气体的可压缩性实现弹簧的作用,如图 5-37 所示。油气弹簧一般以惰性气体氮为弹性介质,用油液作为传力介质,由气体弹簧和相当于减振器的液压缸组成。图 5-38 所示为油气弹簧示意图。

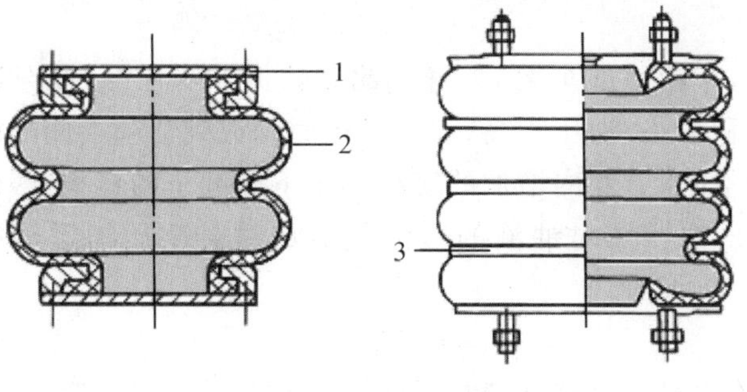

1-盖板;2-空气囊;3-腰环

图 5-37　气体弹簧

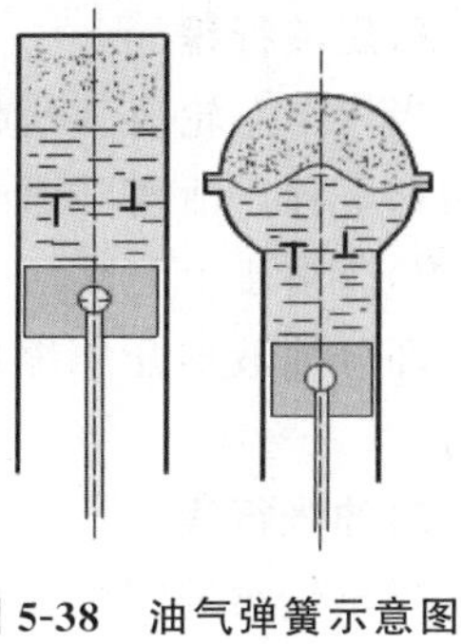

图 5-38　油气弹簧示意图

2.1.2 减振器

弹性系统受到冲击会产生振动,持续的振动容易使乘员感到不舒适或疲劳。为了尽快使弹性系统的振动迅速衰减,悬架还安装有减振器,如图 5-39 所示。

汽车减振器有液力式、充气式和阻力可调式几种。目前汽车广泛采用筒式液压减振器,并在压缩和伸张两个行程内均能起减振作用,故称为双向作用筒式减振器,如图 5-40 所示。它一般具有 4 个阀,即压缩阀、伸张阀、流通阀和补偿阀。流通阀和补偿阀是一般的单向阀,其弹簧很弱,当阀上的油压作用力与弹簧力同向时,阀处于关闭状态;当油压作用力与弹簧力反向时,只要有很小的油压,阀便能开启。压缩阀和伸张阀是卸载阀,其弹簧较强,预紧力较大,只有当油压升高到一定程度时,阀才能开启。

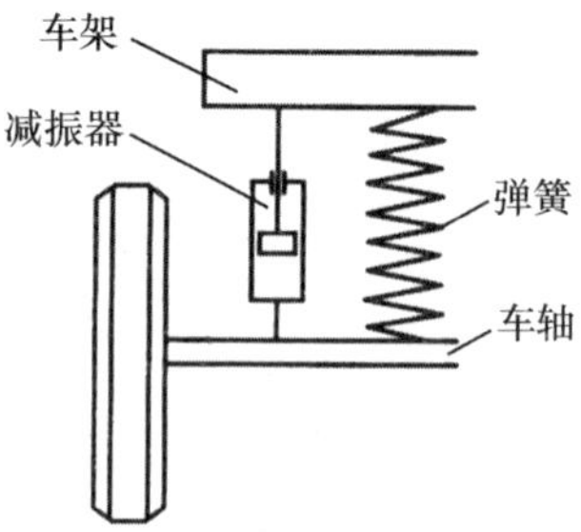

图 5-39 减振器和弹性元件安装示意图

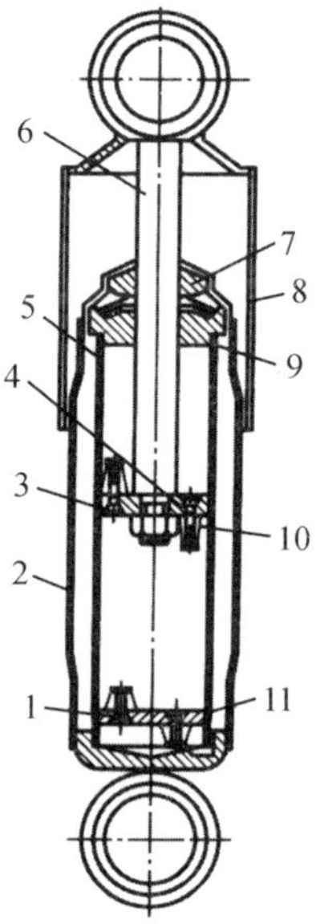

1-压缩阀;2-储油缸筒;3-伸张阀;4-活塞;5-工作缸筒;6-活塞杆;7-油封;8-防尘罩;9-导向座;10-流通阀;11-补偿阀

图 5-40 双向作用筒式减振器

双向作用筒式减振器的工作原理如下:

1)压缩行程

当汽车车轮滚上凸起和滚出凹坑时,车轮移近车架(车身),此时减振器受压缩,此时减振器活塞下移。活塞下面的腔室(下腔)容积减小,油压升高,油液经流通阀流到活塞上面的腔室(上腔)。由于上腔被活塞杆占去一部分空间,上腔内增加的容积小于下腔减小的容积,因此还有一部分油液推开压缩阀,流回储油缸。这些阀对油液的节流便造成对悬架压缩运动的阻尼力。

2)伸张行程

当车轮滚进凹坑或滚离凸起时,车轮相对车身移开,减振器受拉伸,此时减振器活塞上移。活塞上腔油压升高,流通阀关闭。上腔内的油液便推开伸张阀流入下腔。同样,由于活塞杆的存在，自上腔流来的油液还不足以充满下腔所增加的容积，下腔内产生一定的真空度，这时储油缸中的油液便推开补偿阀流入下腔进行补充。这些阀的节流作用造成对悬架伸张运动的阻尼力。

2.1.3 导向机构

独立悬架上的弹性元件，大多只能传递垂直载荷而不能传递纵向力和横向力，必须另设导向机构，以承受车轮传递过来的纵向力、力矩及侧向力。悬架导向机构决定着车轮定位参数及其动态性能，如图 5-41 所示。

横向稳定杆是为了增强汽车的横向刚度、防止车身在转弯等行驶情况下发生过大倾斜的辅助弹性元件。其安装位置如图 5-42 所示。

图 5-41 导向机构

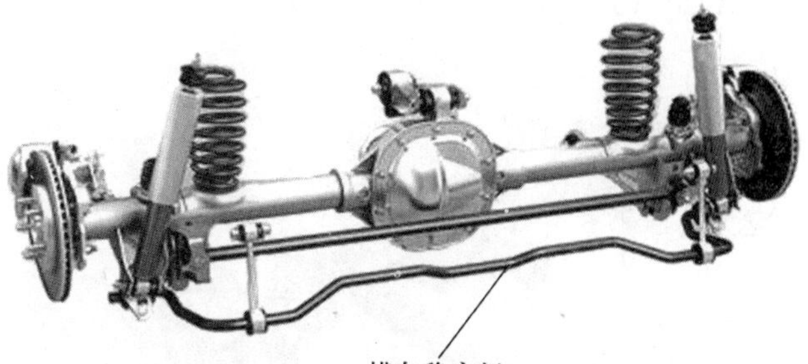

图 5-42 横向稳定杆的安装位置

2.2 悬架的分类

根据悬架结构的不同，汽车悬架可分为非独立悬架和独立悬架，如图 5-43 所示。

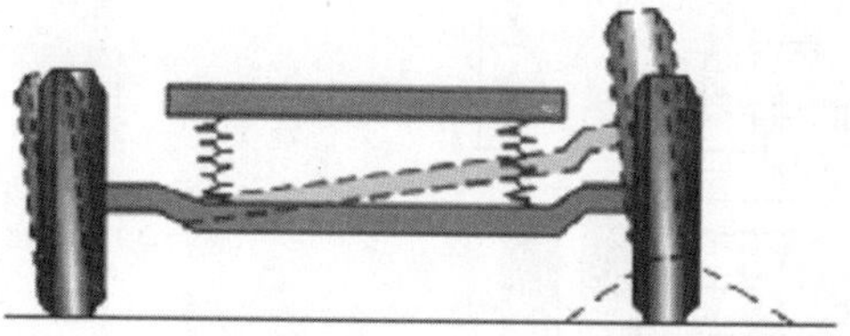

(a) 非独立悬架

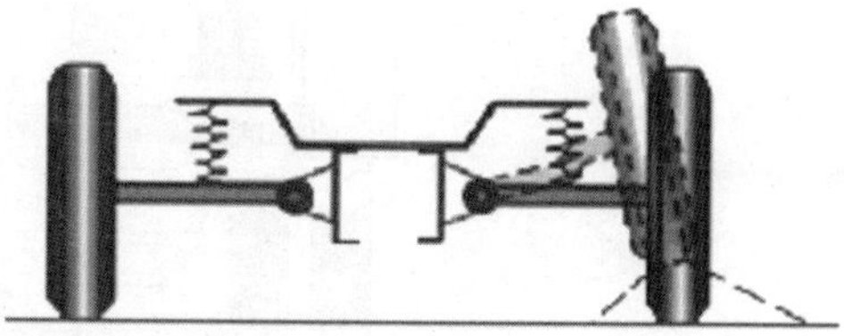

(b) 独立悬架

图 5-43 非独立悬架与独立悬架示意图

非独立悬架是左右两侧的车轮装在一个整体式车桥上，车轮连同车桥一起通过悬架与车架相连接，当一侧车轮因路面不平相对于车架的位置发生变化时，另一侧车轮的位置也随之发生变化。这样，自然不会得到较好的操纵稳定性及舒适性，同时由于左右两侧车轮的互相影响，也容易影响车身的稳定性，在转向的时候较易发生侧翻。

独立悬架是两侧车轮各自独立地通过悬架与车架相连接，其配备的车桥都是断开式的，每个车轮都能独立上下运动。因此，从使用过程来看，当一侧车轮受到冲击、振动后可通过弹性元件自身吸收冲击力，这种冲击力不会波及另一侧车轮厂家可在车型的设计之初通过适当地调校使汽车在乘坐舒适性、稳定性、操纵稳定性3方面取得合理的配置。

按照控制方式的不同,汽车悬架可分为被动悬架和主动悬架。传统的机械控制属于被动控制,即汽车的状态只能被动地取决于路面,行驶状况,汽车的弹性元件、减振器和导向机构等机械部件。主动控制采用电子控制技术,它能根据路面和行驶状况自动调节悬架刚度和阻尼,控制汽车的振动和状态,使汽车平顺行驶。

2.2.1 非独立悬架

非独立悬架因其结构简单,工作可靠,被广泛应用于货车的前、后悬架。国产微型车及微型客货车后桥基本采用钢板弹簧式非独立悬架。现代轿车中,很少采用或仅后悬架采用非独立悬架。按所采用的弹性元件不同,非独立悬架分钢板弹簧式(图5-44)、螺旋弹簧式(图5-45)和空气弹簧式(图5-46)。

图5-44 钢板弹簧式非独立悬架

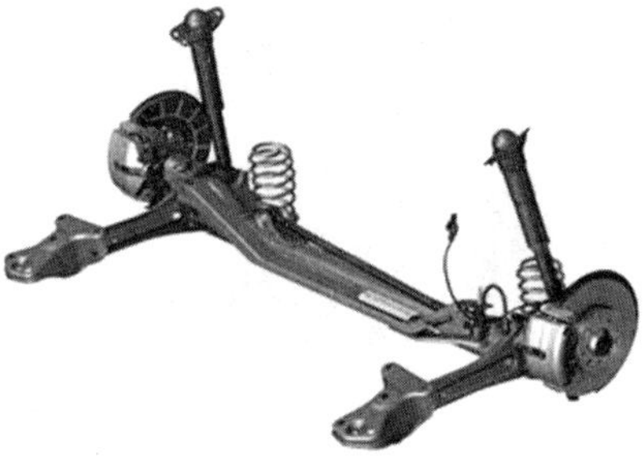

图5-45 螺旋弹簧式非独立悬架

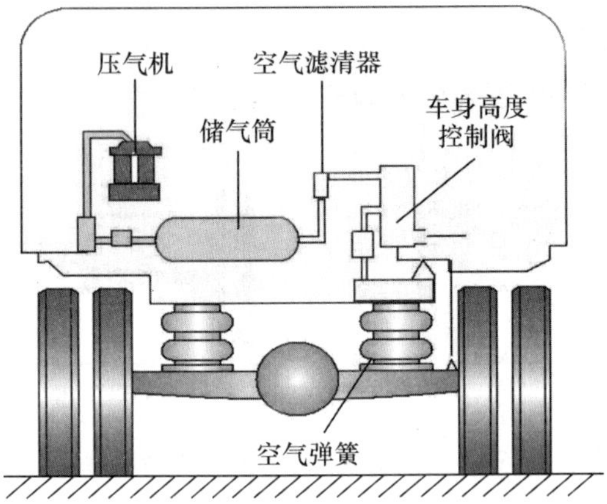

图5-46 空气弹簧式非独立悬架

2.2.2 独立悬架

按车轮运动形式不同,独立悬架可以分成4种类型,如图5-47所示。

横臂式独立悬架为车轮在汽车横向平面内摆动的悬架,如图5-47(a)所示;纵臂式独立悬架为车轮在汽车纵向平面内摆动的悬架,如图5-47(b)所示;车轮沿主销移动的独立悬架,包括烛式独立悬架和麦弗逊式独立悬架,分别如图5-47(c)、(d)所示。

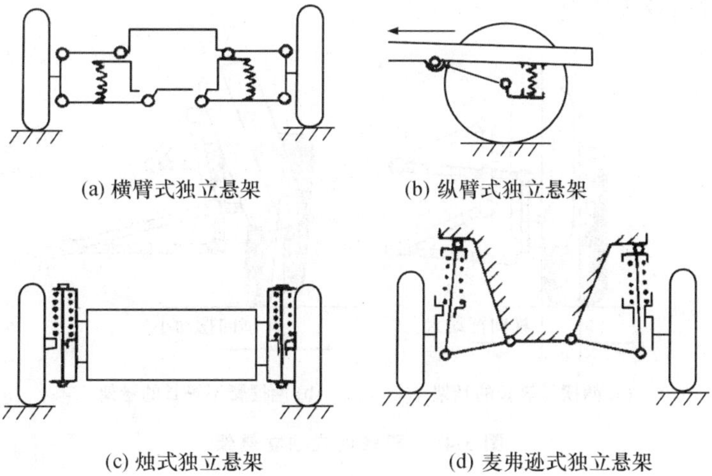

(a) 横臂式独立悬架　(b) 纵臂式独立悬架

(c) 烛式独立悬架　(d) 麦弗逊式独立悬架

图 5-47　独立悬架的分类

1)横臂式独立悬架

横臂式独立悬架可分为单横臂式和双横臂式。

(1)单横臂式独立悬架。单横臂式独立悬架的特点是当悬架变形时,车轮平面将产生倾斜而改变两侧车轮与路面接触点间的距离——轮距,致使轮胎相对于地面侧向滑移,破坏轮胎和地面的附着。如图 5-48 所示。

此外,这种悬架用于转向轮时,会使主销内倾角和车轮外倾角发生较大的变化,对于转向操纵有一定的影响,故目前在前悬架中很少采用。但是,由于结构简单、紧凑、布置方便等原因在车速不太高的重型越野汽车上也有采用。

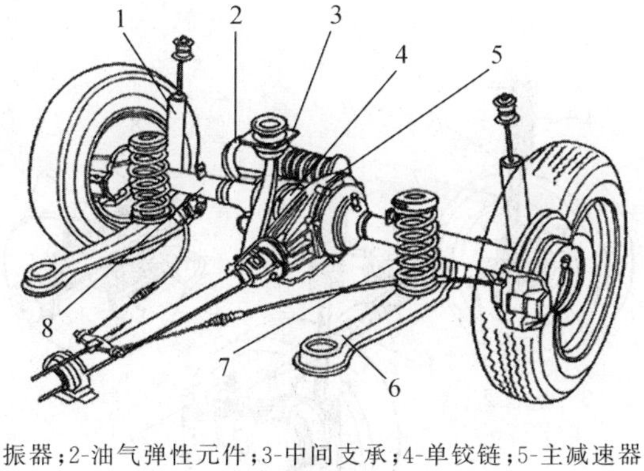

1-减振器;2-油气弹性元件;3-中间支承;4-单铰链;5-主减速器壳;
6-纵向推力杆;7-螺旋弹簧;8-半轴套管

图 5-48　单横臂式独立悬架

(2)双横臂式独立悬架。等长双横臂式独立悬架[图 5-49(a)]中,当车轮上下跳动时,车轮平面没有倾斜,但轮距却发生了较大的变化,这将增加车轮侧向滑移的可能性。不等长双横臂式独立悬架[图 5-49(b)]中,如两臂长度选择适当,可以使车轮和主销的角度以及轮距的变化都不太大,不大的轮距变化在轮胎较软时可以由轮胎变形来适应。目前轿车的轮胎可容许轮距的改变在每个车轮上达到 4~5 mm 而不致沿路面滑移。因此,不等长的双横臂式独立悬架在轿车前轮上的应用较为广泛。

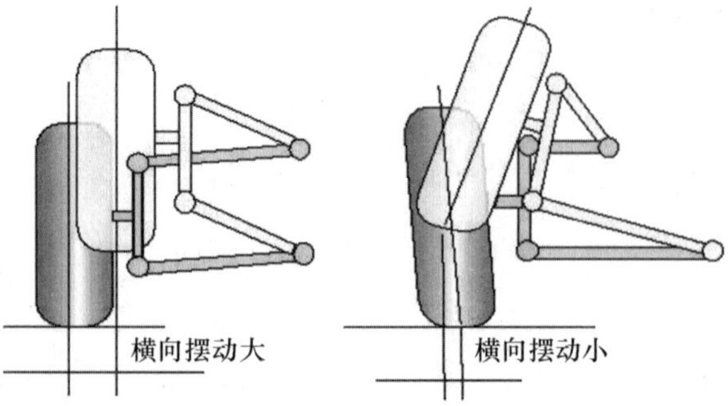

(a) 两摆臂等长的悬架　　(b) 两摆臂不等长的悬架

图 5-49　双横臂式独立悬架

2)纵臂式独立悬架

纵臂式独立悬架也可分为单纵臂式和双纵臂式。

(1)单纵臂式独立悬架。如果转向轮采用单纵臂式独立悬架,车轮上下跳动将使主销后倾角产生很大变化。因此,单纵臂式独立悬架一般多用于不转向的后轮。

图 5-50 所示为纵臂扭转梁式独立悬架,桑塔纳和捷达轿车采用此结构。它有一根整体的 V 形断面横梁,在其两端焊接着变截面的管状纵臂,从而形成了一个整体构架——后轴体。纵臂前端通过橡胶-金属支承与车身做铰接式连接。纵臂后端与轮毂、减振器相连。汽车行驶时,车轮连同后轴体相对车身以橡胶-金属支承为支点做上下摆动,相当于单纵臂式独立悬架。当两侧悬架变形不等时,后轴体的 V 形断面横梁发生扭转变形,由于该横梁有较大的弹性,可起横向稳定器的作用。它不像普通带有整体轴的非独立悬架那样,一侧车轮的跳动会直接影响另一侧车轮。

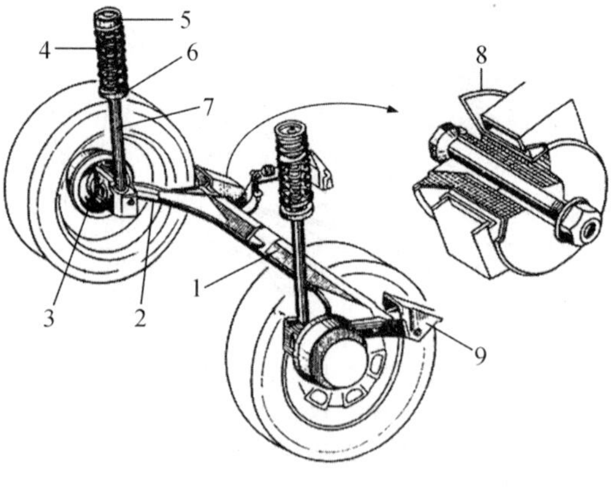

1-后轴体;2-纵臂;3-轮毂;4-弹簧上座;5-弹簧下座;6-减振器;7-橡胶-金属支承组件;8-后轮体支架

图 5-50　纵臂扭转梁式独立悬架

(2)双纵臂式独立悬架。这种悬架的两个纵臂长度一般做成相等,形成平行四连杆机构。这样可使车轮上下运动时,车轮外倾角、轮距和主销后倾角都不变,因而这种形式的悬架适用于转向轮。双纵臂扭杆弹簧式独立悬架如图 5-51 所示。

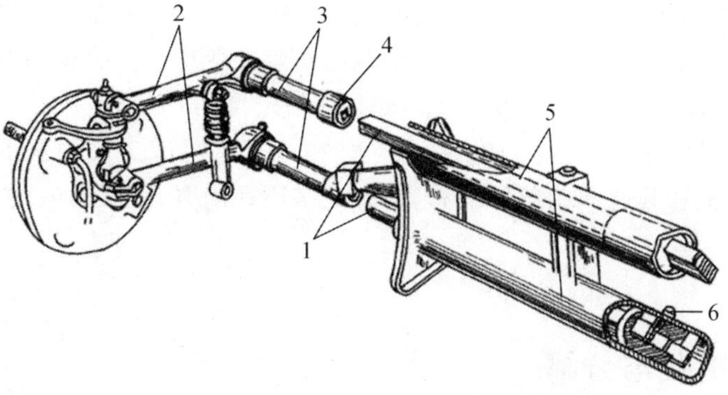

1-扭杆弹簧;2-纵臂;3-纵臂轴;4-衬套;5-横梁;6-螺钉

图 5-51 双纵臂扭杆弹簧式独立悬架

3)车轮沿主销移动的独立悬架

车轮沿主销移动的独立悬架可以分为两种形式:一种是车轮沿固定不动的主销移动的烛式独立悬架;另一种是车轮沿摆动的主销轴线移动的麦弗逊式独立悬架。

(1)烛式独立悬架。图 5-52 所示为烛式独立悬架。其优点是:当悬架变形时,主销的定位角不会发生变化,仅轮距、轴距稍有改变;有利于汽车的转向操纵性和行驶稳定性。缺点是:侧向力全部由套筒和主销承受,二者间的摩擦阻力大,磨损严重。因此,这种结构形式目前很少采用。

(2)麦弗逊式独立悬架。如图 5-53 所示,筒式减振器的上端用螺栓和橡胶垫圈与车身连接,减振器下端固定在转向节上,而转向节通过球铰链与下摆臂连接。车轮所受的侧向力通过转向节大部分由下摆臂承受,其余部分由减振器承受。因此,这种结构形式较烛式悬架在一定程度上减少了滑动磨损。

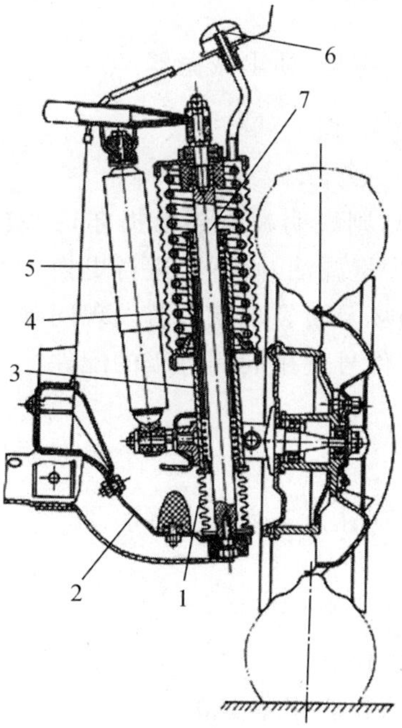

1、4-防尘罩;2-车架;3-套筒;5-通气管;6-防尘罩;7-主销

图 5-52 烛式独立悬架

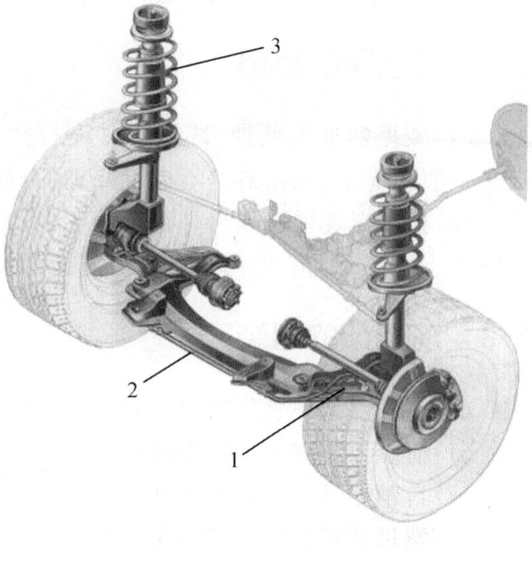

1-摆臂;2-横向稳定杆;3-减振器

图 5-53 麦弗逊式独立悬架

螺旋弹簧套在筒式减振器的外面。主销的轴线为上下铰链中心的连线。当车轮上下跳动时，因减振器的下支点随下摆臂摆动，故主销轴线的角度是变化的。这说明车轮是沿着摆动的主销轴线而运动的。因此，这种悬架在变形时，使主销的定位角和轮距都有些变化。然而，如果适当调整杆系的位置，可使车轮的这些定位参数变化极小。该悬架突出的优点是增大了两前轮内侧的空间，便于发动机和其他一些部件的布置，因此多用在前置、前驱动的轿车和微型汽车上。

3 任务实施

3.1 前悬架的拆装与分解

(1)卸下车轮装饰罩。

(2)在车轮着地的情况下拆下轮毂与传动轴的紧固螺母，拆下车轮。

(3)拆下制动钳紧固螺栓，取下制动盘，取下制动软管支架，用钢丝将制动钳总成固定在车身上，注意不要拆下和损坏制动软管。

(4)拆下减振器支柱外壳与轮毂的紧固螺栓。

(5)用顶拔器从减振器支柱外壳上拉出横拉杆接头。

(6)从下摆臂下方拆下稳定杆的螺母和传动轴与轮毂上的固定螺母。向下揿压前悬架摆臂，从车轮轴承壳内拉出传动轴。如拉不出，可用压力器压出，但不可加热轮毂，否则轮毂轴承会损坏。

(7)取下盖子，顶住减振器支柱下部，用内六角匙固定住滑柱，拆下减振器活塞杆上的螺母，螺母旋出后，减振器带弹簧总成即可从车上拆下。

(8)分解带弹簧的减振器总成，压紧弹簧，用扳手和内六角匙旋松开槽螺母和螺母盖，即可放松和取下弹簧。

(9)在台虎钳上轻轻夹住转向节臂处，拆下减振器固定螺母，抽出减振器。

3.2 前悬架的检修

(1)减振器如有漏油、减振不良或行驶中有异常响声，则说明减振器已损坏，必须进行更换。一般情况下，减振器是不进行修理的，如减振器出现少量漏油，则不必进行更换。

(2)检查螺旋弹簧弹力是否符合要求，是否有裂纹、损坏及断裂现象。若发现问题，则应予以更换。更换时，左、右两边最好一起换，并根据色标及配件号选用同样等级的配件。

3.3 前悬架的组装

前悬架的组装顺序应按拆卸的相反顺序进行，但同时应注意下列几点：

(1)前悬架总成不能用焊接和整形修理。

(2)自销螺母必须更换新件。

(3)螺母和螺栓的紧固力矩应符合规定，不能过紧或过松。

(4)轮毂轴承压入前应涂上润滑脂，两个挡圈的开口位置应相差 180°。

(5)传动轴装配时，应擦净传动轴与轮毂花键齿面的油污及密封胶，对有液压转向的，要在传动轴花键处涂宽度 5 mm 的密封剂，装好后必须在 60 min 后方可行驶。

任务 5　常见故障诊断与排除

1　任务引入

行走系常见故障有行驶跑偏,前轮摆振、轮胎异常磨损等故障。

2　相关知识

2.1　行驶跑偏

2.1.1　现象

汽车行驶时偏向一侧,驾驶员要把住转向盘或把转向盘加力于一侧,汽车才能正常行驶,否则极易偏离方向。

2.1.2　原因

(1)装用了不同规格的或磨损的轮胎,两侧轮胎大小不同;两侧轮胎气压不相等,或是一侧轮胎磨损过甚。

(2)前轮轮毂轴承调整不当,过紧或过松;两侧前轮定位角发生变化;前轴弯曲变形。

(3)前钢板弹簧断裂,钢板弹簧下陷;减振器失效。

(4)车架一侧断裂;车架变形不正。

(5)后钢板弹簧断裂、下陷;后钢板弹簧松脱。

(6)后桥壳弯曲变形或断裂。

(7)后桥与车架错位。

(8)极度偏载。

2.1.3　排除方法

(1)两侧轮胎换位,两侧轮胎气压要一致。

(2)调整前轮轮毂轴承;校正前轴,恢复正确前轮定位角;调整汽车前束为正确值。

(3)检查更换前钢板弹簧;更换两侧减振器。

(4)维修车架,校正变形。

(5)检查更换后钢板弹簧,紧固固定螺栓。

(6)校正或更换后桥壳。

(7)检查与调整后桥与车架的相对位置。

(8)注意偏载,注意行驶中载荷偏斜。

2.2 前轮摆振

2.2.1 现象

汽车行驶中前轮左右摆振，前轮垂直颠簸，严重时影响汽车行驶速度，乘坐也不舒服。

2.2.2 原因

(1)轮胎气压不一致、大小不一、磨损。
(2)车轮动不平衡。
(3)前轮轮毂轴承损坏或松动。
(4)前轮定位不正确。

2.2.3 排除方法

(1)检查调整轮胎气压；更换新轮胎。
(2)汽车行驶速度较高，一定要对车轮总成做动平衡试验，使不平衡量控制在允许值内。
(3)检查并调整汽车前轮轮毂轴承和松紧度。
(4)汽车前轮定位和前束要正确。

2.3 轮胎异常磨损

2.3.1 胎肩或胎面中间磨损

1)现象

轮胎胎肩或胎面中间磨损如图 5-54 所示。

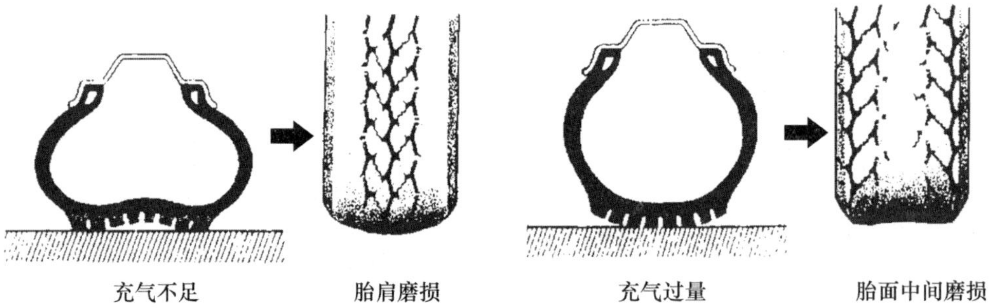

图 5-54 胎肩或胎面中间磨损

2)原因

集中在胎肩上或胎面中间的磨损，主要是由于未能正确保持充气压力所致。一方面，如果轮胎充气压力过低，轮胎的中间便会凹入，将载荷转移到胎肩上，使胎肩磨损快于胎面中间；另一方面，如果充气压力过高，轮胎中间便会凸出，承受了较大的载荷，使轮胎中间磨损快于胎肩。

2.3.2 内侧或外侧磨损

1)现象

轮胎内侧和外侧磨损如图 5-55 所示。

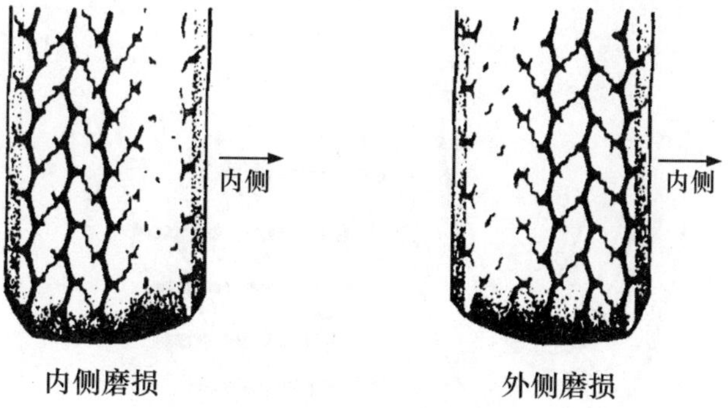

图 5-55 内侧和外侧磨损

2)原因

(1)在过高的车速下转弯会造成转弯磨损。转弯时轮胎滑动,便产生了斜形磨损。这是较常见的轮胎磨损原因之一。驾驶员所能采取的唯一补救措施就是在转弯时减低车速。

(2)悬架部件变形或间隙过大,会影响前轮定位,造成不正常的轮胎磨损。

(3)如果轮胎面某一侧的磨损快于另一侧的磨损,其主要原因可能是外倾角不正确。

2.3.3 前束和后束磨损(羽状磨损)

1)现象

轮胎前束和后束磨损如图 5-56 所示。

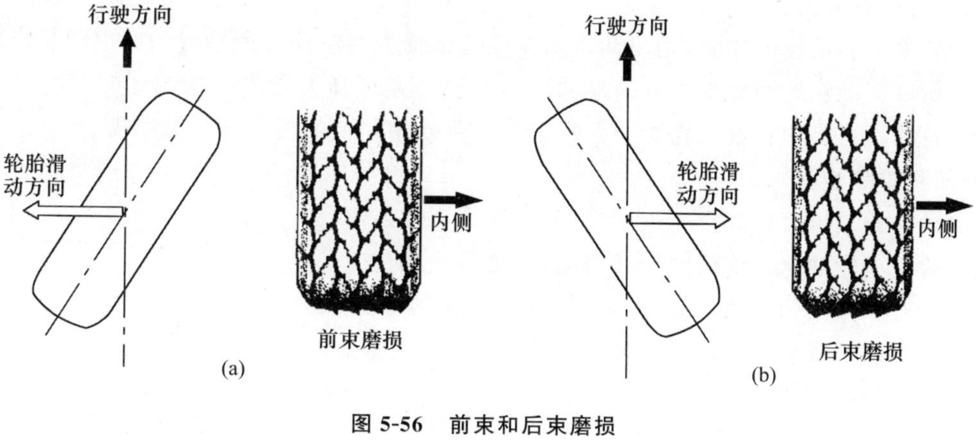

图 5-56 前束和后束磨损

2)原因

胎面的羽状磨损主要是一方面由于前束调节不当所致,过量的前束,会迫使轮胎向外滑动,并使胎面的接触面在路面上朝内拖动,造成前束磨损。在图 5-56(a)中,胎面呈明显的羽毛形。用手指从轮胎的内侧至外侧划过胎面，便可加以辨别。另一方面，过量的后束，会将轮胎向内拉动，并使胎面的接触面在路面上朝外拖动，造成图 5-56(b)所示的后束磨损。

2.3.4 前端和后端磨损

1)现象

轮胎前端和后端磨损如图 5-57 所示。

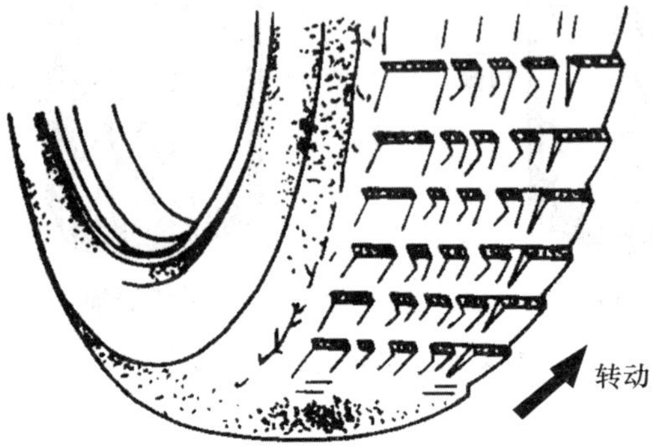

图 5-57 前端和后端磨损

2)原因

(1)前端和后端磨损是一种局部磨损，常常出现在具有横向花纹和区间花纹的轮胎上，胎面上的区间发生斜向磨损(与鞋跟的磨损方式相同)，最终变成锯齿状。

(2)具有纵向折线花纹的胎面，磨损时会产生波状花纹。

(3)非驱动轮的轮胎只受制动力的影响，而不受驱动力的影响，因此往往会有前后端形式的磨损，如反复使用和放开制动器，便会使轮胎每次发生短距离滑动而磨损，前端和后端磨损的形式便与这种磨损相似。

(4)如果是驱动轮的轮胎，则驱动力所造成的磨损会在制动力所造成的磨损的相反的方向上出现，所以驱动轮轮胎极少出现前端和后端磨损。客车和大货车由于制动时产生了大得多的摩擦力，故具有横向花纹的轮胎便会出现与非驱动轮相似的前端和后端磨损。

3)故障排除步骤

(1)检查充气压力。如果充气不足，就将其充至规定值。

(2)检查车轮轴承。如果磨损或松动，应更换或调整。

(3)检查外倾角和前束。如果不正确，应加以调整。

(4)检查轴颈或悬架部件。如果损坏，应修理或更换。

(5)调换轮胎位置。

【思政园地】

敬业守信

之所以把“敬业守信”列为大国工匠精神的第四条，是因为敬业和诚信是我国社会主义核心价值观中的两个重要方面。

敬业就是爱岗敬业，即热爱自己的岗位，尊重自己的职责，专心致力于自己的事业；不仅把自己的工作当成一份职业，更重要的是当成一份事业，干一行，爱一行。守信就是诚实守信，即事事遵守职业道德，讲究信誉，不弄虚作假。

徐立平是中国航天科技集团公司第四研究院高级技师，2016 年 2 月当选《感动中国》人物。自 1987 年参加工作以来，一直为导弹固体燃料发动机的火药进行微整形。他在火箭固体燃料整形的岗位上已干了 29 个年头，一刀的精准度可以达到 0.1 mm，被赞为千钧所系的“大国工匠”。他认为是父母从小“认真、敬业”的教育鼓励他在这个高危岗位上坚守数十年。

【课后习题】

一、选择题

1. 按胎内的空气压力大小，充气轮胎可分为高压胎、低压胎和超低压胎。气压在 0.15～0.45 MPa 的轮胎称为(　　)。

A. 超高压胎　B. 高压胎　C. 低压胎　D. 超低压胎

2. 某子午线轮胎的速度等级为 H，名义直径为 195 in，其最高行驶速度为(　　)km/h。

A. 150　B. 160　C. 180　D. 210

3. 某汽车子午线轮胎规格 205/70 S R 15 中 S 的含义为(　　)。

A. 行驶里程　B. 国际单位 s　C. 负荷指数　D. 表示最大车速符号

4. 现代汽车几乎都采用充气轮胎，轮胎按胎体帘布层结构不同可分为(　　)。

A. 有内胎轮胎和无内胎轮胎　B. 低压胎和高压胎

C. 斜交轮胎和子午线轮胎　D. 普通花纹轮胎和越野花纹轮胎

5. 横向稳定杆的作用是防止(　　)。

A. 车身的上下跳动　B. 汽车转弯时倾斜

C. 制动时点头　D. 加速前进时后仰

6. 汽车麦弗逊式悬架为(　　)。

A. 非独立悬架　B. 组合式悬架　C. 独立悬架　D. 刚性式悬架

7. 关于汽车减振器，以下说法正确的是(　　)。

A. 减振器承担一部分车身质量　B. 减振器的阻尼力减弱后车身高度降低

C. 减振器将汽车振动的机械能转变为热能　D. 以上都不正确

8. 汽车减振器广泛采用的是(　　)。

A. 单向作用筒式　B. 双向作用筒式　C. 阻力可调式　D. 摆臂式

二、判断题

(　　)1. 现在一般轿车均采用高压胎。

(　　)2.为了使轮胎磨损均匀,子午线轮胎的轮胎换位应按照左右交叉换位的规范进行。

(　　)3.子午线轮胎虽比斜交轮胎有较大的滚动阻力,但它抗磨能力强,耐冲击性能好,故子午线轮胎仍得到广泛的使用。

(　　)4.采用独立悬架的车桥通常为断开式。

(　　)5.钢板弹簧各片在汽车行驶过程中会出现滑移。

(　　)6.扭杆弹簧的左右扭杆,经过一段时间的装车使用后,为了避免疲劳损坏,只要安装位置合适,左右扭杆可以互换安装使用。

(　　)7.汽车悬架的作用是弹性地连接车桥和车架(或车身),缓和行驶中车辆受到的冲击力。

三、简答题

1.子午线轮胎和普通斜交轮胎相比,有什么区别和特点?

2.以 195/60 R 14 85 H 为例说明子午线轮胎的规格的含义。

3.简述悬架的功用和种类,为什么现在的汽车广泛采用独立悬架?

项目六　转向系的结构与检修

任务1　更换转向柱万向节

1　任务引入

一辆丰田凯美瑞轿车行驶了200 000 km，转向盘自由行程过大，经检查转向器、转向传动机构间隙正常，转向操纵机构的转向万向节存在磨损导致转向盘自由行程过大，需要更换转向柱万向节。

2　相关知识

2.1　转向系的概述

2.1.1　转向系的功用及要求

汽车转向系的功用是改变或恢复汽车的行驶方向，保证汽车能够按照驾驶员选定的方向行驶。汽车转向性能的好坏直接影响汽车行驶的安全性和操纵性，因此对转向系有如下一些要求：

(1)必须有良好的操纵性能，操纵轻便、灵敏。

(2)应尽可能衰减来自路面不平所引起的冲击传到转向盘上，同时又要保证驾驶员有一定的路感。

(3)应保证转向车轮的转向运动规律正确、稳定，并且要使车轮在转向时只滚动不滑动。

(4)当汽车发生碰撞时，转向装置应能起到减轻或避免对驾驶员的伤害的作用。

2.1.2　转向系的分类

汽车转向系按转向动力源不同，分为机械转向系和动力转向系两大类。

1)机械转向系

机械转向系是以驾驶员的体力作为转向动力源，图6-1所示为机械转向系示意图，其主要由转向操纵机构、转向器和转向传动机构三大部分组成。转向操纵机构主要由转向盘、转向轴、转向管柱等组成，由于转向盘距离转向器较远，二者之间用转向万向节和传动轴构成的万向传动装置相连。转向器是一种减速传动装置，是转向系的核心部件，其功用是增大转向盘传到转向节的力并改变力的传递方向。转向传动机构是将转向器输出的力和运动传给车轮(转向节)，并使左右车轮按照一定关系进行偏转的机构。

汽车转向时，驾驶员转动转向盘，力矩通过转向轴、转向节和转向传动轴输入给转向器。

经转向器降速增矩后，又经转向摇臂、转向直拉杆传给固定在左转向节上的转向节臂，使左转向节及装于其上的左转向轮绕主销偏转。同时，经左转向梯形臂、转向横拉杆和右转向梯形臂的传递，右转向节及装于其上的右转向轮随之绕主销同向偏转相同的角度。

转向梯形机构由左、右转向梯形臂和转向横拉杆构成。

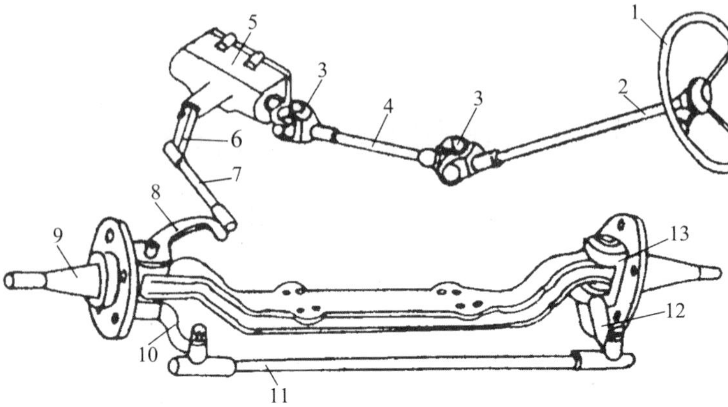

1-转向盘；2-转向轴；3-转向万向节；4-转向传动轴；5-转向器；6-转向摇臂；7-转向直拉杆；8-转向节臂；9-左转向节；10-左转向梯形臂；11-转向横拉杆；12-右转向梯形臂；13-右转向节

图 6-1 机械转向系示意图

2)动力转向系

动力转向系是在机械转向系的基础上加设一套转向加力装置而形成的。其作用是将发动机输出的部分机械能转化为压力能（或电能），并在驾驶员控制下，对转向传动机构或转向器中某一传动件施加辅助作用力，使转向轮偏转，以减小驾驶员转动转向盘的操纵力，减轻驾驶疲劳，尤其在低速或车辆原地转向时操纵更加轻便。但在转向加力装置失效时，一般还应能由驾驶员独立承担汽车转向任务。

根据助力能源形式的不同，动力转向系可以分为液压助力、气压助力和电动机助力 3 种类型，其中液压助力转向系又分为普通液压助力和电控液压助力两种。

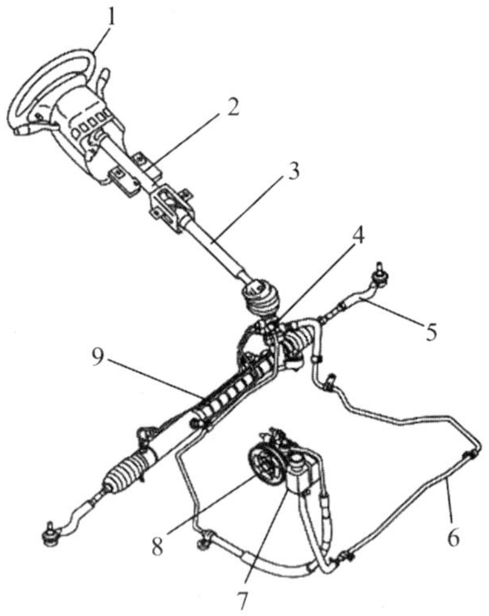

1-转向盘；2-转向轴；3-转向万向传动装置；4-转向控制阀；5-转向横拉杆；6-转向油管；7-转向油罐；8-转向油泵；9-整体式转向器

图 6-2 马自达 6 型轿车动力转向系示意图

图 6-2 所示为马自达 6 型轿车动力转向系示意图。属于转向加力装置的部件有转向油泵 8、转向油管 6、转向油罐 7 以及位于整体式转向器 9 内部的转向控制阀 4 及转向动力缸等。当驾驶员转动转向盘 1 转向时，人的体力一方面通过转向操纵机构、转向器、转向传动机构使转向轮偏转，另一方面转向器输入轴还带动转向器内部的转向控制阀转动，使转向动力缸产生液压作用力，帮助驾驶员转向操纵。

转向盘的自由行程是指转向时消除转向系各传动件之间的装配间隙和弹性形变的转向盘空转角行程。转向盘的自由行程对于缓和路面冲击及避免驾驶员过于紧张是有利的,但过大的自由行程会影响转向灵敏性。一般汽车转向盘的自由行程应不超过 10°～15°,否则应进行调整。

2.2 转向操纵机构的结构

转向盘到转向器之间的所有零部件总称为转向操纵机构。转向操纵机构的作用是将驾驶员转动转向盘的操纵力传给转向器。

为了方便不同体形驾驶员的操纵及保护驾驶员的安全,现代汽车转向操纵机构还带有各种调整机构及安全装置。例如,转向盘柱都增设有能量吸收机构、倾斜调整机构、伸缩转向机构、转向锁止机构等,安全气囊也放置在转向盘中央。

2.2.1 转向轴倾斜调整机构

图 6-3 所示为一种转向轴倾斜调整机构。转向管柱 2 的上段和下段分别通过倾斜调整支架 7 和下托架 6 与车身相连,而且转向管柱由倾斜调整支架夹紧并固定,倾斜调整用锁紧螺栓 5 穿过倾斜调整支架上的长孔 3 和转向管柱,螺栓的左端为左螺旋螺纹,调节手柄 4 即可拧在该螺纹上。当向下扳动手柄时,锁紧螺栓的螺纹缓扣,转向管柱即可以下托架上枢轴 1 为中心在穿有螺栓的支架长孔范围内上下移动。确定了转向管柱的合适位置后,向上扳动调节手柄,从而将转向管柱定位。

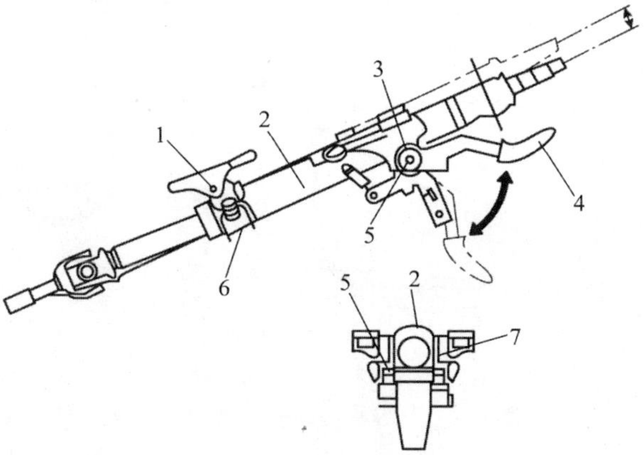

1-枢轴；2-上转向管柱；3-长孔；4-调节手柄；5-锁紧螺栓；6-下托架；7-倾斜调整支架

图 6-3 转向轴倾斜调整机构

2.2.2 转向轴伸缩机构

伸缩式转向盘柱机构可以使转向盘的位置向前或向后调整,以适应驾驶姿势。图 6-4 所示为一种转向轴伸缩机构。转向轴分上下两段,二者通过花键连接。上转向轴 2 由调节螺栓 4 通过楔状限位块 5 夹紧定位。调节螺栓的一端拧有调节手柄 3。当需要调整转向轴的轴向位置时,先向下推调节手柄 3,使楔状限位块松开,再轴向移动转向盘,调到合适位置后,向上拉调节手柄，将上转向轴锁紧定位。

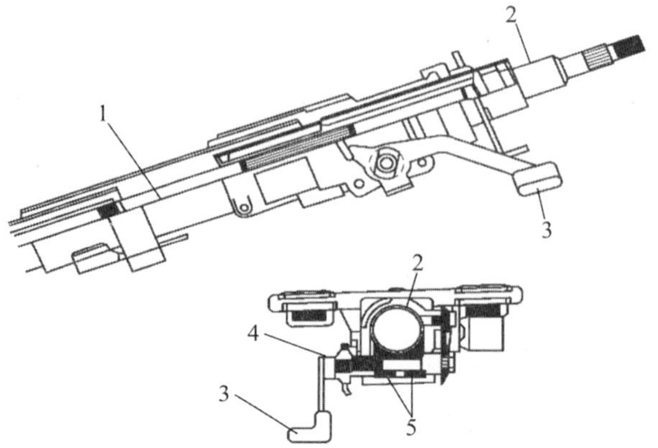

1-下转向轴；2-上转向轴；3-调节手柄；4-调节螺栓；5-楔状限位块

图 6-4　转向轴伸缩机构

2.2.3　可分离式安全转向操纵机构

上海桑塔纳轿车即采用可分离式安全转向操纵机构，如图 6-5 所示，此类转向操纵机构的转向轴分为上、下两段。正常行驶时，下转向轴 2 和上转向轴 6 通过柱销 5 配合来传递转向力矩。当发生撞车时，上、下两段相互分离或相互滑动，从而有效地防止转向盘对驾驶员的伤害。但这种转向操纵机构本身不包含有吸能装置。

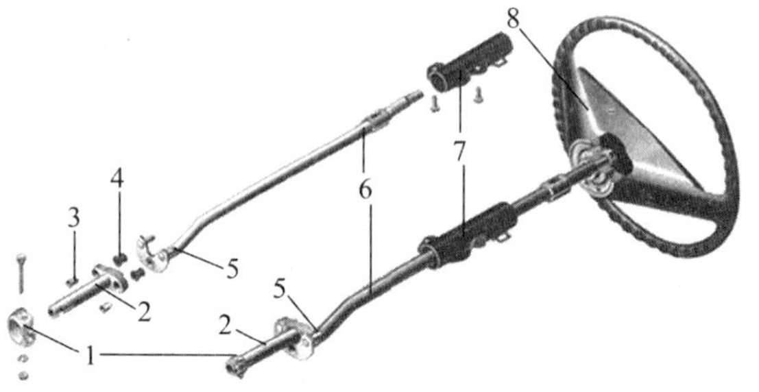

1-夹子；2-下转向轴；3-塑料衬套；4-减振橡胶套；5-柱销；6-上转向轴；7-转向管柱；8-转向盘组件

图 6-5　上海桑塔纳轿车转向盘与轴

2.2.4　缓冲吸能式转向操纵机构

缓冲吸能式转向操纵机构从结构上能使转向轴和转向管柱在受到冲击后，轴向收缩并吸收冲击能量，从而有效地缓和转向盘对驾驶员的冲击，减轻其所受伤害的程度。

图 6-6 所示为网格状和波纹管式缓冲吸能式转向管柱。汽车上装用网格状或波纹管式转向管柱吸能装置，当发生猛烈撞车导致人体冲撞转向盘时，网格部分或波纹管部分将被压缩产生塑性变形，吸收冲击能量。

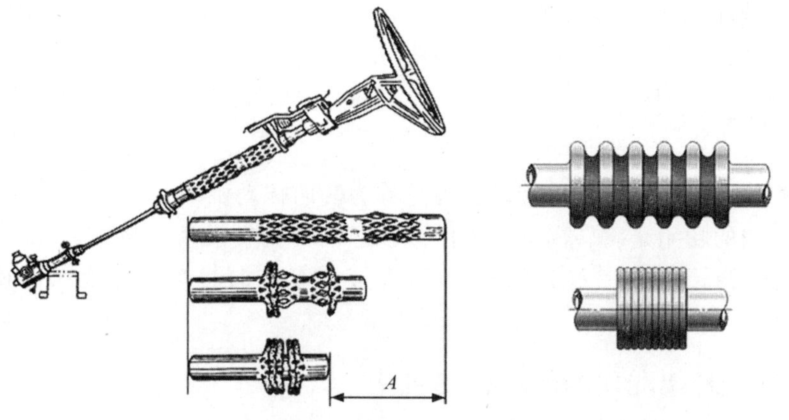

图 6-6　网格状或波纹管式缓冲吸能式转向管柱

2.2.5　转向轴错位和支架变形缓冲

如图 6-7 所示，马自达 6 型轿车转向管柱吸能装置的工作原理是：发生碰撞时，转向盘向后移动，下转向传动轴 3 插入上转向传动轴 4 的孔中，缩短下十字万向节 2 与上十字万向节 5 的距离，缓冲、吸收了冲击能量。此外，转向管柱 8 通过支架 11 和 U 形金属板 9 固定在仪表板上。当驾驶员身体撞击转向盘 7 后，转向管柱 8 和支架 11 将从仪表板上脱离下来向前移动。这时，一端固定在仪表板上而另一端固定在支架 11 上的 U 形金属板 9 就会产生扭曲变形并吸收冲击能量。

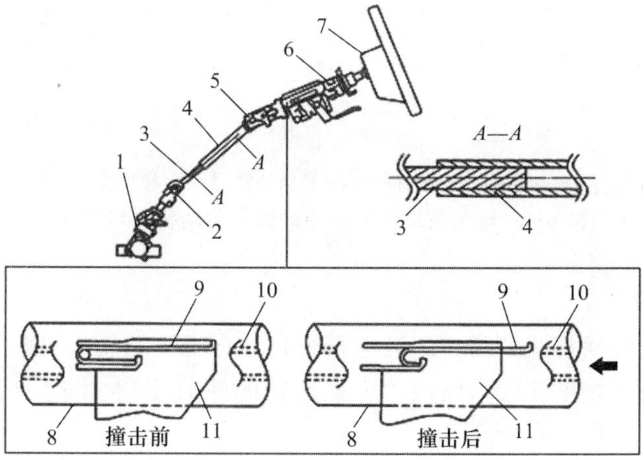

1-转向器；2-下十字万向节；3-下转向传动轴；4-上转向传动轴；5-上十字万向节；6-传动轴；7-转向盘；8-转向管柱；9-U 形金属板；10-转向轴；11-支架

图 6-7　马自达 6 型轿车转向管柱吸能装置

2.2.6　转向锁止机构

转向锁止机构是为了保护汽车，防止驾驶员离开汽车时遭受偷窃而设置的。当钥匙从点火开关上拔出后,转向轴便被锁定在转向盘柱上,这样即使能不用点火开关钥匙而起动发动机,汽车也不能驾驶。

2.3 转向传动机构

从转向器到转向轮之间的所有传动杆件总称为转向传动机构。

转向传动机构的功用是将转向器输出的力和运动传到转向桥两侧的转向节,使转向轮偏转,并使两转向轮偏转角按一定关系变化,以保证汽车转向时车轮与地面的相对滑动尽可能小。

2.3.1 与非独立悬架配用的转向传动机构

与非独立悬架配用的转向传动机构示意图如图 6-8 所示,它一般由转向摇臂 2、转向直拉杆 3、转向节臂 4、两个转向梯形臂 5 和转向横拉杆 6 等组成。各杆件之间都采用球形铰链连接,并设有防止松动、缓冲吸振、自动消除磨损后的间隙等结构。

当前桥仅为转向桥时,由左右转向梯形臂 5 和转向横拉杆 6 组成的转向梯形一般布置在前桥之后,如图 6-8(a)所示,称为后置式。这种布置简单方便,且后置的转向横拉杆 6 有前面的车桥做保护,可避免直接与路面障碍物相碰撞而损坏。当发动机位置较低或前桥为转向驱动桥时,往往将转向梯形布置在前桥之前,如图 6-8(b)所示,称为前置式。若转向摇臂 2 不是在汽车纵向平面内前后摆动而是在与路面平行的平面内左右摆动(如北京 BJ2020N 型汽车),则可将转向直拉杆 3 横向布置,并借球头销直接带动转向横拉杆 6,从而推动左右转向梯形臂 5 转动,如图 6-8(c)所示。

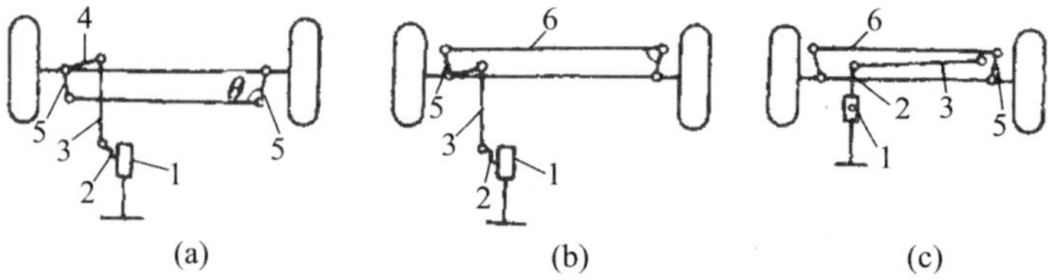

1-转向器;2-转向摇臂;3-转向直拉杆;4-转向节臂;5-转向梯形臂;6-转向横拉杆

图 6-8 与非独立悬架配用的转向传动机构示意图

1)转向摇臂

循环球式转向器和蜗杆曲柄指销式转向器通过转向摇臂与转向直拉杆相连。转向摇臂的大端用带锥度的三角形齿形花键与转向器中摇臂轴的外端连接,小端通过球头销与转向直拉杆做空间铰链连接。转向摇臂如图 6-9 所示。

2)转向直拉杆

转向直拉杆是转向摇臂与转向节臂之间的传动杆件,具有传力和缓冲作用。在转向轮偏转且因悬架弹性变形而相对于车架跳动时,转向直拉杆与转向摇臂及转向节臂的相对运动都是空间运动,为了不发生运动干涉,三者之间的连接件都是球形铰链。转向直拉杆如图 6-10 所示。

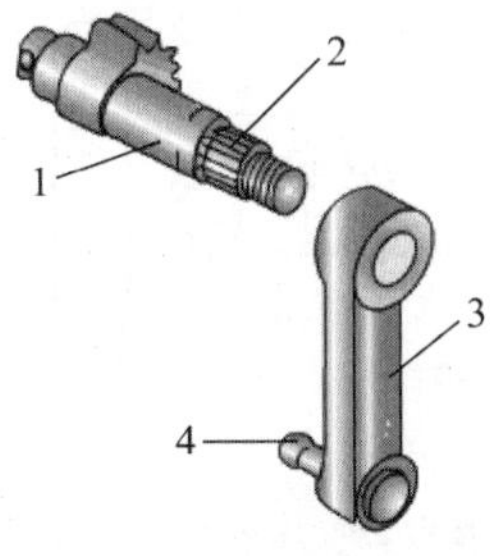

1-摇臂轴;2-带锥度的三角形齿形花键;
3-转向摇臂;4-球头销

图 6-9 转向摇臂

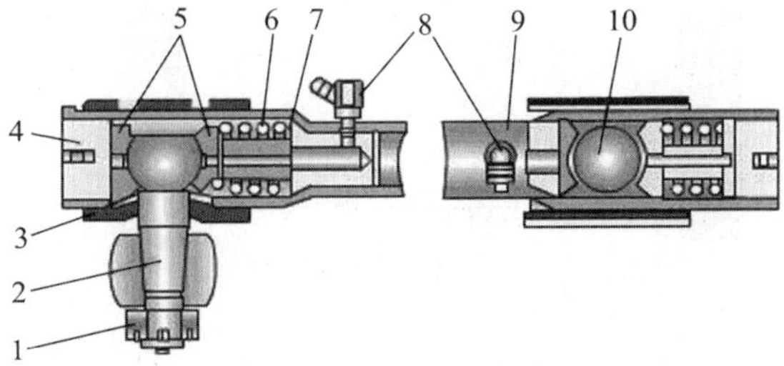

1-螺母;2-球头销;3-橡胶防尘套;4-螺塞;5-球头座;6-压缩弹簧;
7-弹簧座;8-油嘴;9-直拉杆体;10-转向摇臂球头销

图 6-10 转向直拉杆

3)转向横拉杆

转向横拉杆是转向梯形机构的底边,由横拉杆体和旋装在两端的横拉杆接头组成。其特点是长度可调,通过调整横拉杆的长度可以调整前轮前束。解放 CA1091 型汽车转向横拉杆及球头组件装配图如图 6-11 所示。东风 EQ1090E 型汽车转向横拉杆接头组件装配图如图 6-12 所示。

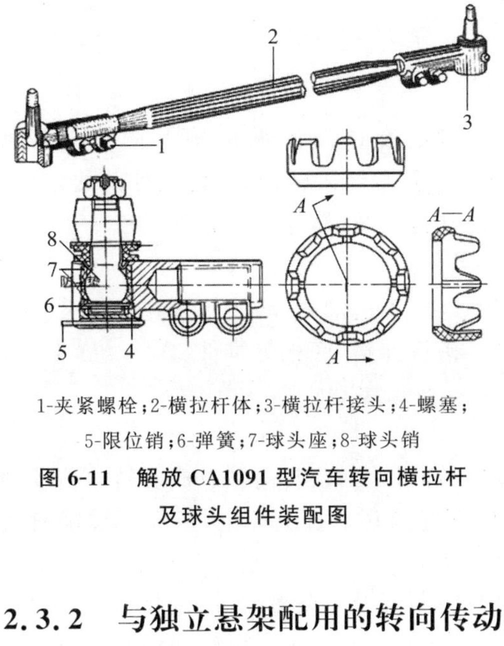

1-夹紧螺栓;2-横拉杆体;3-横拉杆接头;4-螺塞;
5-限位销;6-弹簧;7-球头座;8-球头销

图 6-11 解放 CA1091 型汽车转向横拉杆及球头组件装配图

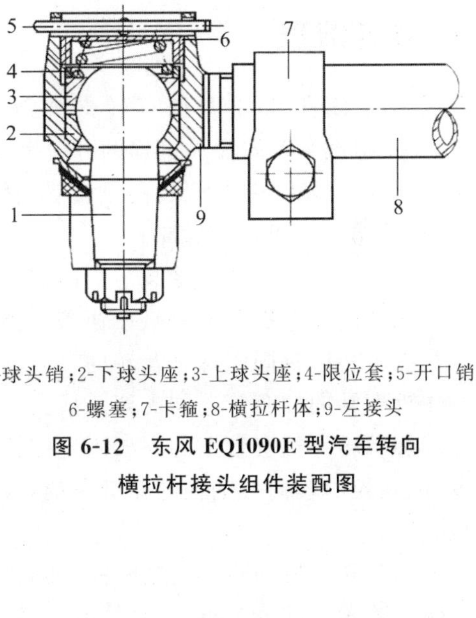

1-球头销;2-下球头座;3-上球头座;4-限位套;5-开口销;
6-螺塞;7-卡箍;8-横拉杆体;9-左接头

图 6-12 东风 EQ1090E 型汽车转向横拉杆接头组件装配图

2.3.2 与独立悬架配用的转向传动机构

当转向轮采用独立悬架时,为了满足转向轮独立运动的需要,转向桥是断开式的,转向传动机构中的转向梯形机构也必须断开。与独立悬架配用的多数是齿轮齿条式转向器,转向器布置在车身上,转向横拉杆通过球头销与齿条及转向节臂相连。捷达轿车与齿轮齿条式转向器相配合的转向传动机构示意图如图 6-13 所示。

当采用循环球式转向器时,转向传动机构的杆件较多,图 6-14 所示为转向传动机构布置示意图。

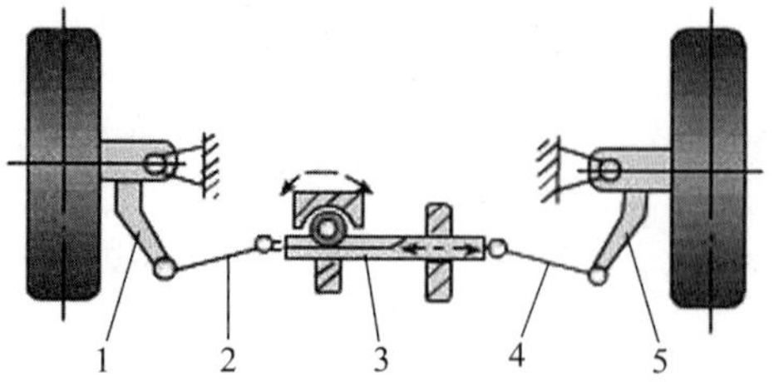

1-左梯形臂;2-左转向拉杆;3-齿轮齿条转向器;
4-右转向拉杆;5-右梯形臂

图 6-13 捷达轿车与齿轮齿条式转向器相配合的转向传动机构示意图

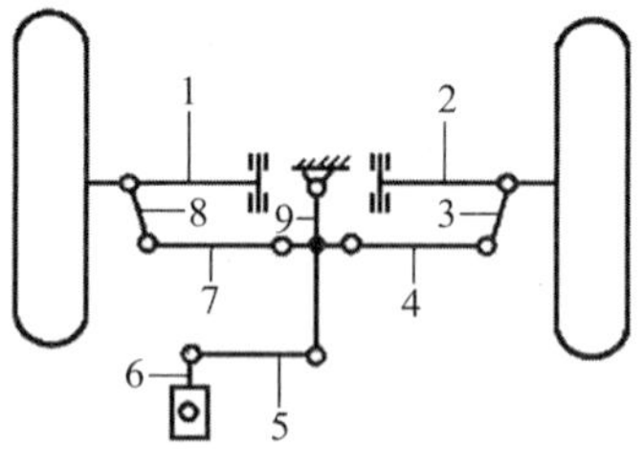

1-悬架左摆臂;2-悬架右摆臂;3-右梯形臂;4-右转向横拉杆;
5-转向直拉杆;6-转向摇臂;7-左转向横拉杆;
8-左梯形臂;9-摇杆

图 6-14 转向传动机构布置示意图

3 任务实施

3.1 准备工作

阅读维修手册,列出所需工作,制订作业方案。

3.2 操作流程

以东风 EQ1108G 型汽车转向操纵机构为例介绍更换转向操纵机构万向节。东风 EQ1108G 型汽车转向操纵机构的分解图如图 6-15 所示。其主要由转向盘、转向柱总成组成。其中转向柱总成由转向轴、转向轴套管、转向万向节、滑动万向节、转向传动轴等组成。

(1)转向操纵机构的拆卸。

①拆下滑动万向节凸缘叉与转向器输入轴的连接,以及毛毡油封、防尘罩及花键护套。

②从转向盘上拆下电喇叭按钮盖。拆下喇叭按钮、搭铁弹簧、底板等零件。

③拆下转向盘固定螺母及转向盘。

④拆下转向柱套管连同支架总成。

⑤拆下转向柱套管上的支架固定螺栓,从车上取出转向柱套管、转向轴总成及转向传动轴等零件(在拉出转向传动轴的花键之前,应在花键轴与花键轴套上打上标记,以保证装配时按原位装回)。

⑥拆下转向万向节叉夹紧螺栓,使转向轴、转向传动轴、万向节分离。

⑦拆除轴承挡圈,用铜锤轻轻敲击转向轴的上端,从转向柱套管内取出转向轴及轴承。

⑧万向节的解体(与传动系统中万向节的解体方法相同)。

⑨解体后将各零件清洗干净。凡油封及密封圈、防尘罩等橡胶零件均不得用汽油清洗。

(2)转向操纵机构的转配:装配过程按与拆卸过程相反的顺序进行。

(3)转向操纵机构的调整:若转向盘自由行程过大,应做如下检查和调整。

①检查前轮轮毂轴承预紧度。

②检查横、直拉杆接头,若松旷,应调整紧固。

③检查转向摇臂轴与转向摇臂的连接,若松动,应紧固、重新安装或更换转向摇臂或转向

摇臂轴。

④检查转向器啮合间隙,若过大,应调整。调整完后还应再次检测转向盘自由行程。

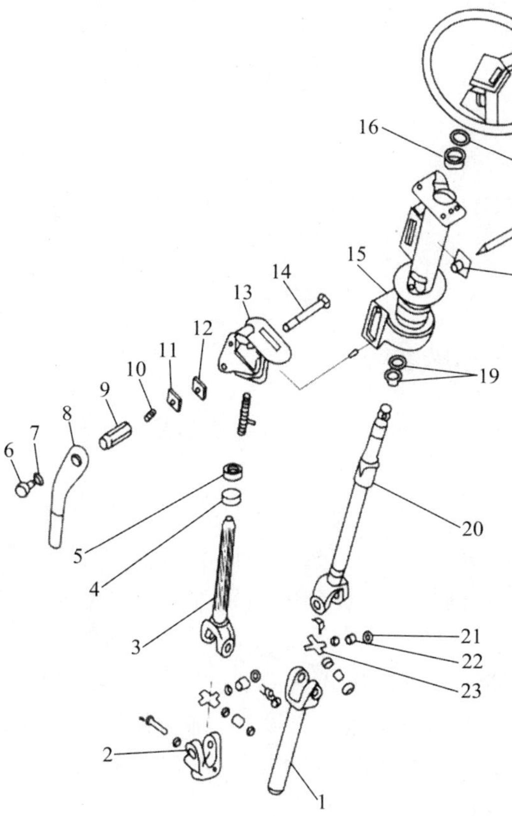

1-转向万向节滑动叉;2-滑动万向节凸缘叉;3-转向传动轴;4-花键护套;5-毛毡油封;6-调整手柄螺栓;7-平垫圈;8-调整手柄;9-调节螺母;10-弹簧;11-导板;12-垫片;13-支架;14-调节螺栓;15-转向柱套管总成;16-轴承;17-轴承挡圈;18-衬套;19-开口环;20-转向柱轴;21-孔用弹性挡圈;22-轴承;23-十字轴;24-转向盘

图 6-15　东风 EQ1108G 型汽车转向操纵机构的分解图

3.3　注意事项

装配时注意以下几点:

(1)转向操纵机构在安装时应对好标记,使两个万向节装配正确。

(2)转向盘固定螺母应达到规定拧紧力矩。

(3)在装有滑脂嘴的地方加注润滑脂。

任务 2　更换机械转向器

1　任务引入

一辆带液压助力转向的捷达轿车行驶了 100 000 km，左右转动转向盘感觉沉重，经检查，液压助力转向的转向油泵、助力油正常，故障出现在转向器总成，需要更换转向器总成。

2　相关知识

2.1　转向器的作用和传动效率

(1)转向器是转向系中的减速增扭传动装置，其功用是增大转向盘传到转向节的力并改变力的传递方向。

(2)转向器的传动效率。转向器的传动效率为转向器输出功率与输入功率之比。当作用力从转向盘传到转向摇臂时称为正向传动，相应的传动效率称为正传动效率，即功率由转向轴输入，由转向摇臂输出；反之，转向摇臂所受到的道路冲击力传到转向盘，称为逆向传动，相应的传动效率称为逆传动效率。

逆传动效率很低的转向器称为不可逆式转向器。不平路面对转向轮的冲击载荷输入转向器中就由各传动零件承受而不传到转向盘上。同样，路面作用于车轮的回正力矩也不能传到转向盘上，转向轮不能自动回正。此外，驾驶员由于不能得到路面反馈的信息而丧失所谓的“路感”，无法据此调节转向力矩。

作用力很容易地由转向盘经转向器传到转向摇臂，而转向摇臂所受的路面冲击也比较容易地经转向器传到转向盘，这种转向器称为可逆式转向器，其正、逆传动效率都很高。可逆式转向器有利于汽车转向后转向轮自动回正，但也容易将坏路对车轮的冲击力传到转向盘，出现“打手”现象。

2.2　转向器的类型与结构

目前应用较广泛的转向器类型有齿轮齿条式、循环球式和蜗杆曲柄指销式等。

2.2.1　齿轮齿条式转向器

图 6-16(a)所示为齿轮齿条式转向器，它主要由转向器壳体 8、转向齿轮 9、转向齿条 5 等组成。转向器通过转向器壳体 8 的两端用螺栓固定在车身(车架)上。齿轮轴 6 通过球轴承 7、滚柱轴承 10 垂直安装在壳体中，其上部分通过花键与转向轴上的万向节(图中未画出)相连，其下部分是与轴制成一体的转向齿轮 9。转向齿轮 9 是转向器的主动件，它与相啮合的从动件转向齿条 5 水平布置，齿条背面装有压簧垫块 4。在压簧 3 的作用下，压簧垫块 4 将转向齿条 5 压靠在转向齿轮 9 上，保证二者无间隙啮合。调整螺塞 1 可用来调整压簧的预紧力。压簧 3 不仅起消除啮合间隙的作用，而且还是一个弹性支承，可以吸收部分振动能量，缓和冲击。

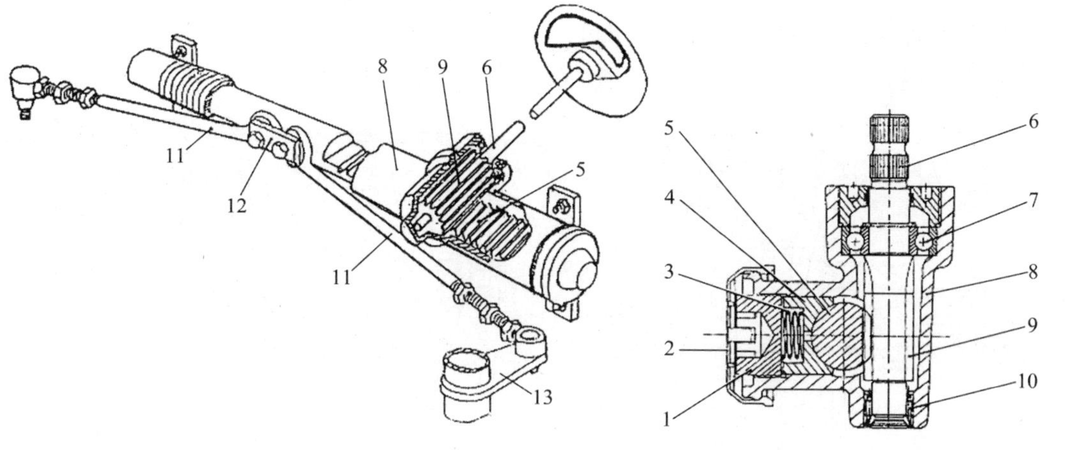

(a)

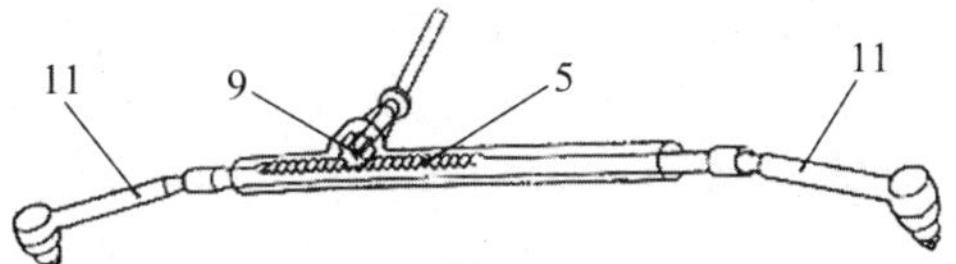

(b)

1-调整螺塞；2-罩盖；3-压簧；4-压簧垫块；5-转向齿条；6-齿轮轴；7-球轴承；8-转向器壳体；
9-转向齿轮；10-滚柱轴承；11-转向横拉杆；12-拉杆支架；13-转向节

图 6-16　齿轮齿条式转向器

转向齿条 5 的中部[有的是齿条两端，见图 6-16(b)]通过拉杆支架 12 与左右转向横拉杆 11 连接。转动转向盘时，转向齿轮 9 转动，与之相啮合的转向齿条 5 沿轴向移动，从而使左右转向横拉杆带动转向节 13 转动，使转向轮偏转，实现汽车转向。

齿轮齿条式转向器结构简单，可靠性好，也便于独立悬架的布置；同时，由于齿轮齿条直接啮合，转向灵敏、轻便，因此在各类型汽车上的应用越来越多。

2.2.2　循环球式转向器

循环球式转向器是目前国内外应用最广泛的结构形式之一。它一般有两级传动副，第一级是螺杆螺母传动副，第二级是齿条齿扇传动副。

图 6-17 所示为解放 CA1091 型汽车的循环球式转向器。转向螺杆 12 的轴颈支承在两个推力球轴承 10 上，轴承预紧度可用调整垫片 14 调整。转向螺母 3 的下平面上加工成齿条，与齿扇轴(即摇臂轴)21 的内端的齿扇部分啮合。可见转向螺母既是第一级传动副的从动件，又是第二级传动副(齿条齿扇传动副)的主动件。通过转向盘和转向轴转动转向螺杆时，转向螺母不能转动，只能轴向移动，并驱使齿扇轴 21 转动。为了减少转向螺杆和转向螺母之间的摩擦，二者的螺纹并不直接接触，其间装有若干个钢球 13，以实现滚动摩擦。转向螺母的内径大于转向螺杆的外径，故能松套在螺杆上，转向螺杆和螺母都加工成断面轮廓近似半圆的螺旋槽，二者的螺旋槽能配合形成近似圆形断面的螺旋管状通道。转向螺母侧面有两对通孔，可将钢球从此孔塞入螺旋形通道内。转向螺母外有两根钢球导管 9，每根导管的两端分别插入转

向螺母侧面的一对通孔中，导管内也装满了钢球。这样，两根导管和转向螺母内的螺旋管状通道组合成两条各自独立的封闭的钢球“流道”。

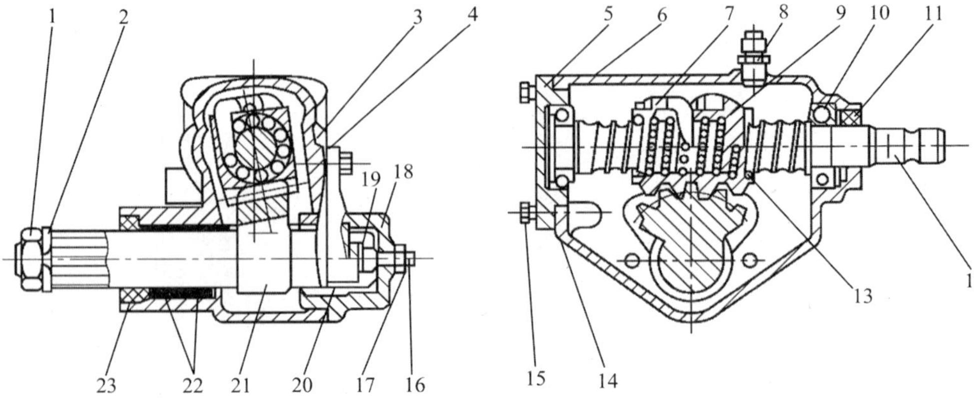

1-螺母；2-弹簧垫圈；3-转向螺母；4-转向器壳体垫片；5-转向器壳体底盖；6-转向器壳体；7-导管卡子；8-加油螺塞；9-钢球导管；10-球轴承；11、23-油封；12-转向螺杆；13-钢球；14、19-调整垫片；15-螺栓；16-调整螺钉；17-锁紧螺母；18-侧盖；20、22-滚针轴承；21-齿扇轴

图 6-17 解放 CA1091 型汽车循环球式转向器

转向螺母即沿轴向移动。同时，在转向螺杆及转向螺母与钢球间的摩擦力偶作用下，所有钢球便在螺旋管状通道内滚动，形成“球流”，钢球在管状通道内绕行两周后，流出转向螺母而进入导管的一端，再由导管另一端流回螺旋管状通道。在转向器工作时，两列钢球只是在各自的封闭流道内循环，而不会脱出。转向螺母沿转向螺杆做轴向移动，其齿条便带动齿扇绕着转向摇臂轴做摆动，再通过转向传动机构使转向轮偏转。

转向螺母上的齿条平面相对于齿扇轴线是倾斜的，因此与之啮合的齿扇应该是分度圆上的齿厚沿齿扇轴线按线性关系变化的变厚齿扇。只要使齿扇轴 21 相对于齿条做轴向移动，即能调整二者的啮合间隙。调整螺钉 16 旋装在侧盖 18 上。齿扇轴 21 内侧端部有切槽，调整螺钉 16 的圆柱形端头即嵌入此切槽中。将调整螺钉 16 旋入，则啮合间隙减小，反之则啮合间隙增大。调整好后可用锁紧螺母 17 锁紧。转向器的第一级传动副（转向螺杆—转向螺母）因结构所限，不能进行啮合间隙的调整，零件磨损严重时，只能更换零件。

循环球式转向器的正传动效率很高（最高可达 90%～95%），故操纵轻便，使用寿命长。但其逆传动效率也很高，容易将路面的冲击力传到转向盘。对较轻型的、前轴载荷质量不大而又经常在好路上行驶的汽车而言，这一缺点影响不大。因此，循环球式转向器广泛应用于各类高级汽车。

2.2.3 蜗杆曲柄指销式转向器

目前汽车使用的蜗杆曲柄指销式转向器多数是双指销式的。图 6-18 所示的是东风 EQ1090E 型汽车的蜗杆曲柄双指销式转向器。具有梯形我面螺纹的转向螺杆 3 被支撑于转向器壳体两端的两个角接触球轴承 2 和 9 上。转向器盖上装有调整螺塞 7，用于调整上述二轴承的预紧度，调整后用螺母 8 锁紧。蜗杆与两个锥形的指销 13 相啮合，两个指销均用双列圆锥滚子轴承 14 支撑于摇臂轴 11 内端的曲柄上，其中靠指销头部的一列无内座圈，滚子直接与指销轴颈接触。这样，受剪切载荷最大的这段轴颈的直径可以做得大一些，以保证指销有足够的强度。指销装在滚动轴承上可以减轻蜗杆和指销的磨损，并提高传动效率。螺母 15 用以调整双列圆锥滚子轴承 14 的预紧度，以使指销能自由转动且无明显的轴向间隙为宜。摇臂轴 11 用粉末冶金衬套 19 和 20 支撑在壳体中。指销同蜗杆的啮合间隙用侧盖 16 上的调整螺钉 17 调整，调整后用螺母 18 锁紧。

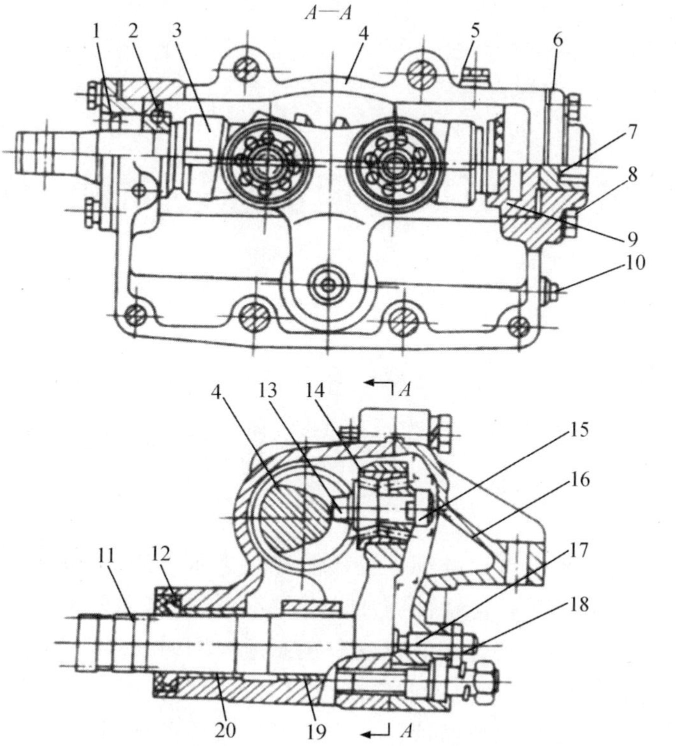

1-上盖；2、9-推力角接触球轴承；3-转向螺杆；4-转向器壳体；5-加油螺塞；6-下盖；
7-调整螺塞；8、15、18-螺母；10-放油螺塞；11-摇臂轴；12-油封；13-指销；
14-双列圆锥滚子轴承；16-侧盖；17-调整螺钉；19、20-衬套

图 6-18 东风 EQ1090E 型汽车的蜗杆曲柄双指销式转向器

3 任务实施

3.1 准备工作

阅读维修手册，列出所需工作，制订作业方案。

3.2 操作流程

以解放 CA1092 型汽车转向器为例讲解机械转向器更换操作流程。

(1)转向器的拆卸。

①在转向摇臂与转向摇臂轴上做好装配标记，然后拆下转向摇臂夹紧螺栓，用拉器拉下转

向摇臂。

②拆下转向万向节滑动叉与转向螺杆间的连接螺栓，使转向螺杆与万向节滑动叉分离。拆下转向器固定螺栓，从车上取下转向器总成。

(2)转向器的安装。

①对正螺栓孔，交叉拧紧固定螺栓。

②将转向万向节滑动叉插入转向蜗杆花键端，并用夹紧螺栓紧固。

③使转向盘和转向车轮位于直线行驶位置，对正转向摇臂与转向摇臂轴的装配标记，将转向摇臂压入转向摇臂轴，并用螺母紧固。

任务3　更换普通液压转向助力器

1　任务引入

一辆带液压助力转向的丰田凯美瑞轿车行驶了150 000 km，左右转动转向盘感觉沉重，经检查为转向助力油泵故障，产生的助力液压不够，需要更换转向助力油泵。

2　相关知识

动力转向系统是将发动机输出的部分机械能转化为压力能(或电能)，并在驾驶员控制下，对转向传动机构或转向器中某一传动件施加辅助作用力，使转向轮偏转，以减小驾驶员转动转向盘的操纵力，减轻驾驶疲劳，尤其在低速或车辆原地转向时操纵更加轻便。

根据助力能源形式的不同，动力转向系统可以分为液压助力、气压助力和电动机助力3种类型。液压助力转向系统又分为普通液压助力和电控液压助力两种。

2.1　普通液压助力转向系统的组成

普通液压助力按其液流形式有常压式和常流式两种。常压式液压助力转向系统的特点是：无论转向盘处于中立位置还是转向位置，也无论转向盘保持静止还是运动状态，系统工作管路中总是保持高压。常流式液压助力转向系统的特点是：转向油泵始终处于工作状态，但液压助力系统不工作时，基本处于空转状态。多数汽车都采用常流式液压助力转向系统。

液压常流滑阀式动力转向装置如图6-19所示，主要包括转向储油罐、转向油泵、转向控制阀、转向动力缸等。

2.2　普通液压助力转向系统的工作过程

汽车直线行驶时，如图6-19(a)所示，滑阀1在复位弹簧3的作用下保持在中间位置。转向控制阀内各环槽相通，自转向油泵15输送出来的油液进入阀体环槽A之后，经环槽B和C分别流入转向动力缸8的R腔和L腔，同时又经环槽D和E进入回油管道流回转向储油罐14。这时，滑阀与阀体各环槽槽肩之间的间隙大小相等，油路畅通，转向动力缸8因左右腔油压相等而不起加力作用。

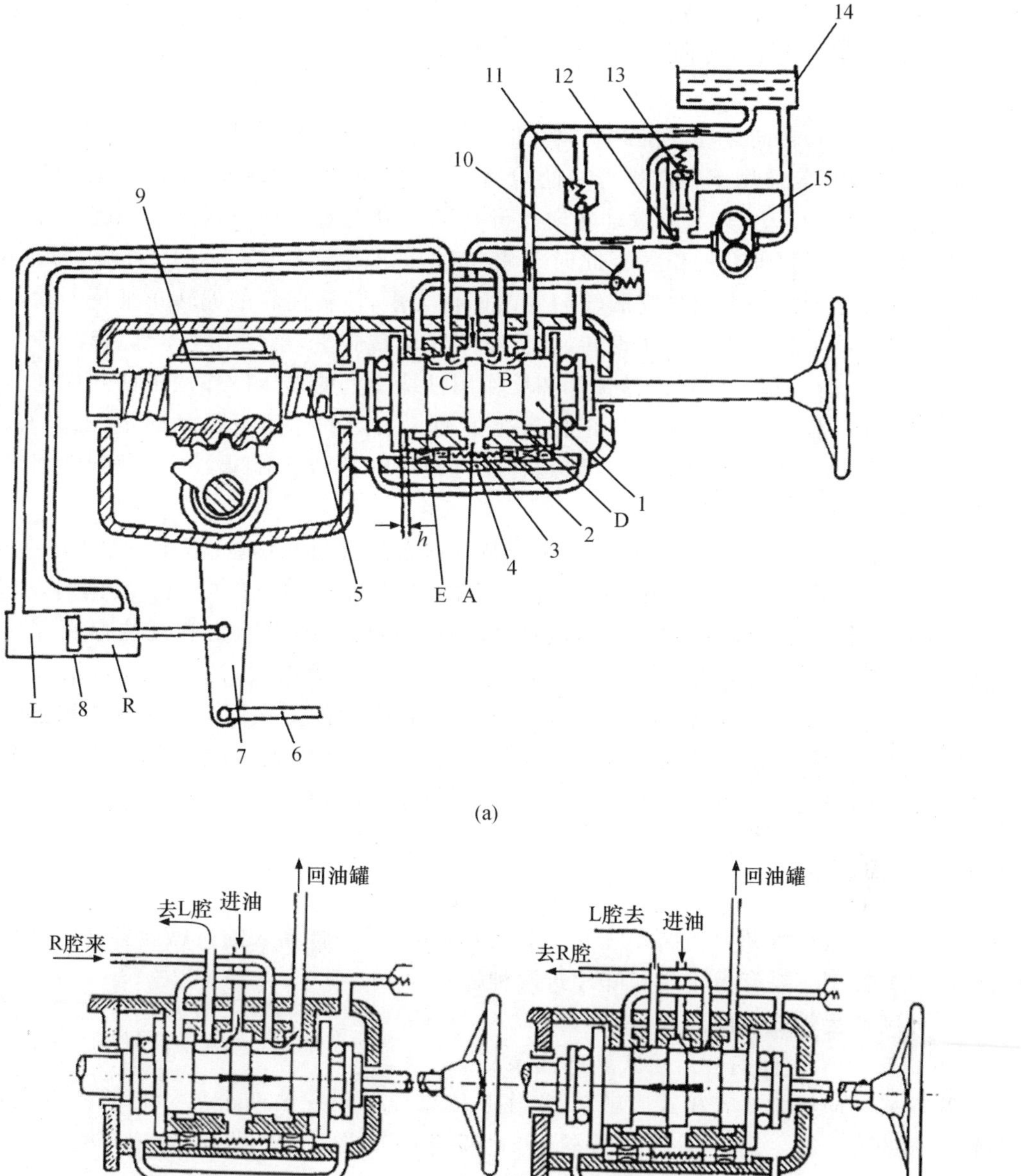

1-滑阀；2-反作用柱塞；3-复位弹簧；4-阀体；5-转向螺杆；6-转向直拉杆；7-转向摇臂；
8-转向动力缸；9-转向螺母；10-单向阀；11-安全阀；12-节流孔；
13-溢流阀；14-转向储油罐；15-转向油泵

图 6-19 液压常流滑阀式动力转向装置

汽车右转向时，驾驶员通过转向盘使转向螺杆 5 向右转动(顺时针)。开始时，转向螺母暂时不动，具有左旋螺纹的转向螺杆 5 在转向螺母 9 的推动下向右轴向移动，带动滑阀 1 压缩复位弹簧 3 向右移动，消除左端间隙 h，如图 6-19(b)所示。此时环槽 C 与 E 之间、A 与 B 之间的油路通道被滑阀和阀体相应的槽肩封闭，而环槽 A 与 C 之间的油路通道增大，油泵送来的油液自环槽 A 经 C 流入转向动力缸 8 的 L 腔，L 腔成为高压油区。R 腔油液经环槽 B、D 及回油管流回转向储油罐 14，转向动力缸 8 的活塞右移，使转向摇臂 7 逆时针转动，从而起加力作用。

只要转向盘和转向螺杆 5 继续转动，加力作用就一直存在。当转向盘转过一定角度保持不动时，转向螺杆 5 作用于转向螺母 9 的力消失，但转向动力缸 8 的活塞继续右移，转向摇臂 7 继续逆时针方向转动，其上端拨动转向螺母 9，带动转向螺杆 5 及滑阀 1 一起向左移动，直到滑阀 1 恢复到中间稍偏右的位置。此时 L 腔的油压仍高于 R 腔的油压。此压力差在转向动力缸 8 的活塞上的作用力用来克服转向轮的回正力矩，使转向轮的偏转角维持不动，这就是转向的维持过程。如转向轮进一步偏转，则需继续转动转向盘，重复上述全部过程。

松开转向盘，滑阀 1 在复位弹簧 3 和反作用柱塞 2 上的油压的作用下回到中间位置，转向动力缸 8 停止工作。转向轮在前轮定位产生的回正力矩的作用下自动回正，通过转向螺母 9 带动转向螺杆 5 反向转动，使转向盘回到直线行驶位置。如果滑阀 1 不能回到中间位置，汽车将在行驶中跑偏。

在对装的反作用柱塞 2 的内端，复位弹簧 3 所在的空间，转向过程中总是与转向动力缸 8 高压油腔相通。此油压与转向阻力成正比，作用在反作用柱塞 2 的内端。转向时，要使滑阀 1 移动，驾驶员作用在转向盘上的力，不仅要克服转向器内的摩擦阻力和复位弹簧 3 的张力，还要克服作用在反作用柱塞 2 上的油液压力。所以，转向阻力增大，油液压力也增大，驾驶员作用于转向盘上的力也必须增大，使驾驶员感觉到转向阻力的变化情况。这种作用就是“路感”。

液压常流滑阀式动力转向装置的结构复杂、体积大，所以大多应用于大型货车、客车和工程机械上。小型汽车上主要应用的是液压常流转阀式动力转向装置。

2.3 转向油泵

转向油泵是液压助力转向系统的供能装置，其作用是将输入的机械能转换为液压能输出。转向油泵的类型主要有齿轮式和叶片式两种。

1）外啮合齿轮式转向油泵

图 6-20 所示为外啮合齿轮式转向油泵。

齿轮式转向油泵是容积式回转泵，工作是依靠壳体内安装两个尺寸相同的齿轮相互啮合旋转完成的。一个主动轮，一个被动轮，齿轮两端面靠前后盖密封，齿轮把泵壳内部分成两个独立的工作腔，分别为吸入腔和排出腔，输送时齿轮式转向油泵主动齿轮带动被动齿轮旋转。当齿轮脱开时腔容积逐渐增大，在吸入腔就形成局部真空，液体被吸入，被吸入的液体充满齿轮的各个齿间而带到排出腔，齿轮进入啮合时腔容积逐渐减小，形成高压液体并经泵排出口排出泵外。根据齿轮的不断旋转啮合，液体连续排出完成输送工作。

流量控制阀的阀体与齿轮副并联，其内有柱塞和弹簧，其作用是利用压差原理以限制转向油泵最大流量。安全阀的作用是限制系统最高压力。

2）叶片式转向油泵

叶片式转向油泵分为单作用叶片式转向油泵和双作用叶片式转向油泵两种。

单作用叶片式转向油泵的工作原理如图 6-21 所示。转子泵由定子 1、转子 2、叶片 3 和端盖等部件所组成。定子的内表面是圆柱形孔。转子和定子之间存在着偏心距 e。叶片在转子

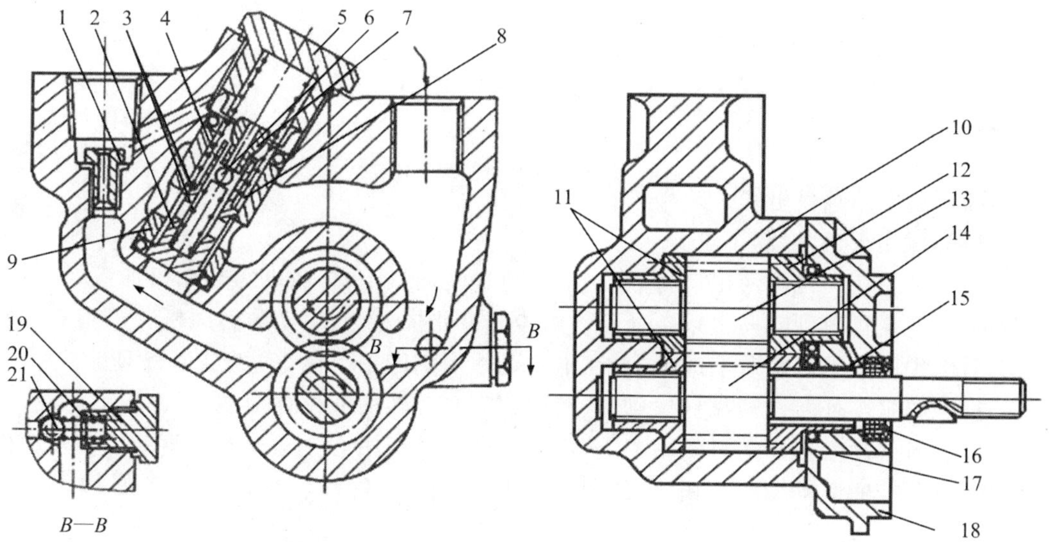

1-量孔；2-流量控制阀柱塞；3-安全阀弹簧；4-安全阀弹簧座；5、19-螺塞；6-安全阀阀芯；7-安全阀阀座；8-流量控制阀弹簧；9-流量控制阀阀体；10-泵体；11、12、15-浮动轴套；13-从动齿轮；14-主动齿轮；16-油封；17-弹簧片；18-泵盖；20-单向阀弹簧；21-单向阀钢球

图 6-20 外啮合齿轮式转向油泵

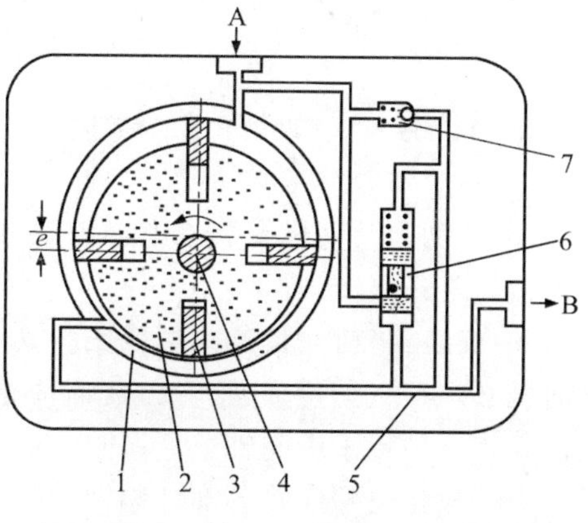

1-定子；2-转子；3-叶片；4-转子轴；5-出油管道；6-溢流阀；7-安全阀；A-进油孔；B-出油孔

图 6-21 单作用叶片式转向油泵的工作原理

的槽内可灵活滑动，在转子转动时的离心力以及通入叶片根部压力油的作用下，叶片顶部贴紧在定子内表面上，于是两相邻叶片、配油盘、定子和转子间便形成了一个个密封的工作腔。当转子按逆时针方向旋转时，图右侧的叶片向外伸出，密封工作腔容积逐渐增大，产生真空，于是通过进油口 A 将油吸入。而在图的左侧，叶片往里缩进，密封腔的容积逐渐缩小，密封腔中的油液经出油口 B 被压出而输出到系统中去。这种泵在转子转一圈过程中，吸油、压油各一次，故称为单作用叶片泵。转子受到径向液压不平衡作用力，故又称为非平衡式泵，其轴承负载较大。改变定子和转子间的偏心距，便可改变泵的排量，故这种泵是变量泵。

溢流阀用以限定转向油泵的最大输出流量。当输出油量过大时，节流孔处油液的流速很高，但该处的压力很小，此压力经横向油道传到溢流阀右侧，使节流阀左右两侧的压差增大，在压差的作用下，节流阀压缩弹簧右移，使进油道和出油道相通，部分油液在泵内循环流动，减少了出油量。安全阀用以限定转向油泵输出油液的最高压力。当输出压力过高时，这个压力传到溢流阀右侧，使安全阀左移开启，高压油流回进油腔，降低了输出油压。

3 任务实施

转向器的更换

(1)断开蓄电池负极电缆。

(2)适当撑起车辆,拆卸车轮。

(3)断开动力转向机油液出口管,将接油盘放在转向机下,接收动力转向机油液。

(4)转动转向盘直到转向盘辐条处于垂直位置并指向左侧,使动力转向机置于正前位置。

(5)对准中间轴下联轴节上的标记,在枢轴壳体上刻印一个标记,如图 6-22 所示。

(6)拆下并报废外转向横拉杆螺母,从转向节上断开转向横拉杆两端,拆卸横梁总成。

(7)在装备手动变速驱动桥的车辆上,拆卸变速驱动桥中心托架至变速驱动桥和发动机的固定螺栓,移开变速驱动桥中心托架,如图 6-23 所示。

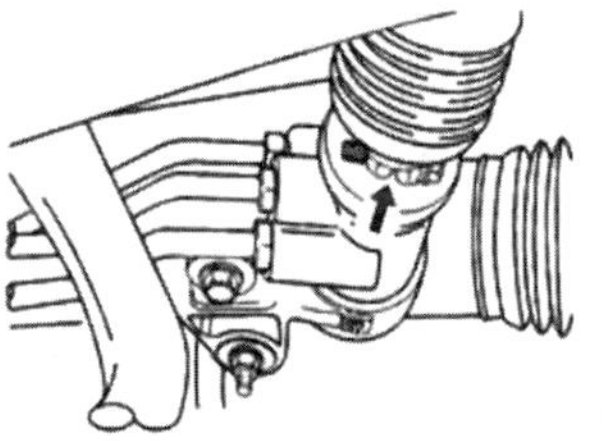

图 6-22 中间轴下联轴节上的标记

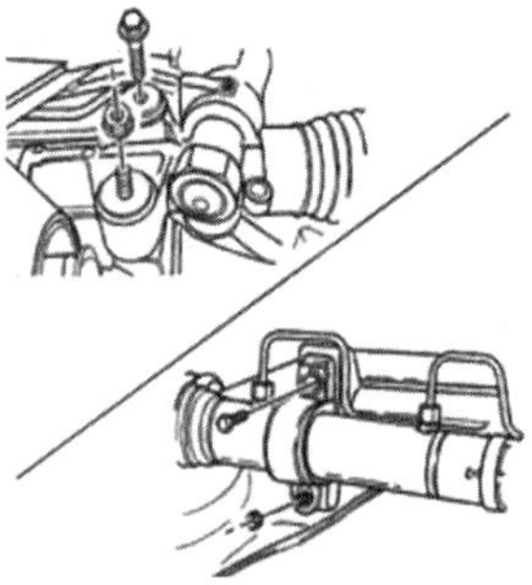

图 6-23 移动变速驱动桥中心托架

(8)从动力转向机安装架上拆卸螺母和螺栓,从横梁上的卡夹中拆卸回油管,从横梁上拆卸齿轮齿条式总成。

(9)安装:将齿轮齿条式总成安装到横梁上并将横梁用托架托起升至其安装位置处。动力转向机必须在正前位置,且转向盘辐条处于垂直位置并指向左侧。对准轴上的标记,确保正确定位。将枢轴置于中间轴上。

(10)按相反顺序将各部件装回原位,按规定的扭矩上拧紧。重新加注液压油,检查是否泄漏,连接蓄电池负极电缆。

任务 4 常见故障诊断与排除

1 任务引入

转向系常见故障有转向沉重、异响、左右转向轻重不同、直线行驶转向盘发飘或跑偏、转向时转向盘发抖等。

2 相关知识

2.1 转向沉重

2.1.1 现象

装有液压动力转向系统的汽车，在行驶中突然感到转向沉重。

2.1.2 原因

转向沉重一般是液压转向动力系统失效或助力不足所造成的，其根本原因在于液压不足。引起转向系统油压不足的主要原因如下：

(1)转向储油罐缺油或油液高度低于规定要求。

(2)液压回路中渗入空气。

(3)油泵驱动皮带过松或打滑。

(4)各油管接头处密封不良，有泄漏现象。

(5)油路堵塞或滤清器污物太多。

(6)油泵磨损、内部泄漏严重。

(7)油泵安全阀、溢流阀泄漏，弹簧弹力减弱或调整不当。

(8)转向动力缸或转向控制阀密封损坏。

2.1.3 诊断与排除

(1)检查转向油泵驱动部分的情况。

①用手压下转向油泵的驱动皮带，检查皮带的松紧度，若皮带过松，应调整。

②起动发动机，使发动机怠速运转，突然提高发动机的转速，检查转向油泵驱动皮带有无打滑现象，发现问题后应按规定更换性能不良的部件。

(2)检查转向储油罐内的油液质量和液面高度，若油液变质则应重新更换规定油液。若只是液面低于规定高度，应加油使油面达到规定位置。

(3)检查转向储油罐内的滤清器。

①若发现滤网过脏，说明滤清器堵塞，应清洗。

②若发现滤网破裂，说明滤清器损坏，应更换。

(4)检查油路中是否渗入空气，如果发现油罐中的油液有气泡，说明油路中有空气渗入，应检查各油管接头和接合面的螺栓是否松动，各密封件是否损坏，有无泄漏现象，油管是否破裂等。对于出现故障的部位应进行修整和更换，并进行排气操作，最后重新加入油液。

(5)检查各油管接头等处有无泄漏，油路中是否有堵塞，查明故障后按规定力矩拧紧有关接头或清除污物。

(6)对转向油泵进行输出油压检查，如果转向油泵输出压力不足，说明转向油泵有故障，此时应分解转向油泵，检查转向油泵是否磨损或内部泄漏情况，安全阀、溢流阀是否泄漏或卡滞，弹簧弹力是否减弱或调整不当，各轴承是否烧结或严重磨损等。对于叶片泵还应检查转子上的密封环或油封是否损坏，对于齿轮泵应检查齿轮间隙是否过大等，查明故障予以修理，必要时更换转向油泵。

2.2 异响

2.2.1 现象

汽车转向时，转向系统有过大的异响，并影响汽车的转向性能。

2.2.2 原因

(1)转向储油罐中液面太低，转向油泵在工作时容易渗入空气。

(2)液压系统中渗入空气。

(3)转向储油罐滤网堵塞，或液压回路中有过多的沉积物。

(4)油管接头松动或油管破裂。

(5)转向油泵严重磨损或损坏。

(6)转向控制阀性能不良。

2.2.3 诊断与排除

(1)当转向盘处于极限位置或原地慢慢转动转向盘时转向器发出“嘶嘶”声，如果这种异响严重则可能为转向控制阀性能不良，应更换转向控制阀。

(2)当转向油泵发出“嘶嘶”声或尖叫声时，应进行以下检查：

①检查转向储油罐液面高度，液面高度不够时应查明泄漏部位并修理，然后按规定加足油液。

②检查转向油泵驱动皮带是否打滑，若打滑应先查明原因，然后更换皮带或调整皮带紧度。

③察看油液中有无泡沫，若有泡沫，应查找漏气部位并予以修理，然后排除空气。若无漏气，则说明油路有堵塞处或转向油泵严重磨损及损坏，应予以修复或更换。

2.3 左右转向轻重不同

2.3.1 现象

汽车行驶时，向左和向右转向操纵力不相等。

2.3.2 原因

(1)转向控制阀的阀芯(或滑阀)偏离中间位置，或虽然在中间位置但与阀体槽肩的缝隙大小不一致。

(2)转向控制阀内有污物阻滞，使左右转动阻力不同。

(3)液压系统中转向动力缸的某一油腔渗入空气。

(4)油路漏损。

2.3.3 诊断与排除

这种故障多是油液脏污所致，应按规定更换新油后再进行检查。

（1）如果油质良好或更换新油后故障没有消除，应对液压系统进行排气并检查系统有无油液泄漏，液压系统中出现泄漏时，应更换泄漏部位的零部件。

（2）如果故障仍不能排除，则可能是由于转向控制阀定中不良造成的。滑阀式转向控制阀可在动力转向器外部进行排除，通过改变转向控制阀阀体的位置来实现。如果滑阀位置调整后仍不见好转，应拆检滑阀测量其尺寸，若偏差较大，应更换滑阀。对于转阀式转向控制阀必须通过分解检查来排除故障。

2.4 直线行驶转向盘发飘或跑偏

2.4.1 现象

汽车直线行驶时，难以保持正前方向而总向一边跑偏。

2.4.2 原因

（1）油液脏污、转向控制阀复位弹簧折断或变软，使转向控制阀不能及时复位。

（2）转向控制阀的阀芯（或滑阀）偏离中间位置，或虽在中间位置但与阀体槽肩的缝隙大小不一致。

（3）流量控制阀卡滞使转向油泵流量过大或油压管路布置不合理，造成油压系统管路节流损失过大，使转向动力缸左右腔压力差过大。

2.4.3 诊断与排除

（1）首先检查油液是否脏污。对于新车或大修以后的车辆，如果不认真执行磨合期换油规定，会使油液脏污。

（2）对于使用较久的车辆，则可能是流量控制阀或转向控制阀复位弹簧失效所致，此时可在不起动发动机的情况下转动转向盘，凭手感判断转向控制阀是否开启自如，若有怀疑一般应拆卸检查。

（3）最后检查转向油泵流量控制阀是否卡滞和油压管路布置是否合理，若发现故障予以修理。

2.5 转向时转向盘发抖

2.5.1 现象

发动机工作时转向，尤其是在原地转向时滑阀共振，转向盘抖动。

2.5.2 原因

（1）转向储油罐液面低。

（2）油路中渗入空气。

(3)转向油泵驱动皮带打滑。

(4)转向油泵的输出压力不足。

(5)转向油泵流量控制阀卡滞。

2.5.3 诊断与排除

(1)首先检查转向储油罐液面是否符合规定,否则按要求加注油液。

(2)排放油路中渗入的空气。

(3)检查转向油泵驱动皮带是否打滑或其他驱动形式的齿轮传动等有无损坏,发现问题后应按规定调整皮带紧度或更换性能不良的部件。

(4)对转向油泵的输出压力进行检查。压力不足时应分解转向油泵,检查转向油泵是否磨损或内部泄漏情况、安全阀及流量控制阀是否泄漏或卡滞、弹簧弹力是否减弱或调整不当、各轴承是否烧结或严重磨损等。对于叶片式转向油泵还应检查转子上的密封环或油封是否损坏。对于齿轮式转向油泵应检查齿轮间隙过大等,查明故障并予以修理,必要时更换转向油泵。如果泵轴油封泄漏也应更换转向油泵。

【思政园地】

高凤林:为火箭焊接"心脏"的人

焊接技术千变万化,为火箭发动机焊接,就更不是一般人能胜任的了。高凤林就是一个为火箭焊接"心脏"的人。

高凤林,中国航天科技集团公司第一研究院国营二一一厂特种熔融焊接工、发动机零部件焊接车间班组长,特级技师。

30 多年来,高凤林先后参与北斗导航、嫦娥探月、载人航天等国家重点工程以及长征五号新一代运载火箭的研制工作,一次次攻克发动机喷管焊接技术世界级难关,出色完成亚洲最大的全箭振动试验塔的焊接攻关、修复苏制图-154 飞机发动机,还被丁肇中教授亲点,成功解决反物质探测器项目难题。高凤林先后荣获国家科技进步二等奖、全军科技进步二等奖等 20 多个奖项。

绝活不是凭空得,功夫还得练出来。

高凤林吃饭时拿筷子练送丝,喝水时端着盛满水的缸子练稳定性,休息时举着铁块练耐力,冒着高温观察铁水的流动规律;为了保障一次大型科学实验,他的双手至今还留有被严重烫伤的疤痕;为了攻克国家某重点攻关项目,近半年的时间,他天天趴在冰冷的产品上,关节麻木了、青紫了,他甚至被戏称为"和产品结婚的人"。2015 年,高凤林获得全国劳动模范称号。

高凤林以卓尔不群的技艺和劳模特有的人格魅力、优良品质,成为新时代高技能工人的时代坐标。

【课后习题】

一、选择题

1. 转向轮绕着(　　)摆动。

A. 转向节　B. 主销　C. 前梁　D. 车架

2. 车轮定位中,(　　)可通过改变横拉杆的长度来调整。

A. 主销后倾　B. 主销内倾　C. 前轮外倾　D. 前轮前束

3. 在转向系中,转向器采用的是齿轮齿条式液压动力转向器,当转向液压泵出现故障时,转向系将(　　)实现转向功能。

A. 能　B. 不能　C. 汽车低速行驶时能　D. 不能确定

4. 转向油泵是助力转向的动力源,其作用是将输出的(　　),经转向控制阀向转向动力缸提供一定压力和流量的工作油液。

A. 液压能转化为机械能　B. 机械能转化为液压能

C. 液压能转化为势能　D. 动能转化为机械能

5. 电子控制动力转向系的英文简写是(　　)。

A. ETS　B. CCS　C. GPS　D. EPS

6. 一般规定转向盘从直行中间位置向任一方向的自由行程不超过(　　)。

A. 10°～15°　B. 10°～20°　C. 20°～30°　D. 20°～35°

7. 汽车内侧转向轮的最大偏转角一般在(　　)之间。

A. 30°～40°　B. 35°～42°　C. 20°～40°　D. 25°～50°

二、判断题

(　　)1. 一般载货汽车的前桥是转向桥,后桥是驱动桥。

(　　)2. 越野汽车的前桥通常是转向兼驱动。

(　　)3. 当汽车转弯时,内侧轮胎转向半径通常小于外侧轮胎。

(　　)4. 可逆式转向器有利于转向轮和转向盘自动回正,但汽车在坏路面上行驶时易发生转向打手现象。

(　　)5. 采用动力转向系的汽车,当转向加力装置失效时,汽车也就无法转向了。

(　　)6. 汽车液压动力转向系中,安全阀既可限制最大压力,又可限制多余的油液。

项目七 制动系的结构与检修

任务1 更换盘式制动块

1 任务引入

一辆丰田轿车行驶了12万km，制动时出现制动不良，并且能够听到制动时车轮发出的摩擦声响，经检查造成该车制动不良的原因是前轮的盘式制动器的制动块磨损严重，需要更换制动块。

2 相关知识

2.1 制动系概述

2.1.1 制动系的作用

(1)使行驶中的汽车按照驾驶员的要求进行强制减速甚至停车。

(2)使下坡行驶的汽车速度保持稳定。

(3)使已停驶的汽车在各种道路条件下(包括在坡道上)稳定驻车。

2.1.2 制动系的组成和工作原理

制动系一般由供能装置、控制装置、传动装置和制动器4部分组成。

(1)供能装置:包括供给、调节制动所需能量以及改善传能介质状态的各种部件。

(2)控制装置:包括产生制动动作和控制制动效果的各种部件,如制动踏板、制动阀等。

(3)传动装置:是将驾驶员或其他的作用力传递到制动器,同时控制制动器的工作,从而产生制动力矩,包括将制动能量传输到制动器的各个部件,如制动主缸和制动轮缸等。

(4)制动器:是产生摩擦力矩阻碍车辆运动或运动趋势的部件,一般通过固定元件与旋转元件表面之间的摩擦作用来实现制动。

较为完善的制动系还具有制动力调节装置、报警装置、压力保护装置等附加装置。

图7-1所示为一简单的液压制动系统,制动鼓固定在车轮轮毂上随车轮一起旋转,其内圆柱面为工作表面。在固定不动的制动底板装有两个固定的支承销,两个外圆面铆接摩擦片的弧形制动蹄下端装在支承销上,制动蹄可沿支承销轴线转动,制动蹄上端用复位弹簧拉紧压靠在轮缸活塞上。制动轮缸装在制动底板上,用油管与装在车架上的制动主缸相连,主缸活塞由驾驶员通过制动踏板来操纵。

要使行驶中的汽车减速或停车,驾驶员踩下制动踏板,通过推杆推动主缸活塞,使主缸中

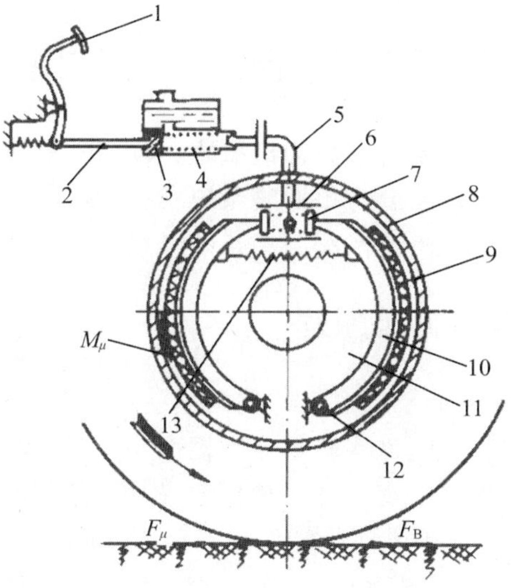

1-制动踏板;2-主缸推杆 3-主缸活塞;4-制动主缸;5-油管;6-制动轮缸;7-轮缸活塞;8-制动鼓;9-摩擦片;10-制动蹄;11-制动底板;12-支承销;13-复位弹簧

图 7-1　制动系的组成及工作原理

的油液以一定压力流入制动轮缸。通过轮缸活塞推动两制动蹄绕支承销转动,上端向外张开,从而使摩擦片压紧在制动鼓的内圆面上。这样,不旋转的制动蹄就对旋转着的制动鼓产生一个摩擦力矩 M_μ,其作用方向与车轮旋转方向相反,摩擦力矩大小取决于制动轮缸的张力、摩擦系数和制动鼓及制动蹄的尺寸等。制动鼓将该力矩 M_μ 传到车轮后,由于车轮与路面间的附着作用,车轮即对路面作用一个向前的周缘力 F_μ。与此同时,路面给车轮作用一个向后的反作用力 F_B,即制动力。制动力 F_B 由车轮经车桥和悬架传递给车架和车身,迫使整个汽车产生一定的减速度。制动力越大,汽车减速度也越大。当松开制动踏板时,制动蹄复位弹簧即将制动蹄拉回原位,摩擦力矩 M_μ 和制动力 F_B 消失,制动作用即行终止。

制动时车轮上的制动力 F_B 不仅取决于制动力矩 M_μ 还取决于轮胎与路面间的附着条件。如果完全丧失附着,就不会产生制动效果,即车轮停止了转动而被抱死,汽车仍然向前滑移。

2.1.3　制动系的分类

1)按制动系的功用分类

行车制动系:使行驶中的汽车减速甚至停车的一套专门装置。

驻车制动系:使停止的汽车在原地驻留的一套装置。

应急制动装置:当行车制动装置失效时保证汽车仍能实现减速或停车的装置。

辅助制动系:为了汽车下长坡时减轻行车制动器的磨损而设置的,如发动机排气制动装置。

2)按制动系的制动能源分类

人力制动系:以驾驶员的肌体作为制动能源的制动系。

动力制动系:完全靠由发动机的动力转化而成的气压或液压形式的动能进行制动的制

动系。

伺服制动系:兼用人力和发动机动力进行制动的制动系。

3)其他分类

按制动能量的传输形式分类,制动系分为机械式、液压式、气压式、电磁式、组合式。

按传动系统的回路分类,制动系分为单回路系统、双回路系统。双回路制动系统在一侧回路失效时,仍能提供部分制动力。目前汽车制动系统必须采用双回路制动系统。

2.2 盘式制动器的结构与工作原理

制动器按制动元件分为盘式制动器和鼓式制动器。

盘式制动器又称为碟式制动器,盘式制动器摩擦副中的旋转元件是以端面工作的金属圆盘,称为制动盘。根据盘式制动器固定元件的结构形式,可将其分为钳盘式制动器与全盘式制动器。钳盘式制动器的制动钳与制动盘接触面较小,一般不超过120°,多用于轿车。全盘式制动器的动盘与定盘相互压紧,接触面积大,制动力矩大,但散热条件差,多用于起重机械及货车。

钳盘式制动器的固定元件为制动钳和制动块(由金属背板和摩擦片组成)。钳盘式制动器按制动钳固定在支架上的结构形式又可分为定钳盘式和浮钳盘式两种。

2.2.1 定钳盘式制动器

图7-2所示为定钳盘式制动器结构示意图,跨置在制动盘1上的制动钳体5固定安装在车桥6上,它不能旋转也不能沿制动盘轴线方向移动,其内的两个活塞2分别位于制动盘1的两侧。

制动时,制动油液由制动总泵(制动主缸)经进油口4进入制动钳体中两个相通的液压腔中,将两侧的制动块3压向与车轮固定连接的制动盘1,从而产生制动。

这种制动器存在以下缺点:油缸较多,使制动钳体结构复杂;油缸分置于制动盘两侧,必须用跨越制动盘的钳内油道或外部油管来连通,这使制动钳体的尺寸过大,难以安装在现代化轿车的轮辋内;热负荷大时,油缸和跨越制动盘的油管或油道中的制动液容易受热汽化;若要兼用于驻车制动,则必须加装一个机械促动的驻车制动钳。

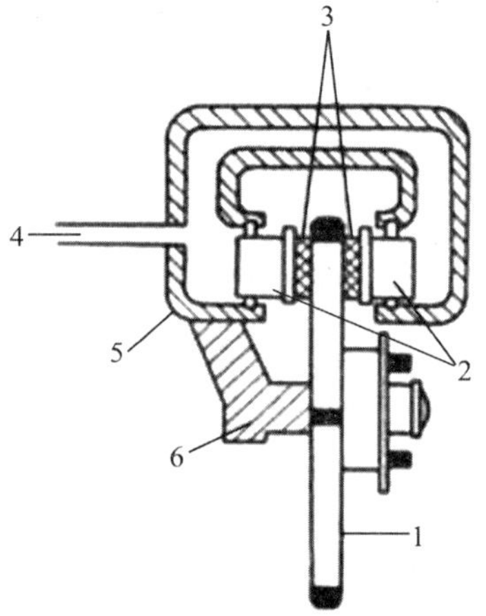

1-制动盘;2-活塞;3-制动块;4-进油口;5-制动钳体;6-车桥

图7-2 定钳盘式制动器结构示意图

2.2.2 浮钳盘式制动器

图7-3所示为浮钳盘式制动器结构示意图,制动钳体1通过导向销2与车桥相连,可以相对于制动盘4轴向移动。制动钳体只在制动盘的内侧设置油缸,而外侧的制动块则附装在制动钳体上。

制动时,液压油通过进油口进入制动油缸,推动活塞及其上的制动块向右移动,并压到制动盘上,使油缸连同制动钳体整体沿销钉向左移动,直到制动盘右侧的制动块也压到制动盘上夹住制动盘并使其制动。

与定钳盘式制动器相反，浮钳盘式制动器轴向和径向尺寸较小，而且制动液受热汽化的机会较少。此外，浮钳盘式制动器在兼充行车和驻车制动器的情况下，只需在行车制动钳油缸附近加装一些用以推动油缸活塞的驻车制动机械传动零件即可。其缺点是刚度较差，摩擦片易产生偏磨损。

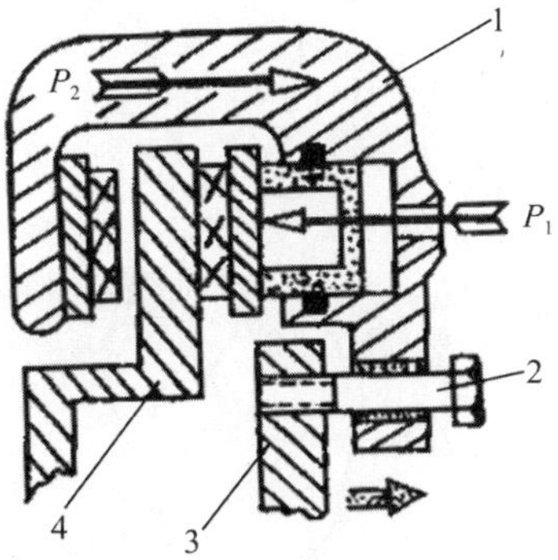

1-制动钳体；2-导向销；3-车桥；4-制动盘

图 7-3　浮钳盘式制动器结构示意图

盘式制动器与鼓式制动器相比，有以下优点：

(1)一般无摩擦助势作用，因而制动器效能受摩擦系数的影响较小，即效能较稳定。

(2)浸水后效能降低较少，而且只需经一两次制动即可恢复正常。

(3)在输出制动力矩相同的情况下，尺寸和质量一般较小。

(4)制动盘沿厚度方向的热膨胀量极小，不会像制动鼓的热膨胀那样使制动器间隙明显增大而导致制动踏板行程过大。

(5)较容易实现间隙自动调整，其他保养修理作业也较简便。

(6)对于钳盘式制动器而言，因为制动盘外露，所以散热良好。

盘式制动器不足之处是效能较低，故用于液压制动系统时所需制动促动管路压力较高，一般要用伺服装置。

目前，盘式制动器已广泛应用于轿车，但除了在一些高性能轿车上用于全部车轮以外，大都只用作前轮制动器，而与后轮的鼓式制动器配合，以期汽车有较高的制动时的方向稳定性。在货车上，全盘式制动器也开始采用。

2.3　盘式制动器主要零件的检修

1)制动盘的检修

(1)摩擦表面是否有裂纹、变形、磨损、沟槽极限为 1.50 mm。

(2)制动盘的厚度检查：如图 7-4 所示，用千分尺测量距制动盘边缘 10.00 mm 处 3 点的厚度(角度间隔为 120°)，与标准厚度比较，磨损极限为 2 mm。

(3)制动盘的端面跳动量的检查：将制动盘固定在轮毂上，并用百分表检查其端面圆跳动量应不大于 0.06 mm，如图 7-5 所示。

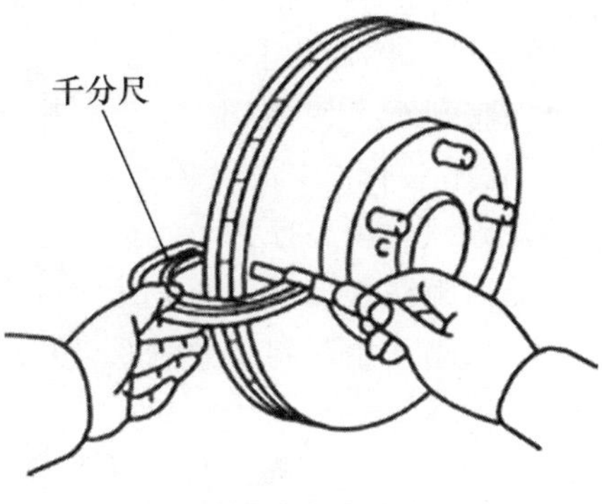

图 7-4　制动盘的厚度检查

2)制动块的检修

(1)摩擦表面是否出现过度光滑发亮、烧蚀或被污物污染。

(2)厚度检查：如图 7-6 所示，用游标卡尺测量摩擦衬片 3 个点或 4 个点的厚度，使用极限为 2.0 mm。

(3)检查磨损是否均匀：最大不均匀磨损量为 1.0 mm。

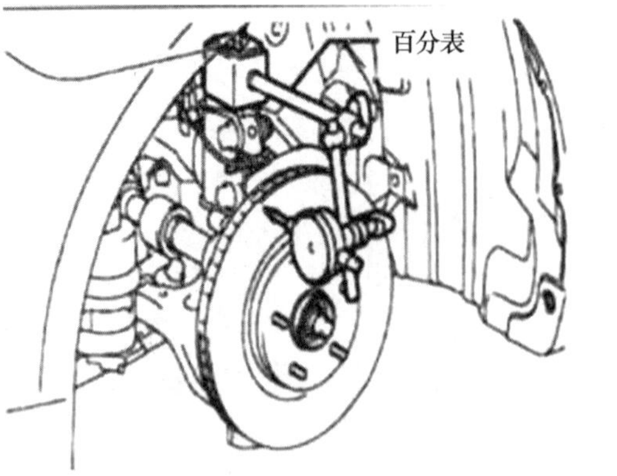

图 7-5 制动盘的端面跳动量的检查

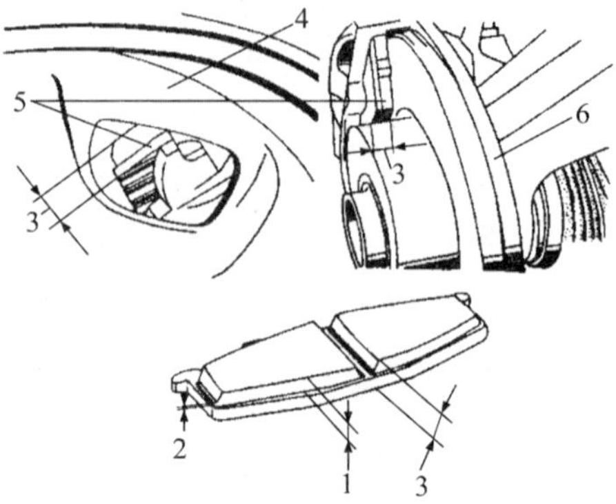

1-制动块摩擦片厚度;2-制动块摩擦片磨损极限厚度;3-制动块的总厚度;4-轮辐;5-外制动块;6-制动盘

图 7-6 制动块厚度的检查

3 任务实施

更换桑塔纳轿车制动块

(1)松开手刹,将需要换刹车的轮子的轮毂螺丝拧松(注意是拧松,不要完全拧下来)。用千斤顶将汽车顶好,然后卸下轮胎。

(2)将刹车卡钳的螺丝卸下。

(3)将刹车卡钳用绳子挂好,以避免刹车管路受损伤。然后取下旧的摩擦片,如图 7-7 所示。

(4)使用 C 型夹钳将刹车活塞推回到最里面(请注意在这一步之前,先掀起引擎盖,将刹车油盒的盖子拧开,因为顶刹车活塞时,制动液的液面会随之上升),将新的摩擦片装上。

(5)将刹车卡钳装回去,卡钳螺丝拧至要求的扭矩。将轮胎装回去,轮毂螺丝稍微拧紧。放下千斤顶,将轮毂螺丝彻底拧紧。

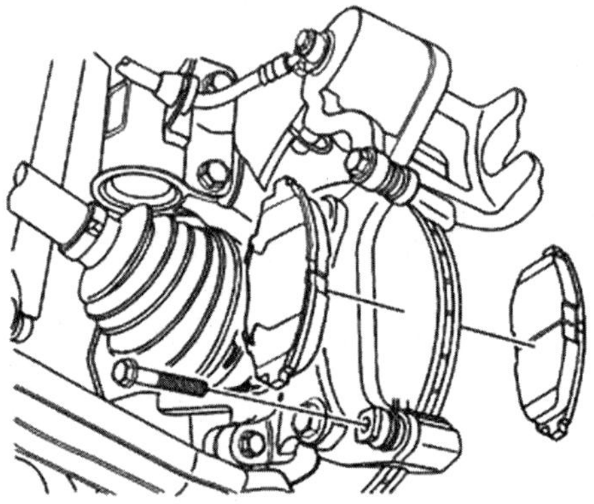

图 7-7 拆出摩擦片

(6)因为在换摩擦片的过程中,将刹车活塞顶到了最里边,刚开始踩刹车的时候会很空,连续踩几下后就好了。

任务 2 更换鼓式车轮制动器制动蹄

1 任务引入

一辆桑塔纳轿车行驶了 20 万 km,制动时出现制动不良,并且能够听到制动时车轮发出的摩擦声响,经检查造成该车制动不良的原因是后轮鼓式制动器制动蹄磨损严重,需要更换制动蹄。

2　相关知识

2.1　鼓式车轮制动器的组成与分类

2.1.1　鼓式车轮制动器的组成

鼓式车轮制动器一般由固定部分、旋转部分、张开机构、复位装置和定位调整机构组成。固定部分包括制动底板和制动蹄，制动蹄安装在制动鼓上；旋转部分就是制动鼓，制动鼓固定在轮毂上与车轮一起旋转；张开机构就是促使制动蹄张开压紧在旋转制动鼓上产生制动摩擦力矩的机构，通常采用制动轮缸、凸轮等作为促动机构；复位装置就是使张开的制动蹄复位，通过回位弹簧完成；定位调整机构主要用于调整制动器的制动间隙，分为人工调节机构和自动调节机构，目前轿车普遍采用自动调节机构。

2.1.2　鼓式车轮制动器的分类

按张开机构的不同，鼓式车轮制动器可分为轮缸式车轮制动器、凸轮式车轮制动器和楔式车轮制动器；根据制动过程中两制动蹄产生制动力矩的不同，鼓式车轮制动器可分为领从蹄式、双领蹄式、双向双领蹄式、双从蹄式、单向自增力式和双向自增力式等几种形式。下面介绍轮缸式领从蹄式鼓式车轮制动器。

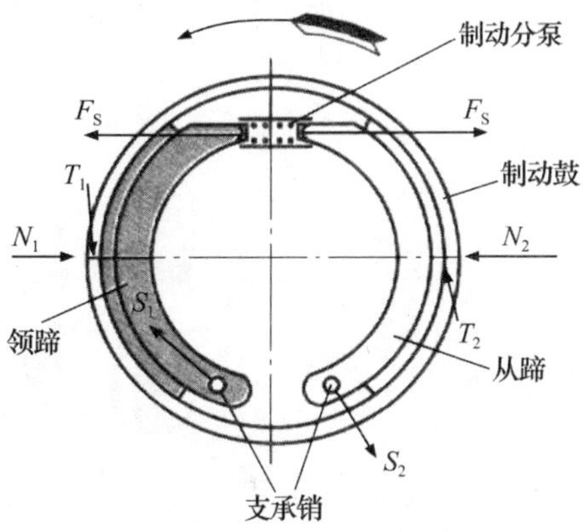

图 7-8　领从蹄式鼓式车轮制动器

图 7-8 所示为领从蹄式鼓式车轮制动器。汽车前进时，制动鼓按图示箭头方向旋转。制动时，前后制动蹄在制动分泵活塞的推力作用下分别绕各自的支点旋转，由于前蹄的张开方向与制动鼓的旋转方向相同，称之为领蹄；反之，后蹄的张开方向与制动鼓的旋转方向相反，称之为从蹄。在制动过程中，制动鼓分别对领、从蹄作用有法向反力 N_1、N_2 和切向反力 T_1、T_2，这些力均为作用在制动蹄上分布力的合力。制动蹄所承受的由制动鼓作用的法向反力和切向反力的合力由其支点（支承销）的支承反力 S_1、S_2 平衡。领蹄上切向合力作用的结果使领蹄在制动鼓上压得更紧，表明领蹄具有“增势”作用；与此相反，从蹄具有“减势”作用。因此，领、从蹄所产生的制动力矩不等（领蹄产生的制动力矩为从蹄制动力矩的 2～2.5 倍），相同尺寸的领、从蹄磨损程度不同（领蹄的磨损较为严重）。此外，领从蹄式鼓式车轮制动器的制动鼓受到的来自领、从蹄的法向反力 N_1 和 N_2 不平衡，则两蹄法向反力之和只能由车轮轮毂轴承的反力来平衡，这就对轮毂轴承造成了附加径向载荷，使其使用寿命缩短。凡制动鼓所受来自两蹄的法向反力不能互相平衡的制动器称为非平衡式制动器。

2.2 典型的鼓式车轮制动器

2.2.1 轮缸式鼓式车轮制动器

图 7-9 所示为桑塔纳轿车后轮的轮缸式车轮制动器。制动分泵是双活塞内张式液压分泵，制动底板由螺栓固定在后桥轴端的支承座上，制动分泵用螺钉固定在制动底板上方，支架、止挡板用铆钉紧固在底板下方，构成制动底板总成。制动蹄定位销、复位弹簧及弹簧座将制动蹄紧压在制动底板的带储油孔的支承平面上，防止制动蹄轴向窜动。制动蹄上固定有斜楔支承，用来支承调节间隙用的楔形件，称为带斜楔装置的制动蹄总成。制动蹄上铆有可以绕销轴自由转动的制动杆，制动杆下端做成钩形，与驻车制动钢索相连，制动蹄称为带杠杆装置的制动蹄总成。摩擦衬片用空心铆钉与制动蹄铆接在一起，铆钉头埋入摩擦片中，深度约为新摩擦片的 2/3。制动蹄的两端做成圆弧形，制动蹄复位弹簧分别将两个制动蹄上端贴靠在制动分泵左右活塞的端面上，下端贴靠在止挡板两端面上。

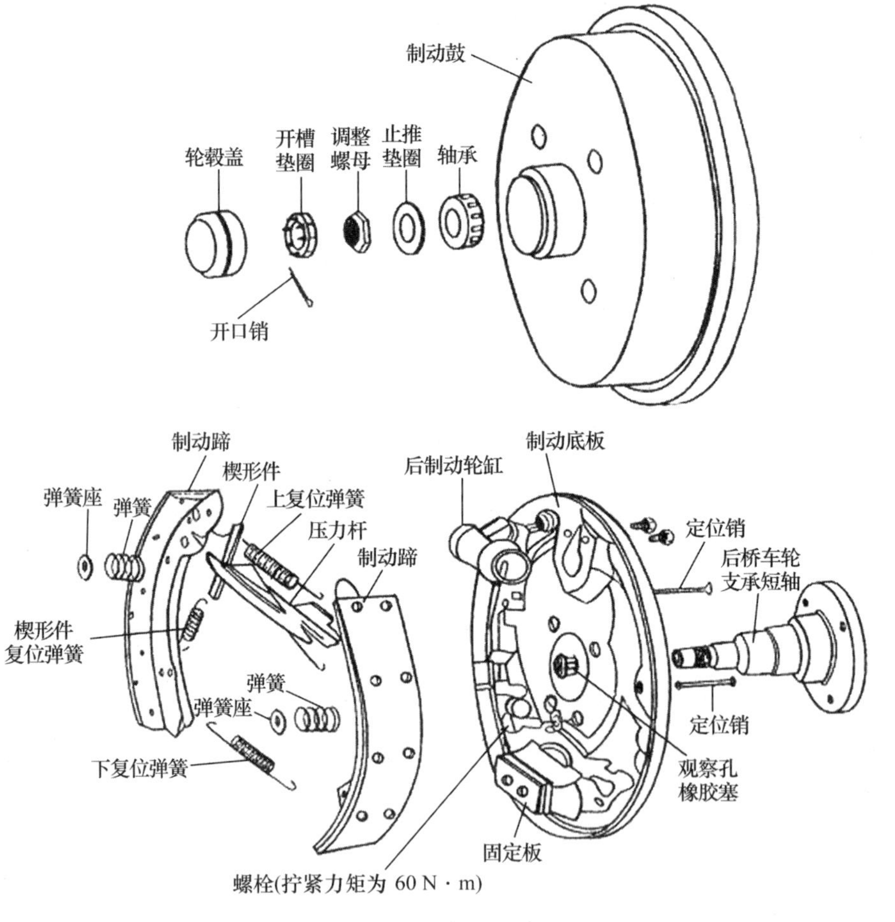

图 7-9　桑塔纳轿车后轮的轮缸式车轮制动器

制动时,制动分泵活塞在制动液压力的作用下推动制动蹄绕制动蹄与支承销的接触点向外旋转,使摩擦片紧压在制动鼓上,产生制动力矩,使汽车制动。解除制动时,在复位弹簧的作用下制动蹄复位。

2.2.2 凸轮式车轮制动器

目前,气压制动的车轮制动器一般采用凸轮式车轮制动器,且设计成领从蹄式。

图 7-10 所示为解放 CA1091 型汽车前轮制动器。前后两制动蹄用可锻铸铁制成,均以下端支撑孔与支承销的偏心轴颈间隙配合,并用挡板及锁销轴向限位。不制动时由复位弹簧把制动蹄上端支撑面拉靠到制动凸轮上,凸轮与轴制成一体,材料多为中碳钢,其表面经高频淬火处理,以提高其耐磨性。制动凸轮轴通过支座固定在制动底板上,其尾部花键轴插入制动调整臂的花键孔中。为了减少凸轮轴与支座之间的摩擦,在支座的两端装有青铜衬套或粉末冶金衬套,有润滑油嘴可定期进行润滑。在衬套外端装有密封垫圈,并用止推垫和调整垫片限制和凸轮轴的轴向窜动。

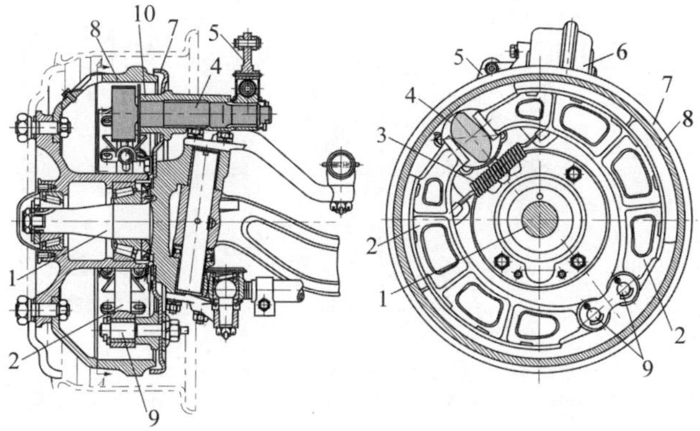

1-转向节轴颈;2-制动蹄;3-复位弹簧;4-制动凸轮轴;5-制动调整臂;6-制动气室;
7-制动底板;8-制动鼓;9-支承销;10-制动凸轮轴支座

图 7-10 解放 CA1091 型汽车前轮制动器

制动时,制动调整臂在制动气室的推动下,带动制动凸轮轴转动,凸轮迫使两制动蹄张开压靠在制动鼓上,产生制动作用。

制动调整臂的结构如图 7-11 所示。在制动调整臂体 6 和两侧的端盖 8 所包围的空腔内装有调整蜗轮 2 和调整蜗杆 7。单线的调整蜗杆,借细花键套装在蜗杆轴 4 上,调整蜗轮以内花键与制动凸轮轴的外花键相连接。转动调整蜗杆,即可在制动调整臂与制动气室推杆 10 的相对位置不变的情况下,通过调整蜗轮使制动凸轮轴转过一定角度,从而改变制动凸轮的原始角位置。蜗杆轴一端的轴颈上,沿周向有 6 个均布的凹坑,当调整蜗杆每转到有一个凹坑对准位于制动调整臂体内的锁止球 3 时,轴在制动调整臂上的相对位置即靠锁止套 11 和锁止螺钉 12 固定了。将具有六角孔的锁止套按入制动调整臂体的孔中,即可转动调整蜗杆,调整蜗杆每转 1/6 周,放开锁止套,弹簧 5 即将锁止套推回与蜗杆轴六角头接合的左极限位置。后一种锁止装置更为可靠。进行全面调整时,还应同时转动带偏心轴颈的支承销。

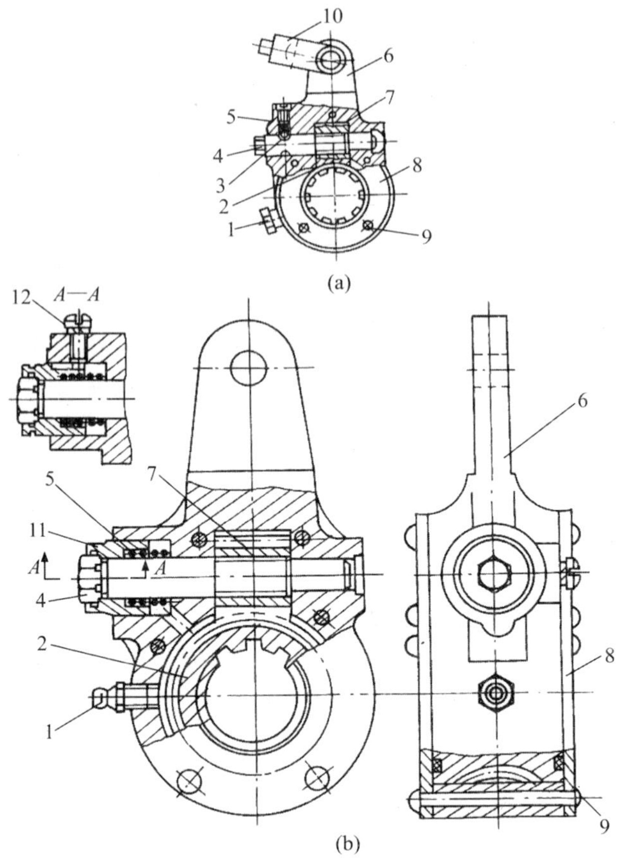

1-滑脂嘴；2-调整蜗轮；3-锁止球；4-蜗杆轴；5-弹簧；6-制动调整臂体；7-调整蜗杆；8-端盖；9-铆钉；10-制动气室推杆；11-锁止套；12-锁止螺钉

图 7-11　东风 EQ1090E 型汽车制动器的制动调整臂

2.3　制动鼓、制动蹄的修理

(1)制动鼓的常见损伤主要是工作表面的磨损、变形和裂纹。制动鼓不得有任何性质的裂纹，否则更换新件。如图 7-12 所示，测量制动鼓内径，内圆柱面的圆度误差不得大于 0.15 mm，圆柱度误差不得大于 0.05 mm，直径不得超过车辆规定的极限值。进口汽车制动鼓内圆柱面一般都标有允许的最大直径，超过规定应更换。桑塔纳 2000GSi 型轿车制动鼓的标准直径为 200 mm，极限直径为 201 mm。

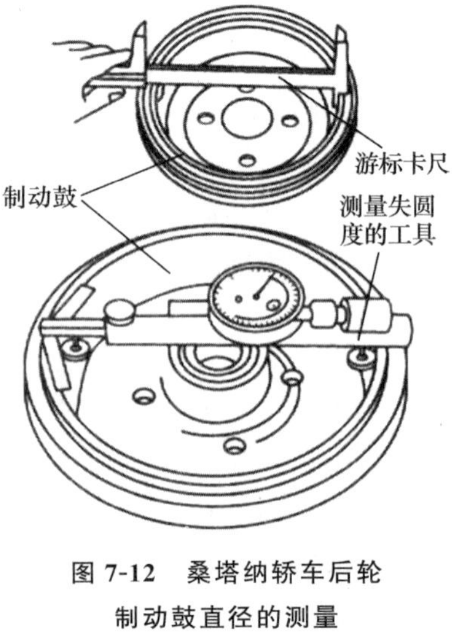

图 7-12　桑塔纳轿车后轮制动鼓直径的测量

制动鼓内圆工作表面对旋转轴线的径向全跳动误差不得大于 0.10 mm。制动鼓圆度、圆柱度、径向全跳动误差超过规定时，应对制动鼓进行镗削，镗削后的制动鼓内径不得超过极限值，同轴两侧制动鼓的直径差应小于 1 mm。

制动鼓内圆表面的镗削，应在专用的制动鼓镗削机上进行。将制动鼓装在轮毂上，以轮毂内外轴承外座圈内锥面的公共轴线为基准配镗。因此，镗削前应检查两轴承内锥面的滚道有无斑点、剥落、松旷，轮毂轴承孔有无损伤等，若需更换轴承，应在轴承更换以后再进行镗削。

(2)制动蹄的常见损伤形式为摩擦片磨损、龟裂、制动蹄支承销孔的磨损等。制动蹄不得有裂纹和变形，支承销孔与支承销的配合应符合原设计规定。制动蹄衬片的磨损不得超过规定值。当铆钉头的沉入量小于 0.5 mm 时，衬片龟裂和严重油污时，应更换衬片。衬片与制动蹄应严密贴合，不得垫入石棉垫，以免影响摩擦热的散热，局部最大缝隙不得超过 0.10 mm。

3　任务实施

3.1　检修准备

(1)小组共同清洁工位、清点工量具，保持场地、设备、工量具干净、整齐及性能良好。

(2)将桑塔纳 2000GSi 型轿车安装好车轮挡块，使用空挡和驻车制动。

3.2　检查制动蹄衬面厚度

检查制动蹄衬面厚度，如厚度小于最小值，更换制动蹄，最小厚度为 1.0 mm，铆钉固定的摩擦片，铆钉下沉量不能少于 1 mm，如图 7-13 所示。

3.3　更换制动器制动蹄

(1)取下车轮及制动鼓时，要整体水平外移。如果车轮及制动鼓取下非常困难，可使用一字螺丝刀，插入制动鼓观察孔中，拨动驻车制动推杆上的楔形件，使制动蹄收缩，便可轻松取下车轮及制动鼓。

(2)拆下制动油管，释放驻车制动，然后拆下制动鼓。如拆卸困难，则按如下步骤操作：从检查孔中插入一平口螺丝刀，使制动自动调整轮与调整器分开，用另一把螺丝刀，转动调整轮来减少调整器的长度。拆卸制动蹄复位弹簧如图 7-14 所示。

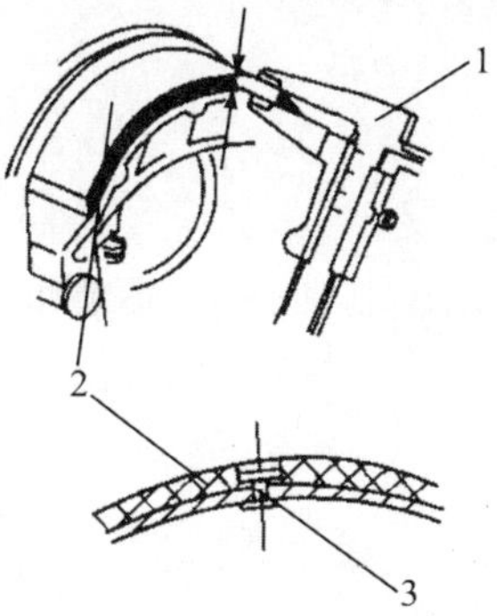

1-卡尺；2-摩擦片；3-铆钉

图 7-13　检查制动蹄衬面厚度

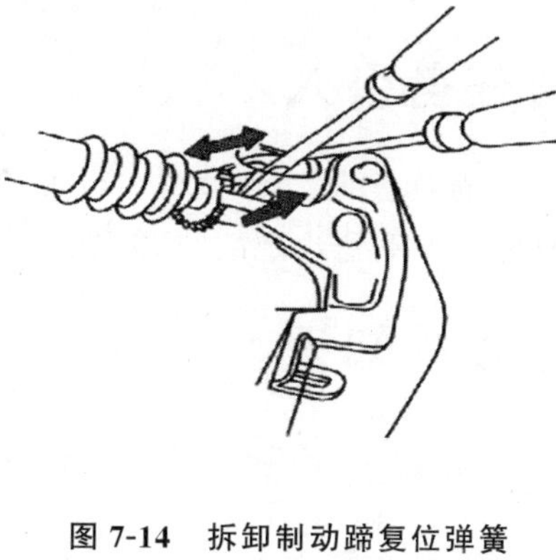

图 7-14　拆卸制动蹄复位弹簧

(3)用专用工具 SST 从制动蹄上拆下张紧弹簧,分离驻车制动蹄的定位支柱,如图 7-15 所示。使用专用工具取下弹簧座,然后取下定位弹簧和销钉,如图 7-16 所示。

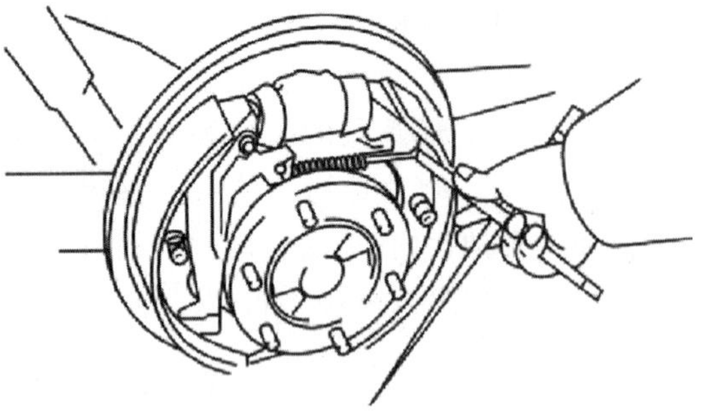

图 7-15　分离驻车制动蹄的定位支柱

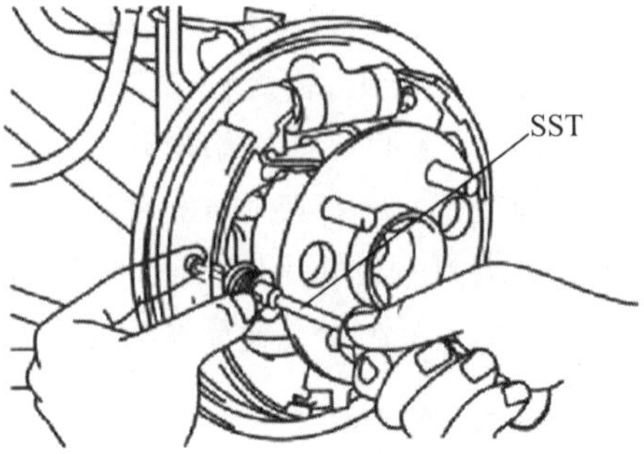

图 7-16　取下定位弹簧和销钉

(4)拆下制动自动调整拉杆弹簧和自动调整拉杆(图 7-17)。

(5)使用专用工具撬下端盖,拆下蹄片定位弹簧和销子,取下制动蹄(图 7-18)。

(6)更换新的制动蹄,按相反顺序装复。

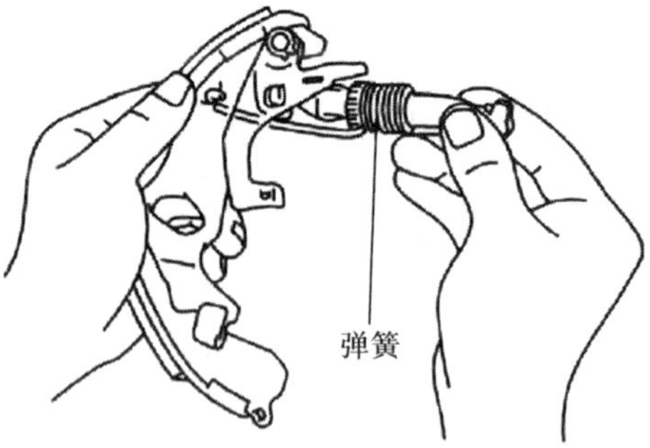

图 7-17　拆下制动自动调整拉杆及弹簧

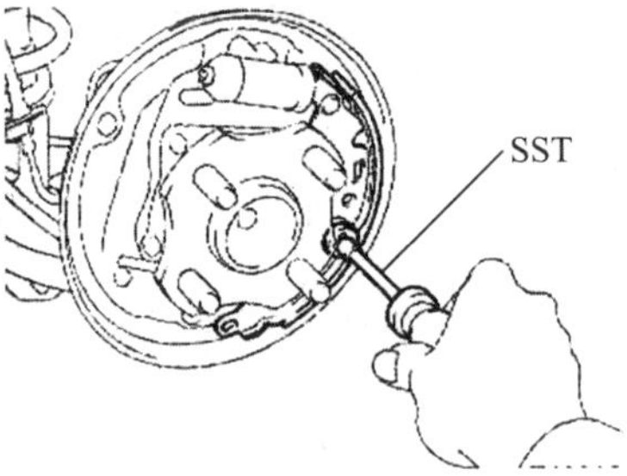

图 7-18　拆卸制动蹄

任务 3　调整驻车制动器

1　任务引入

一辆桑塔纳 2000 型轿车行驶了 20 万 km,在斜坡上使用手制动驻车,不能可靠停稳,经检查是驻车制动器出现故障,需要对驻车制动器进行调整。

2　相关知识

2.1　驻车制动器的功用和分类

驻车制动器的功用是使汽车可靠停驻,便于在坡道上起步,在行车制动器失效后临时使用或配合行车制动器进行紧急制动。

一般后轮驱动的货车驻车制动器安装在变速器或传动轴之后的轴上，这类制动器称为中央制动器，其制动力矩作用在传动轴上。中央制动器主要有鼓式制动器和盘式制动器两种，也有采用高制动效能的自动增力式制动器的，特点是外廓尺寸小，易调整，防泥沙性能好，停车后没有制动热负荷的影响。

有些轿车由于底盘结构空间的限制或前轮驱动的原因，在后轮制动器中会加装必要的机构，使车轮制动器兼作驻车制动器，这种制动器称为复合式制动器。

2.2　轿车用复合盘式驻车制动器

2.2.1　凸轮促动盘式驻车制动器

图 7-19 所示为凸轮促动盘式驻车制动器，自调螺杆 9 穿过制动钳体 1 的孔旋装在切有粗牙螺纹的自调螺母 12 中，螺母凸缘的左边部分被扭簧 13 紧箍着。扭簧的一端固定在活塞 14 上，而另一端则自由地抵靠螺母凸缘。推力球轴承 11 固定在螺母凸缘的右侧，并被固定在活塞上的挡片 10 封闭。膜片弹簧 8 使自调螺杆 9 右端斜面与驻车制动杠杆 7 的凸轮斜面始终贴合。

进行驻车制动时，在驻车制动杠杆的凸轮推动下，自调螺杆 9 连同自调螺母 12 一直左移到螺母接触活塞 14 的底部。此时，由于扭簧的阻碍，自调螺母不可能倒转着相对于自调螺杆向右移动，于是轴向推力便通过活塞传到制动块上而实现制动。解除驻车制动时，自调螺杆 9 在膜片弹簧 8 的作用下，随着驻车制动杠杆 7 回位。

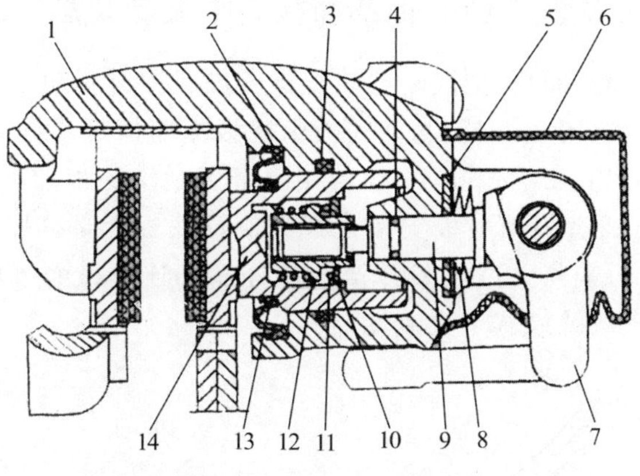

1-制动钳体；2-活塞护罩；3-活塞密封圈；4-自调螺杆密封圈；5-膜片弹簧支承垫圈；6-驻车制动杠杆护罩；
7-驻车制动杠杆；8-膜片弹簧；9-自调螺杆；10-挡片；11-推力球轴承；
12-自调螺母；13-扭簧；14-活塞

图 7-19　带凸轮促动机构的浮式制动钳

2.2.2　钢球促动盘式驻车制动器

图 7-20 所示为钢球促动盘式驻车制动器，驻车制动杠杆 2 用固定螺栓 1 固定在凸缘短轴 4 上，凸缘短轴 4 和凸缘螺杆 6 的凸缘在端面上各有 3 个倾斜的凹坑，二者通过凹坑中的传力钢球 5 传力。凸缘螺杆 6 通过粗牙螺纹拧在活塞组件 8 的螺母上。进行驻车制动时，拉绳拉

动驻车制动杠杆摆动，凸缘短轴也随之转动，于是传力钢球在倾斜凹坑内滚动，同时推动凸缘螺杆带动活塞组件移动，压向制动盘，实现制动。一汽奥迪100型(五缸机)轿车后轮复合盘式制动器上的驻车制动器与此类似。

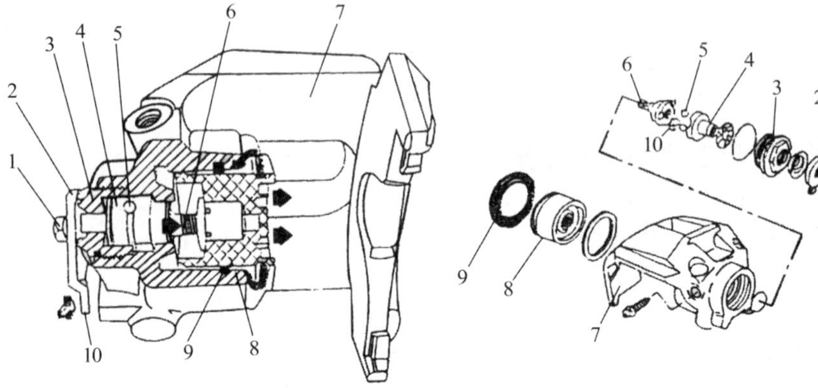

1-固定螺栓；2-驻车制动杠杆；3-调整螺母；4-凸缘短轴；5-传力钢球；6-凸缘螺杆；7-制动钳体；8-活塞组件；9-密封圈；10-定位销

图 7-20 带钢球促动机构的浮式制动钳

2.3 鼓式驻车制动器

2.3.1 东风 EQ1091E 型汽车凸轮促动蹄鼓式中央制动器

图7-21所示为东风EQ1091E型汽车凸轮促动蹄鼓式中央制动器。制动鼓通过螺杆与变速器第二轴后端的凸缘盘紧固在一起，制动底板由底板支座借螺栓固定在变速器第二轴轴承盖上。两制动蹄13下端偏心支承销孔14松套在固定于制动底板的偏心支承销上，上端装有滚轮12。制动凸轮轴11通过制动底板支座支撑在制动底板上部，其外端与摆臂8的一端通过细花键连接，摆臂的另一端与穿过压紧弹簧的拉杆9相连。目前解放CA1092型汽车驻车制动器也采用这种凸轮促动蹄鼓式中央制动器。

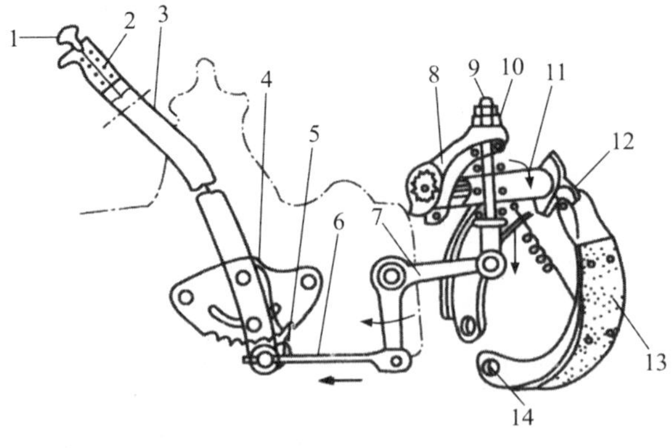

1-按钮；2-拉杆弹簧；3-制动杆；4-齿扇；5-锁止棘爪；6-传动杆；7-摇臂；8-摆臂；9-拉杆；10-调整螺母；11-凸轮轴；12-滚轮；13-制动蹄；14-偏心支承销孔

图 7-21 凸轮促动蹄鼓式中央制动器

制动时，将手制动杆 3 上端向后扳动，传动杆 6 前移，使摇臂 7 顺转，拉杆 9 向下，摆臂 8 使凸轮轴 11 连同其上的凸轮偏转，通过滚轮 12 将制动蹄 13 张开，压紧在制动鼓上产生制动力，并由锁止棘爪 5 和齿扇 4 将制动杆 3 锁止在制动位置。解除制动时，按下制动杆 3 上端的按钮 1，使下端的锁止棘爪 5 脱离齿扇 4，然后将制动杆 3 推向最前端位置。

调整制动间隙时，驻车制动杆 3 须在不制动位置进行：拧紧拉杆 9 上的调整螺母 10 即可改变凸轮的原始位置，使制动间隙和自由行程减小；反之，则增大。如规定的间隙值达不到要求，可拆下摇臂 7 错开一个或数个键齿，装复后再进行微调。通常情况下不应改动蹄的偏心支承销位置，以保证蹄鼓的良好贴合。当需要进行全面调整时(更换新摩擦片后)，方可改动偏心支承销的位置。该类制动器在驻车制动时，锁上棘爪 5 第三响后应有制动感觉，至第五响时应能使汽车在规定的坡度上停住。

2.3.2 自动增力蹄鼓式中央制动器

图 7-22 所示为自动增力蹄鼓式中央制动器。制动鼓 12 与变速器第二轴的凸缘盘 13 连接，随第二轴转动。制动底板 1 和制动蹄的支承销 11 通过螺栓 19 固定在变速器外壳上。两制动蹄和调整棘轮 18 通过拉簧 3 浮动地悬挂在支承销上，并用压簧 7 等轴向定位。驻车制动臂 6 上端与右蹄铰接，并通过推力板 4 和左蹄靠接；制动臂的下端与钢丝绳 22 连接。制动手柄 29 通过钢丝绳和摇臂 35 等与制动器软连接传力。钢丝绳的松紧可用螺母 23、34 调整。

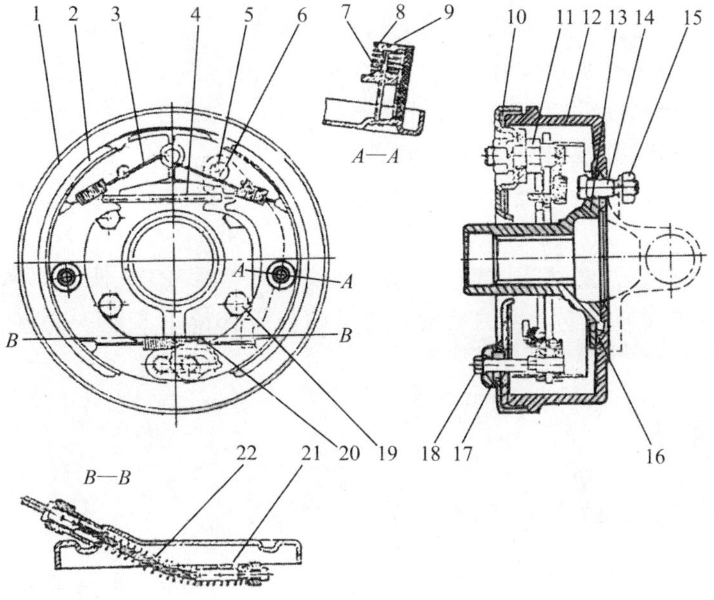

(a)制动器

1-制动底板；2-制动蹄；3-拉簧；4-推力板；5-销轴；6-制动臂；7-压簧；8-压簧座；9-压簧拉杆；10-螺母；11-支承销；12-制动鼓；13-第二轴的凸缘盘；14-螺栓；15-螺母；16-埋头螺钉；17-防尘套；18-调整棘轮；19-螺栓；20-拉簧；21-复位弹簧；22-钢丝绳；23、34-调整螺母；24-钢丝绳；25-棘齿拉杆；26-支座；27-棘爪；28-导管；29-制动手柄；30-驻车制动指示灯；31-驻车制动指示灯开关；32-前桥；33-导管；35-摇臂

图 7-22 自动增力蹄鼓式中央制动器及其传动机构

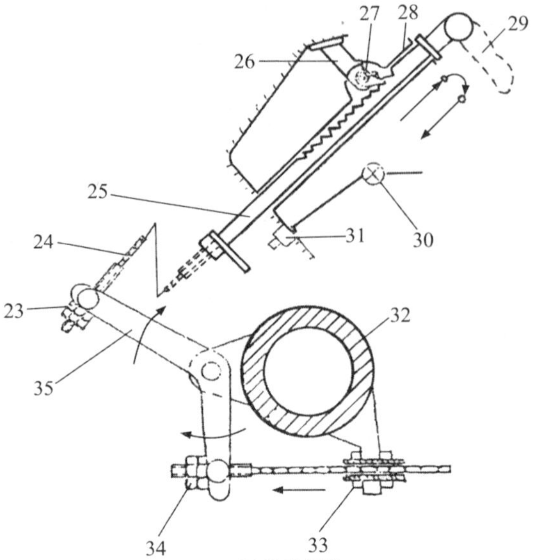

(b)传动机构

续图 7-22

制动时，将制动手柄 29 拉出，使制动臂 6 顺时针转动，通过推力板 4 将左蹄压向制动鼓，随后制动臂的上端右移，使右蹄也压向制动鼓，产生制动作用。自动增力过程同前述车轮制动器。当棘齿拉杆 25 到达全制动位置时，棘爪 27 即在扭簧的作用下将拉杆锁止。

放松制动时，应将制动手柄和棘齿拉杆顺时针转动一个角度，使棘爪脱离啮合，再将制动手柄推回到不制动位置，并转回一定角度，以便下次制动。

驻车制动指示灯开关 31 在全制动位置导通驻车制动指示灯 30 使之发亮，以提醒驾驶员制动未解除，不能起步。

当制动摩擦片磨损后，蹄鼓间隙增大，可转动偏心调整棘轮 18 使间隙减小。传动件中尚有调整螺母 23、34 用来调整钢丝绳的松紧。要求棘齿拉杆拉出 5～11 个齿时，即应是全制动状态。

3 任务实施

3.1 桑塔纳 2000 型轿车驻车制动器的检查

(1)握住驻车制动器操纵杆中央，用 200～250 N 的力拉起驻车制动器操纵杆，如图 7-23 所示，此时棘轮齿 A 应为 4～9 个齿。检查左、右后轮是否被抱死。

(2)拉起驻车制动器操纵杆时，棘轮发出的“咔嗒”声对应齿数，若齿数不满足要求，应进行调整。

(3)检查棘轮齿轮的磨损情况，若有损坏或过度磨损，应更换驻车制动器操纵杆。

3.2 驻车制动器的调整

(1)准备工作。

①制动系统液压管路中应没有空气。

②制动踏板行程应满足要求。

③用约 300N 的力踩几次制动踏板。

④用约 200N 的力拉几次驻车制动器操纵杆。

⑤后制动蹄磨损没有超过使用极限,自动调节装置功能正常。

(2)调整驻车制动器。用 200 N 的力拉起驻车制动器操纵杆,使驻车行程在 4～9 个齿内,然后通过自锁螺母锁定,如图 7-24 所示。

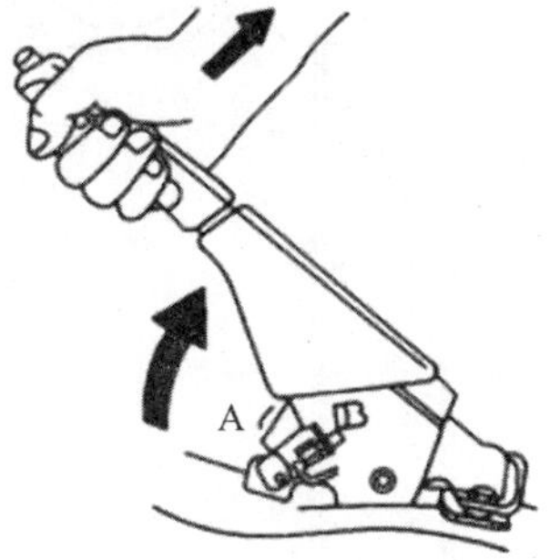

图 7-23　检查驻车制动

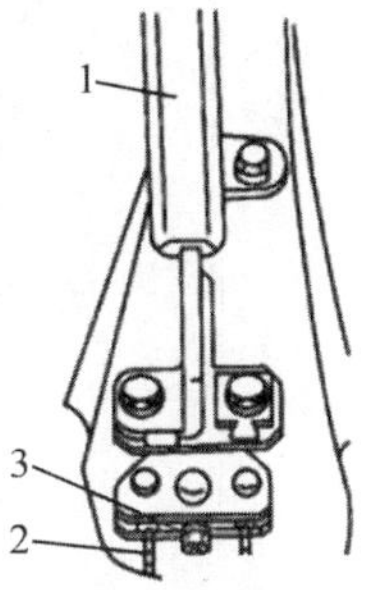

1-驻车制动器操纵杆;2-制动拉索;3-自锁螺母

图 7-24　调整驻车制动器

任务 4　更换制动主缸

1　任务引入

一辆桑塔纳轿车行驶 20 万 km,出现制动不良现象,经检查故障原因是制动时踩制动踏板,制动主缸产生的液压力不足,进一步检查是制动主缸密封圈损坏,需要更换制动主缸。

2　相关知识

制动传动装置的作用是将驾驶员或其他动力源的作用力传到制动器,同时控制制动器的工作,从而获得需要的制动力矩。按传力介质的不同,制动传动装置可分为液压式、气压式和气-液综合式;按制动管路的套数不同,制动传动装置可分为单管路和双管路制动传动装置。按照交通法规的要求,现代汽车的行车制动系须采用双管路制动传动装置,因而单管路制动传动装置已被淘汰。中小型汽车尤其是轿车均采用液压制动装置,并带有真空助力装置。气压制动装置多用于中、重型汽车上。

2.1　液压式制动传动装置

液压式制动传动机构是利用制动液作为传力介质,将驾驶员施于踏板上的力,通过总泵使油液产生压力,传到各车轮轮缸内,推动活塞移动,使制动蹄张开或制动块夹紧,与制动鼓或盘摩擦而产生制动力矩。其特点是结构简单,尺寸小,质量轻,维护方便,不消耗发动机功率。但操纵费力,制动力不太大,制动液受温度变化而降低其制动效能。

2.1.1 液压式制动传动装置的组成

如图 7-25 所示，液压式制动传动装置由制动踏板、主缸推杆、制动主缸、储液罐、制动轮缸、油管、制动灯开关、指示灯、比例阀等组成。

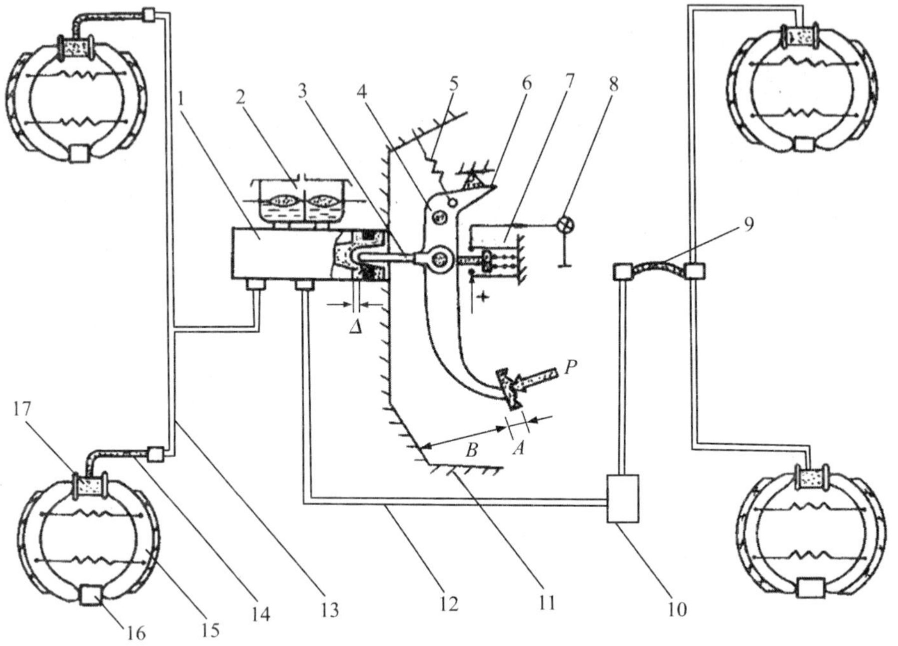

1-制动主缸；2-储液罐；3-主缸推杆；4-支承销；5-复位弹簧；6-制动踏板；7-制动灯开关；8-指示灯；9-软管；10-比例阀；11-地板；12-后桥油管；13-前桥油管；14-软管；15-制动蹄；16-支承座；17-制动轮缸；Δ-自由间隙；*A*-自由行程；*B*-有效行程

图 7-25 液压式制动传动装置的组成

制动时，先使制动主缸的后腔活塞工作，再使前腔活塞工作，将油液自主缸中压出并经油管同时分别进入前后轮各轮缸内，使轮缸活塞向外移动，从而将制动蹄压靠到制动鼓上，使汽车制动达到减速或停驶。

踩下制动踏板，制动主缸即将制动液经油管压入前、后制动轮缸，将制动蹄推向制动鼓。在制动器间隙消失之前，管路中的液压不可能很高，仅足以平衡制动蹄复位弹簧的张力以及油液在管路中的流动阻力。在制动器间隙消失并开始产生制动力矩时，液压力与踏板力方能继续增长，直到完全制动。从开始制动到完全制动的过程中，由于在液压作用下，油管（主要是橡胶软管）的弹性膨胀变形和摩擦元件的弹性压缩变形，踏板和轮缸活塞都可以继续移动一段距离。放开制动踏板，制动蹄和轮缸活塞在复位弹簧作用下复位，将制动液压回主缸。

显然，管路液压和制动器产生的制动力是与踏板力呈线性关系的。若轮胎与路面间的附着力足够，则汽车所受到的制动力也与踏板力呈线性关系。制动系的这项性能称为制动踏板感（或称路感），驾驶员可因此而直接感觉到汽车制动强度，以便及时加以必要的控制和调节。

从制动踏板到轮缸活塞的制动系传动比等于踏板机构杠杆比乘以轮缸直径同主缸直径之比。传动比越大，则为获得同样大的制动力所需的踏板力越小，但踏板行程却因此而越大，使制动操作不便。故要求液压制动系传动比适合，保证制动踏板力较小，同时踏板行程又不能太大。

2.1.2　液压式制动传动装置的类型

双管路液压制动传动装置是利用彼此独立的双腔制动主缸，通过两套独立管路，分别控制两桥或三桥的车轮制动器。其特点是若其中一套管路发生故障而失效，另一套管路仍能继续起制动作用，从而提高汽车制动的可靠性和行车的安全性。

双管路的布置方案在各型汽车上各有不同，常见的有前后独立式和交叉式两种形式。

1）前后独立式

如图 7-26 所示，前后独立式双管路液压制动传动装置由双腔制动主缸通过两套独立的管路分别控制前桥和后桥的车轮制动器。这种布置方式结构简单，如果其中一套管路损坏漏油，另一套仍能起作用，但会破坏前后桥制动力分配的比例，主要用于发动机前置后轮驱动的汽车，如南京依维柯等。

2）交叉式(也称为对角线式)

如图 7-27 所示，交叉式双管路液压制动传动装置由双腔制动主缸通过两套独立的管路分别控制前后桥对角线方向的两个车轮制动器。这种布置方式在任一管路失效时，仍能保持一半的制动力，且前后桥制动力分配比例保持不变，有利于提高制动方向稳定性，主要用于发动机前置前轮驱动的轿车。

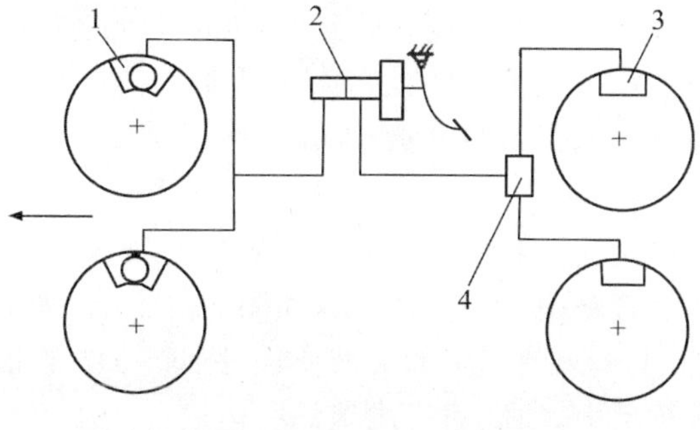

1-盘式制动器；2-双腔制动主缸；3-鼓式制动器；4-制动力调节器

图 7-26　前后独立式双管路液压制动传动装置

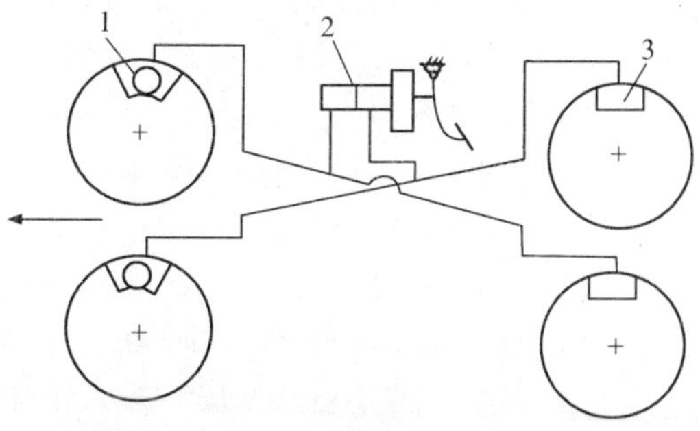

1-盘式制动器；2-双腔制动主缸；3-鼓式制动器

图 7-27　交叉式双管路液压制动传动装置

2.2　液压式传动机构的主要装置

2.2.1　制动主缸(总泵)

1)串联双腔等径制动主缸的结构

这种制动主缸用在桑塔纳、捷达、奥迪等轿车上，组成零件如图 7-28 所示。制动主缸壳体 1 呈筒形，内有两个活塞 13 和 21，第二活塞 21 位于制动主缸壳体 1 的中间位置，将主缸分成前后两个工作腔，两个工作腔内产生的液压经各自的管路分别传至前、后制动器。每个工作腔分别通过补偿孔 2、9 和回油孔 4、10 与储液室相通。第二活塞 21 两端都承受弹簧力，当制动主缸不工作时，它处在正确的中间位置，使两缸的补偿孔和回油孔都与缸内相通。第一活塞13在复位弹簧17的作用下压靠在限位环11上，使其处于右腔的补偿孔和回油孔之间。两个活塞上都有轴向小孔，皮碗3、16的端部通过垫片19压在小孔的一侧，以便两腔建立油压并保证密封。

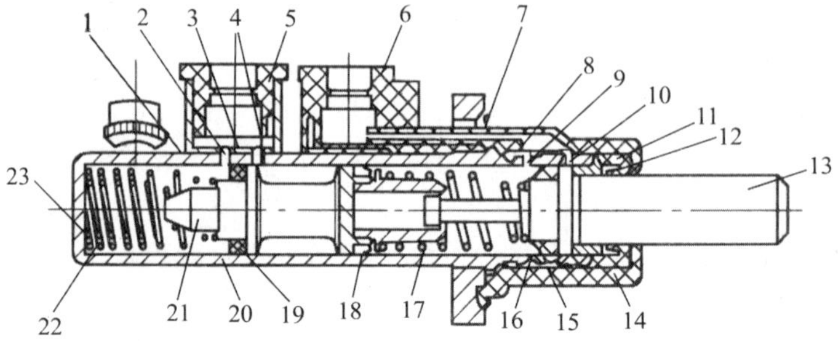

1-制动主缸壳体；2、9-补偿孔；3、16、18-皮碗；4、10-回油孔；5、6-进油孔；7-密封环；8-密封圈；11-制动主缸限位环；12-制动主缸油封；13-第一活塞；14-制动主缸密封套；15-单向弹簧卡片；17-第一活塞复位弹簧；19-垫片；20-弹簧座；21-第二活塞；22-第二活塞主复位弹簧；23-第二活塞副复位弹簧

图 7-28 串联双腔等径制动主缸

2)串联双腔等径制动主缸的工作过程

当踩下制动踏板时，真空助力器推动第一活塞13左移，直到皮碗16盖住补偿孔9后，左工作腔中液压升高，油液一方面通过腔内出油口进入右前和左后制动管路，一方面又推动第二活塞21左移。在右腔液压和复位弹簧17的作用下，第二活塞21向左移动，左腔压力也随之提高，油液通过腔内出油口进入右后和左前制动管路。当继续踩下制动踏板时，左、右腔的液压继续升高，使前、后管路制动器制动。

解除制动时，活塞在复位弹簧17、22作用下复位，油液自制动管路流回制动主缸，如活塞复位过快，工作腔容积迅速增大，油压迅速降低，制动管路中的油液由于管路阻力的影响，来不及充分流回工作腔，使工作腔中形成一定的真空度，于是储液室中的油液便经进油口5、6和活塞上的轴向小孔推开垫片及皮碗进入工作腔（某些车型中，油液通过皮碗的唇边进入工作腔）。当活塞完全复位时，补偿孔开放，制动管路中流回工作腔的多余油液经补偿孔流回储液室。

若与左腔连接的制动管路损坏漏油，则在踩下制动踏板时只有右腔中能建立液压，左腔中无压力。此时在压差作用下，第二活塞迅速移到其前端顶到制动主缸缸体上后，右工作腔中液压方能升高到制动所需的压力值。

若与右腔连接的制动管路损坏漏油，则在踩下制动踏板时，先是第一活塞前移，而不能推动第二活塞，因而右工作腔中不能建立液压。但在第一活塞直接顶触第二活塞时，第二活塞便前移，方能使左工作腔液压升高到制动所需的压力值。

可见，双回路液压制动系中任一回路失效时，制动主缸仍能工作，只是所需踏板行程加大，将导致汽车的制动距离增加，制动效能下降。

2.2.2 制动轮缸(分泵)

制动轮缸的作用是把油液压力能转变为轮缸活塞的推力，推动制动蹄压靠在制动鼓上，产生制动力矩。制动轮缸有双活塞式和单活塞式两类。

(1)双活塞式制动轮缸。上海桑塔纳、捷达和奥迪 100 等轿车的后制动器轮缸都是这种形式。如图 7-29 所示,缸体 1 用螺栓固定在制动底板上,缸内有两个活塞 2,二者之间的内腔由两个皮碗 3 密封。制动时,制动液自油管接头和进油孔 7 进入,活塞 2 在液压作用下外移,通过顶块 5 推动制动蹄。弹簧 4 保证皮碗、活塞、制动蹄的紧密接触,并保持两活塞之间的进油间隙。防护罩 6 除防尘外,还可防止水分进入,以免活塞和轮缸生锈而卡住。在缸体上设有放气阀 9,用以排除缸内的空气,用防护螺钉 10 防尘。

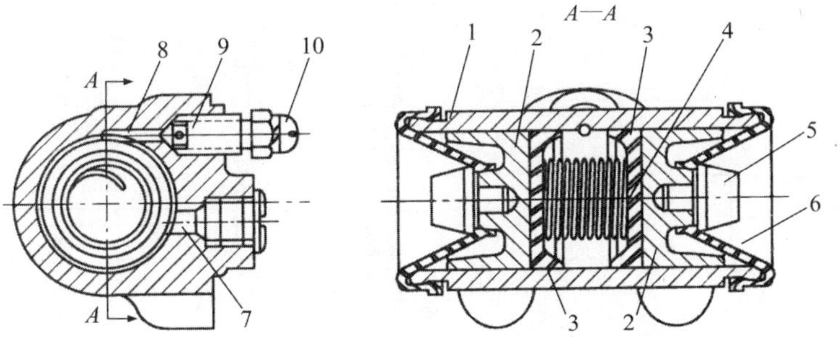

1-缸体;2-活塞;3-皮碗;4-弹簧;5-顶块;6-防护罩;7-进油孔;
8-放气孔;9-放气阀;10-放气阀防护螺钉

图 7-29　双活塞式制动轮缸

(2)单活塞式制动轮缸。北京 BJ2020N 型汽车双领蹄式前制动器配用这种制动轮缸。如图 7-30 所示,为缩小轴向尺寸,液腔密封件不用抵靠活塞端面的皮碗,而采用装在活塞 8 导向面上切槽内的皮圈 4。进油间隙借活塞端面的凸台保持。

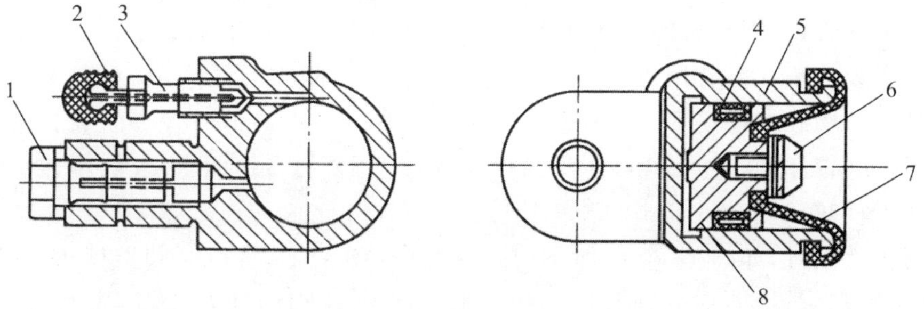

1-进油管接头;2-护罩;3-放气阀;4-皮圈;5-缸体;6-顶块;7-防护套;8-活塞

图 7-30　单活塞式制动轮缸

放气阀 3 的中部有螺纹,尾部有密封锥面,平时应旋紧压靠在阀座上,与密封锥面相连的圆柱面两侧有径向孔,与阀中心的轴向孔道相通。需要放气时,先取下橡胶护罩 2,再连踩几下制动踏板,对缸内空气加压,然后踩住踏板,将放气阀 3 旋出少许,空气即可排出。空气排尽后再将放气阀旋闭。

2.2.3　真空助力器

真空助力器的作用是帮助制动踏板对制动主缸产生推力,可减轻驾驶员施加于制动踏板的力,达到操作轻便,制动可靠的目的。真空助力器可与主泵集成在一起或单独安装。

真空助力器是真空助力伺服制动系统的核心部件，是利用发动机进气管的真空和大气之间的压差起助力作用。其工作原理如图 7-31 所示，在真空助力器有一个膜片（动力活塞），制动时操作制动踏板，控制真空阀关闭、空气阀打开，于是在制动膜片（动力活塞）左右两边形成进气管的真空和大气之间的压差力，推动膜片左移，产生助力作用，因此制动时只需较小的踏板力就可以产生较大的制动力。

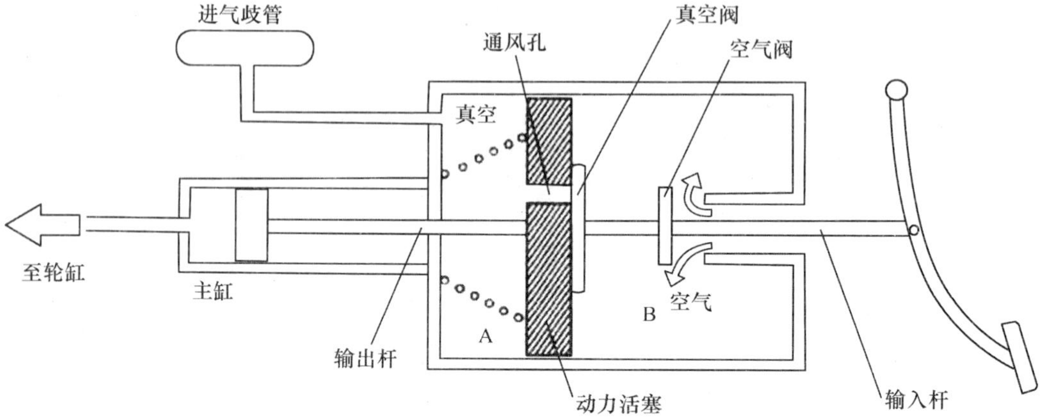

图 7-31 真空助力器的工作原理

图 7-32 所示为上海桑塔纳轿车车用真空助力器，其用导向螺栓 5 和螺栓 17 固定在车身的前围板上，并通过调整叉 13 与制动踏板机构连接，伺服气室前壳体的前腔经真空单向阀通向发动机的进气管；外界空气经过滤器 11 和毛毡过滤环 14 滤清后进入加伺服室的后腔。

伺服气室膜片座 8 内有用以连通伺服气室前腔和控制阀腔的通道 A，以及用以连通伺服气室后腔和控制阀腔的通道 B。带有密封套的橡胶阀门 9 与在膜片座 8 上直接加工出来的阀座（在通道 A、B 的右端）组成真空阀，又与控制阀柱塞 18 的右端面（大气阀座 10）组成大气阀。控制阀柱塞 18 同控制阀推杆 12 的球头铰接。

不踩制动踏板时，如图 7-32(b)所示，控制阀推杆弹簧 15 将控制阀推杆 12 连同控制阀柱塞 18 推到后极限位置（即真空阀开启），橡胶阀门 9 则被阀门弹簧 16 压紧在大气阀座 10 上（即大气阀关闭位置）。伺服气室前、后两腔经通道 A、控制阀和通道 B 互相连通，并与大气隔绝。在发动机开始工作且真空单向阀被吸开后，伺服气室前、后两腔内都产生一定的真空度。伺服气室膜片前、后气压差为零时不动，真空助力器不工作。

当踩下制动踏板时，起初伺服气室尚未起作用，伺服气室膜片座 8 固定不动，来自踏板机构的控制力可以推动控制阀推杆 12 和控制阀柱塞 18 相对于膜片前移，当控制阀柱塞与橡胶反作用盘 7 之间的间隙消除后，控制力便经橡胶反作用盘放大后传给制动主缸推杆 2[图 7-32(c)]。此时，制动主缸内的制动液以一定压力流入制动轮缸。

橡胶反作用盘 7 装在由控制阀柱塞 18、伺服气室膜片座 8 和制动主缸推杆 2 形成的密闭空间内，由于橡胶是体积不可压缩的柔性材料，具有同液体一样的传递压力的性质，因此经橡胶反作用盘 7 的传动后，制动主缸推杆 2 从橡胶反作用盘 7 得到的力大于控制阀柱塞 18 加于橡胶反作用盘 7 上的力，但制动主缸推杆 2 的位移则小于控制阀柱塞 18 的位移。

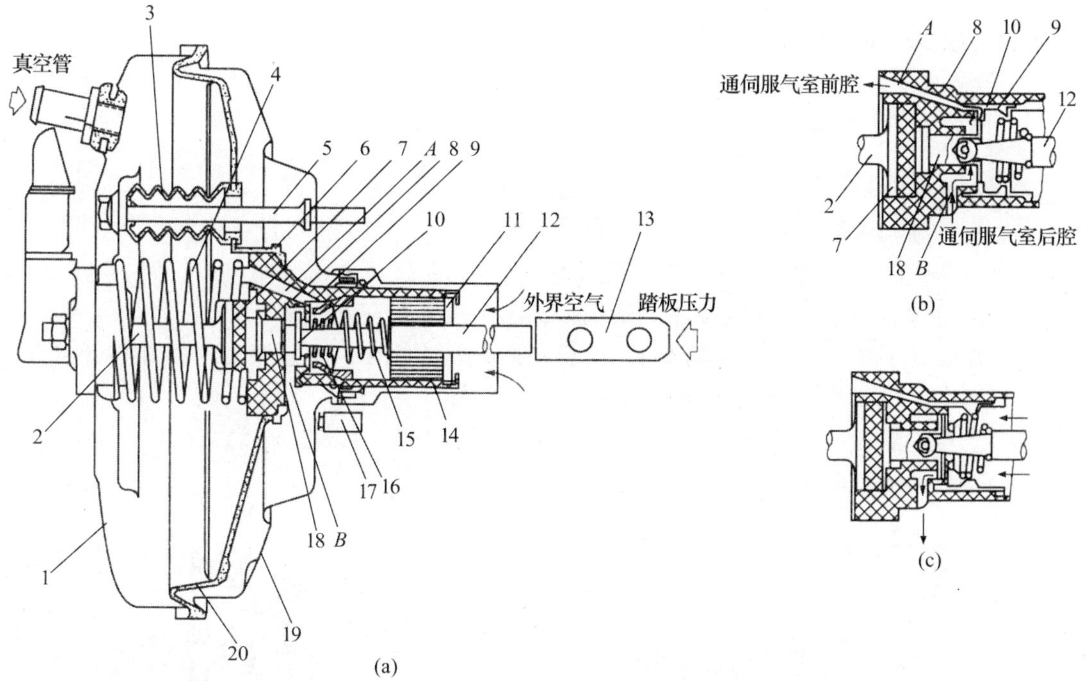

1-伺服气室前壳体；2-制动主缸推杆；3-导向螺栓密封套；4-膜片复位弹簧；5-导向螺栓；6-控制阀；7-橡胶反作用盘；8-伺服气室膜片座；9-橡胶阀门；10-大气阀座；11-过滤器；12-控制阀推杆；13-调整叉；14-毛毡过滤环；15-控制阀推杆弹簧；16-阀门弹簧；17-螺栓；18-控制阀柱塞；19-伺服气室后壳体；20-伺服气室膜片

图 7-32　真空助力器

在控制阀推杆 12 向前移动的同时，橡胶阀门 9 也在阀门弹簧 16 的作用下随同控制阀柱塞 18 前移，直到真空阀关闭，使伺服气室后腔同前腔隔绝；之后，控制阀推杆 12 继续推动控制阀柱塞 18 前移到大气阀打开，于是外界空气即经过过滤器 11、毛毡过滤环 14、控制阀腔和通道 B 充入伺服气室后腔[图 7-32(a)]，使其真空度降低。这样在伺服气室前、后两腔形成压力差，作用在伺服气室膜片 20 上使其向左移动，同时推动伺服气室膜片座 8、橡胶反作用盘 7，使制动主缸推杆 2 受到向左助力推动。在踩制动踏板的过程中，控制阀推杆 12 不断前移，空气阀保持开启位置，空气不断进入伺服气室后腔，伺服气室膜片座 8 不断前移。当制动踏板停留在某一位置不动，伺服气室膜片座 8 前移到橡胶阀门 9 处于双阀关闭位置（真空阀、空气阀均关闭）时，便也就停止前移而处于平衡状态，可见它具有随动作用。

放松制动踏板，在膜片复位弹簧 4 与控制阀推杆弹簧 15 作用下，真空助力器恢复原始位置，解除制动。

伺服气室两腔真空度差值造成的作用力，除了一部分用来平衡膜片复位弹簧 4 的力以外，其余部分都作用在橡胶反作用盘 7 上。因此制动主缸推杆 2 所受的力为伺服气室膜片座 8 和控制阀柱塞 18 两者所施作用力之和。这意味着驾驶员所施加的踏板力不仅要足以促动控制阀，并使制动缸产生一定液压力，而且还要足以平衡与伺服气室作用力成正比、经橡胶反作用盘反馈过来的力。这样，驾驶员便可以通过所加踏板力的大小来感知伺服气室的作用力大小，即驾驶员有一定的踏板感。

3 任务实施

3.1 制动主缸的更换

以 2015 年凯越为例，介绍制动主缸的更换操作。

(1)断开制动液储液罐电气连接器，如图 7-33 所示。

(2)在装备防抱死制动系统(ABS)的车辆上，从总泵缸体上断开制动器管路。

(3)在装备非防抱死制动系统的车辆上，从比例阀上断开制动器管路。

(4)在装备手动变速驱动桥的车辆上，断开离合器软管接头至总泵的卡夹并移开卡夹。

(5)堵住制动器管路开口，以免制动液流失和污染。

(6)从真空制动助力器上拆卸连接螺母，如图 7-34 所示，拆卸总泵总成，放出制动液。

(7)安装时按相反顺序装好各部件，按规定扭矩上好各螺母。

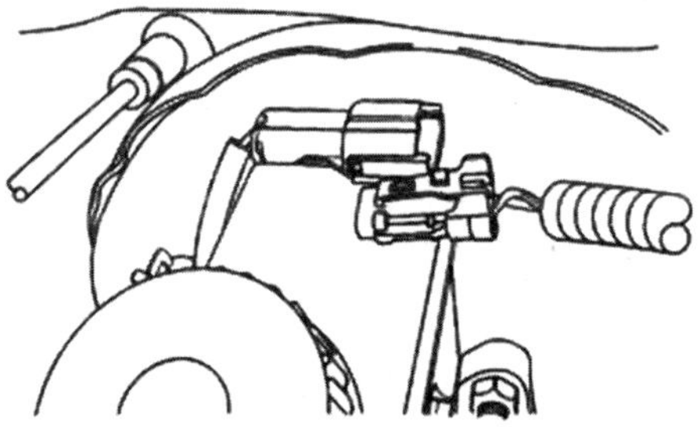

图 7-33 断开电气连接插头

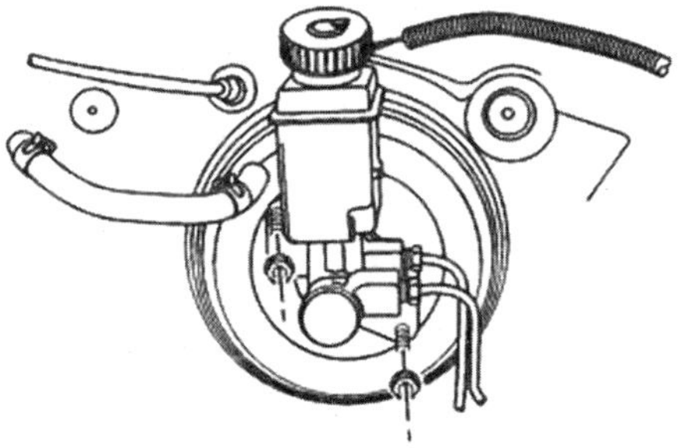

图 7-34 从真空制动助力器上拆卸连接螺母

3.2 制动主缸的检修

(1)检查缸筒内壁工作面磨损状况：工作面上不允许有麻点和划痕，当圆柱度误差大于 0.025 mm，或缸筒内壁磨损大于 0.12 mm，或泵筒与活塞配合间隙大于 0.15 mm 时，应更换新件或镶套修复。

(2)当检查活塞与缸筒配合间隙过大时，如果是由于活塞磨损过多而造成的，只需要更换活塞即可。

(3)检查缸筒内壁上的锈蚀、麻点，如果不在皮碗行程内，则允许继续使用。

(4)检查缸体，不得有任何性质的裂纹、缸口、破损等损伤。轻微者应予焊修，严重者应予更换。

(5)检查活塞上的星形阀是否松脱、破裂，否则应予重铆或更换。

(6)检查出、回油阀门是否失效，皮碗、密封圈是否发胀、变形、破损，防尘罩损坏时，一律更换新件。

(7)检查主缸、轮缸复位弹簧，弹簧应正直、弹力大，并按规定技术条件进行检验，不合要求时，一律更换。

3.3 制动主缸装配的注意事项

(1)制动主缸装配时,应特别注意清洁。装配前,所有零件应用制动液或酒精清洗干净,切不可用煤油或汽油清洗。

(2)制动主缸装复后,用推杆推动活塞数次,检查其运动和回位是否灵活自如,活塞是否能回到原位。

3.4 液压制动系统空气的排除

液压制动系统修复安装后,由于管道中存留大量的空气,如不及时排除,会造成制动的失效。排气时,首先把制动主缸加满制动液,然后旋出制动轮缸的放气螺钉,用一根皮管装在放气螺套上,另一端插入盛有制动液的容器中。这时需二人协同进行,一个人在驾驶室内,连续踏下与放松制动踏板数次,直至制动踏板一次比一次增高,且踏不下去时为止。

在排气过程中,必须随时检查制动主缸储液室内的液面高度,并不断加注制动液。空气排除后,储液室液面距加油口 15～20 mm,同时,要注意储液室螺塞的通气孔必须通畅,以免影响储液室的气压。

在排气过程中,两人要密切配合,在放气螺套未旋紧时,切不可抬起制动踏板,否则空气又乘机而入。排气时由远到近,即按右后轮、左后轮、右前轮、左前轮的顺序进行。

任务 5 常见故障诊断与排除

1 任务引入

制动系统常见故障有抽动不灵、制动跑偏、制动拖滞、驻车制动不良等原因。

2 相关知识

2.1 制动不灵

2.1.1 现象

汽车制动时,踩一次制动踏板不能减速或停车,连续踩几次制动踏板,效果也不好;汽车紧急制动时,制动距离太长。

2.1.2 原因

(1)制动踏板自由行程太大。

(2)制动主缸储液室内存油不足或无油。

(3)制动液变质(变稀或变稠)或管路内壁积垢太厚。

(4)制动管路内进入空气或制动液汽化产生了气阻。

(5)制动主缸、制动轮缸、管路或管接头漏油。

(6)制动主缸、制动轮缸的活塞及缸筒磨损过度。

(7)制动主缸、制动轮缸的皮碗老化或磨损引起密封不良。

(8)制动主缸的进油孔、储液室的通气孔堵塞。

(9)制动主缸的出油阀、回油阀不密封;活塞复位弹簧预紧力太小;活塞前端贯通小孔堵塞。

(10)制动器的制动鼓与制动蹄片间隙不当;制动鼓与制动蹄片接触面积太小;制动蹄片质量不佳或沾有油污,制动蹄片铆钉松动;制动鼓产生沟槽磨损或失圆,制动时变形。

(11)真空增压器或助力器的各真空管路接头松动、脱落,管路有破裂处;膜片破裂或者密封圈密封不良;单向阀、控制阀密封不良;辅助缸活塞、皮碗磨损过甚;单向球阀不密封。

2.2 制动跑偏

2.2.1 现象

汽车行驶制动时,行驶方向发生偏斜;紧急制动时,方向急转或车辆甩尾。

2.2.2 原因

根本原因是左右车轮的制动力不相等,导致车轮的制动距离不相同。

(1)左右车轮轮胎气压、花纹或磨损程度不一致。

(2)左右车轮轮毂轴承松紧不一、个别轴承破损。

(3)左右车轮的制动蹄摩擦衬片材料不一或新旧程度不一。

(4)左右车轮制动蹄摩擦片与制动鼓的接触面积、位置不一样或制动间隙不等。

(5)左右车轮制动轮缸的技术状况不一,造成起作用时间或张力大小不相等。

(6)左右车轮制动鼓的厚度、直径、工作中的变形程度和工作面的粗糙度不一。

(7)单边制动管路凹瘪、阻塞或漏油;单边制动管路或制动轮缸内有气阻。

(8)单边制动蹄与支承销配合过紧或锈蚀。

(9)一侧悬架弹簧折断或弹力过低。

(10)一侧减振器漏油或失效。

(11)前轮定位失准。

(12)转向传动机构松旷。

(13)车架、车桥在水平平面内弯曲、车架两边的轴距不等。

(14)感载比例阀故障。

2.3 制动拖滞

2.3.1 现象

抬起制动踏板后,全部或个别车轮的制动作用不能立即完全解除,以致影响了车辆重新起步、加速行驶或滑行。

2.3.2　原因

（1）制动踏板无自由行程，制动踏板拉杆系统不能回位。

（2）制动总泵复位弹簧折断或失效。

（3）制动总泵回油孔被污物堵塞，密封圈发胀或发黏与泵体卡死。

（4）通往分泵的油管凹瘪或堵塞。

（5）制动盘摆差过大。

（6）前制动器密封圈损坏，造成活塞不能正常复位。

（7）前、后制动器分泵密封圈发胀或发黏与泵体卡死。

（8）鼓式制动器制动蹄复位弹簧折断或过软。

（9）鼓式制动器制动蹄摩擦片破裂或铆钉松动。

（10）鼓式制动器制动鼓严重失圆。

2.4　驻车制动不良

2.4.1　现象

（1）拉紧驻车制动器，汽车很容易起步。

（2）在坡道上停车时，拉紧驻车制动器，汽车不能停止而发生溜车现象。

2.4.2　原因

（1）驻车操纵杆的自由行程过大。

（2）驻车操纵杆系或绳索断裂或松脱、发卡等。

（3）驻车制动器间隙过大。

（4）驻车制动器摩擦片磨损过甚或有油污。

（5）驻车制动鼓磨损过甚、失圆或有沟槽。

（6）驻车制动蹄运动发卡。

（7）驻车制动蹄摩擦片与制动鼓的接触面积太小。

【拓展知识】

液力缓速器

最早出现的液力缓速器是为了解决火车短距离内减速困难的问题。此后，液力缓速器被用在汽车列车上，发现其有很好的辅助制动效果。当今液力缓速器越来越多地被运用到重型载货汽车和大、中型客车上。随着其应用的发展，出现了很多生产液力缓速器的公司。比较著名的液力缓速器厂商有德国福伊特（VOITH）公司、法国泰尔马（TELMA）公司、美国通用公司、日本 TBK 公司等。

1）基本结构

各种液力缓速器的结构大致相同，以福伊特液力缓速器（图 7-35）为例，它是由转子、定子、工作腔、输入轴、热交换器、储油箱和壳体组成的。其安装方式一般分为与传动轴串联和并联两种。串联时可在变速器前、后安装;如果采取并联,则液力缓速器和变速器做成一个整体来安装。对于装有带液力变矩器的自动变速器车辆来说,原变速器系统已配备了储油罐、油泵和散热器等部件,因此,在配有自动变速器的客车和载货汽车上安装液力缓速器成本更低。

2)工作原理

工作时,压缩空气经压力空气调节比例阀进入储油箱,将储油箱内的变速器油经油路压进缓速器内,缓速器开始工作。如图7-36所示,转子带动油液绕轴线旋转,同时,油液沿转子叶片方向运动,甩向定子。定子叶片对油液产生反作用,油液流出定子再转回来冲击转子,这样就形成对转子的阻力矩,阻碍转子的转动,从而实现对车辆的减速作用。工作液在运动过程中使进、出口形成压力差,油液循环流动,通过热交换器时,热量被来自发动机冷却系统的冷却水带走。

图7-35 福伊特液力缓速器

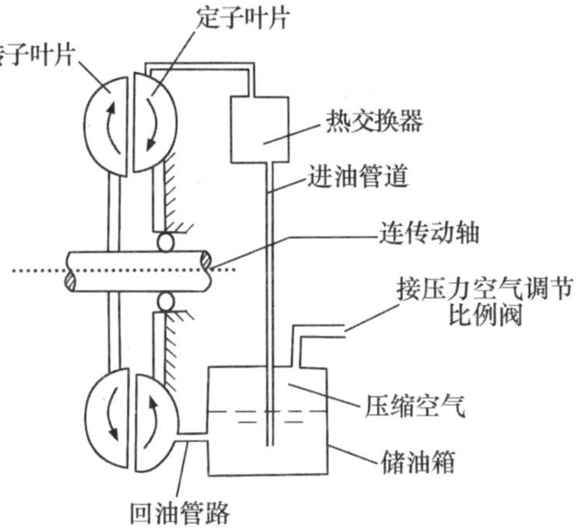

图7-36 液力缓速器的工作原理

【思政园地】

胡双钱:精益求精 匠心筑梦

"学技术是其次,学做人是首位,干活要凭良心。"胡双钱喜欢把这句话挂在嘴边,这也是他技工生涯的注脚。

胡双钱是上海飞机制造有限公司的高级技师,一位坚守航空事业35年、加工数十万飞机零件无一差错的普通钳工。对质量的坚守,已经是融入血液的习惯。他心里清楚,一次差错可能就意味着不可估量的损失甚至会以生命为代价。他用自己总结归纳的"对比复查法"和"反向验证法",在飞机零件制造岗位上创造了35年零差错的纪录,连续12年被公司评为"质量信得过岗位",并授予产品免检荣誉证书。

胡双钱不仅做无差错,还特别能攻坚。在ARJ21新支线飞机项目和大型客机项目的研制和试飞阶段,设计定型及各项试验的过程中会产生许多特制件,这些零件无法进行大批量、规模化生产,钳工是进行零件加工最直接的手段。胡双钱几十年的积累和沉淀开始发挥作用。他攻坚克难,创新工作方法,圆满完成了ARJ21-700飞机起落架钛合金做动筒接头特制件制孔、C919大型客机项目平尾零件制孔等各种特制件的加工工作。胡双钱先后获得全国五一劳动奖章、全国劳动模范、全国道德模范称号。

【课后习题】

一、选择题

1.下列几种形式的制动传动机构当中，(　　)仅用在驻车制动上。

A.机械式　B.液压式　C.气动式　D.以上均不是

2.桑塔纳汽车采用的是(　　)制动伺服装置。

A.真空增压式　B.真空助力式　C.气压助力式　D.综合式

3.鼓式车轮制动器的旋转元件是(　　)。

A.制动蹄　B.制动鼓　C.摩擦片　D.制动钳

4.别克凯越汽车前轮所采用的制动器为(　　)。

A.浮钳型盘式制动器　B.定钳型盘式制动器

C.全盘式制动器　D.领从蹄式制动器

5.为了提高汽车制动的可靠性和行车安全性，现代汽车广泛采用的是(　　)制动传动装置。

A.单回路　B.双回路　C.三回路　D.四回路

6.任何制动系都由供能装置、控制装置、传动装置和制动器4个基本部分组成，其中制动踏板机构属于(　　)。

A.供能装置　B.控制装置　C.传动装置　D.制动器

7.汽车制动系按其功能的不同可分为很多类，其中在制动系失效后使用的制动系称为(　　)。

A.行车制动系　B.驻车制动系　C.应急制动系　D.辅助制动系

8.领从蹄式制动器一定是(　　)。

A.等制动力制动器　B.不等制动力制动器

C.非平衡式制动器　D.以上均不是

二、判断题

(　　)1.汽车在制动时，不旋转的制动蹄对旋转着的制动鼓作用一个摩擦力矩，其方向与车轮旋转方向相反，所以车辆能减速甚至停止。

(　　)2.车辆在前进与后退制动时，如两制动蹄都是助势蹄，则该制动器是双向平式制动器。

(　　)3.盘式制动器制动效能比鼓式制动器的好，是因为盘式制动器有自增力作用。

(　　)4.盘式制动器的自动复位，是通过活塞的密封圈来实现的。

(　　)5.在鼓式制动器中，一个蹄是增势蹄时，另一个蹄就必然是减势蹄。

(　　)6.双腔制动主缸在后制动管路失效时前制动管路也失效。

(　　)7.最佳的制动状态是车轮完全被抱死而发生滑移时。

三、简答题

1.汽车制动系由哪些部分组成？它是如何工作的？

2.鼓式制动器有哪些种类？

3.简述真空助力器的工作原理。

参 考 文 献

[1] 陈新亚.汽车为什么会跑:图解汽车构造与原理[M].3版.北京:机械工业出版社,2017.

[2] 胡胜.汽车底盘构造与维修[M].北京:机械工业出版社,2017.

[3] 刘冬生,陈崇月,荆红伟.汽车底盘构造与检修[M]. 北京:机械工业出版社,2017.

[4] 覃波,符丙青.汽车底盘检测与维修一体化教程[M].北京:机械工业出版社,2017.

[5] 郭忠菊.汽车底盘构造与维修[M].北京:机械工业出版社,2018.

[6] 高峰.汽车底盘构造与维修[M]. 北京:机械工业出版社,2018.